Bis
WIR
UNS
fanden

Japans erstes schwules Ehepaar

Ryousuke Nanasaki

Bis WIR UNS fanden

Japans erstes schwules Ehepaar

Inhaltsverzeichnis

Zu Beginn   9

1. Kapitel – Ich bin nicht normal? Das gibt noch
   viel Ärger!

Ein »normaler« Junge   14
Die magische Kriegerin und der Weihnachtsmann   18
Wenn du das nicht änderst, wirst du später eine
Menge Probleme bekommen   22

2. Kapitel – Die erste Liebe führt zu nassen
   Kopfkissen und nassen Unterhosen.

Eine plötzliche Begegnung im Raum des Schülerrats   26
Pubertierende Jungs und ihr Verhältnis zu
Achselhaaren   29
Das Herzklopfen der Liebe   32
Das verfluchte Date   34
Feuchte Unterhosen lügen nicht   37
Meine »Freundin«   39

3. Kapitel – Ein verliebter schwuler Junge hat
   es schwer.

Das Schülerberatungszimmer   49

Azus Grube	52
Hasegawas Bitte	56
Das Folter-Onsen	60
Das Abenteuer um vier Uhr morgens	62
Ai, meine Rivalin in Liebesdingen	70
Wie ich mich in einen Teufel verwandelte	74
Schaum im Schritt	82
Zweibettzimmer in Tokyo	86
Der Schoß eines Jungen	89
Meine früheren Leben	91
Danke und Lebewohl an alle	94

4. Kapitel – Meine ersten Male nahmen zu. Und meine Sorgen auch.

Die Katze guckt zu	99
Das Leben im Jungswohnheim	106
Das belastende Zusammenleben mit Hasegawa	110
Die dritte unerwiderte Liebe	117
Mein Coming-out	112
Mein erstes Liebesgeständnis	131
Leute, bei denen man sich nicht outen darf	137
Ist es egoistisch, sich vor seinen Eltern outen zu wollen?	141

5. Kapitel – Eine Beziehung zu führen, bringt viel Schönes mit sich. Und viel Schmerzhaftes.

Liebe auf den ersten Blick	158
Michael & Chip	163
Takumas Trauma	164
Die Überraschungshochzeit	169
Nach wie vor eifersüchtig	174

Liebe im Wandel	178
Die Realität traf mich mit voller Wucht	186
Der Harley-Davidson-Fan	190

6. Kapitel – Gehetzt, gerannt, gestürzt, aufgestanden

Der Freund des Mitbewohners meines Freundes ...	197
Wohnungssuche als schwules Paar	202
Perverser Speedo-Bursche	211
Finsternis	214

7. Kapitel – Auf dass es die letzte Liebe ist.

Ryosuke, der Mann mit demselben Namen	228
Im Kasai-Polizeirevier	232
Die Ehemänner Ryosuke und Ryousuke	242
Die notarielle Urkunde und das Geständnis beim Vater	244

| Nachwort | 254 |

Zu Beginn

Es war der 30. September 2015. Ryosuke und ich wurden von einem Paar zu einer Familie. Seit diesem Tag sind wir Ehepartner.

Gut drei Jahre nachdem wir uns kennengelernt hatten – wir waren seit gut einem Jahr ein Paar – gingen wir ins Bezirksamt von Edogawa, um unsere Ehe eintragen zu lassen. Ich war damals 27 und Ryosuke 30.

Am Abend zuvor konnte ich nicht einschlafen, denn ich fragte mich, wie die Person am Schalter wohl reagieren würde, wenn zwei Männer ihre Ehe registrieren ließen.

Würde sie uns mit einem »Wollt ihr mich verarschen?« zurückweisen? Das könnte ich aushalten. Wenn sie es für einen schlechten Scherz hielte, uns verhöhnte und uns kein Gehör schenkte, könnte ich das aushalten, dachte ich. Allerdings wusste ich nicht, ob Ryosuke damit klarkommen würde. Etwas Diskriminierendes an den Kopf geworfen zu bekommen, war verletzend. Schon viel zu oft hatte man uns abschätzig behandelt. *Vielleicht wäre es schlau, das Zusammentreffen aufzuzeichnen. Oder nein, sollten wir dafür nicht lieber einen fähigen Anwalt mitnehmen?*

Meine Gedanken überschlugen sich. Die Sorgen waren erdrückend und verscheuchten die Müdigkeit. Ryosuke lag neben mir und sah mit seinen geschlossenen Lidern so aus, als würde er schlafen. Auch ich hatte meine Augen zu, aber mein Kopf war voll von den Gedanken daran, was morgen passieren könnte. In dieser Nacht konnte ich Ryosukes ruhigen, schlafenden Atem nicht hören.

Am nächsten Tag standen wir in Anzügen vor dem Schalter des Beamten für das Standesregister. Es gab bestimmt nicht viele Menschen, die sich für die Registrierung ihrer Ehe extra Anzüge anzogen. Aber uns war wichtig, dass dieser Akt der Eheregistrierung nicht auf die leichte Schulter genommen wurde, sondern dass deutlich wurde, wie ernst wir es meinten. Selbst wenn es nur Kleidung war, wir wollten unsere Ernsthaftigkeit damit betonen.

»Ryosuke und ... Ryousuke. Sie sind beide Männer?«

»So ist es.«

Ich antwortete ohne zu Zögern. Gestern Abend war ich verschiedene Gesprächsszenarien durchgegangen. *Wenn er das sagt, sage ich das*, und so weiter. Ich hatte sie sogar aufgezeichnet. Wie es der Zufall so wollte, hießen sowohl mein Freund als auch ich »Ryosuke«, nur mit anderen Kanji geschrieben.

»Und Sie wünschen, ihre Ehe als zwei Männer registrieren zu lassen, verstehe ich das richtig?«

»Genau.«

»Bitte warten Sie einen Moment.«

Ich konnte sehen, wie viele Menschen ihren Job an aufgereihten Tischen verrichteten. Der Beamte vom Schalter sprach dort jemanden an, und als er ihm unsere Anmeldung zur Eheschließung zeigte, rief der wiederum eine andere Person. Diese rief wieder eine andere, und so beobachteten wir, wie sich an einem Tisch eine kleine Menschentraube bildete.

Egal, was er uns sagen würde, wir waren auf alles vorbereitet.

Als er zurückkam, wurde der Beamte von anderen Mitarbeitern begleitet.

»Es tut uns schrecklich leid.«

Das war das Erste, was er sagte.

»Normalerweise sollten wir Ihren Antrag sofort hier bearbeiten können, aber ich muss darum bitten, die Unterlagen erst einmal einbehalten zu dürfen, wenn es genehm ist. Ich bin wirklich untröstlich, besonders da Sie sich schon die Mühe gemacht haben, zusammen hierherzukommen.«

Die vielen Worte, die ich mir zurechtgelegt hatte, als ich nicht schlafen konnte ... Was ich antworten würde, wenn wir beschimpft würden ... Ich konnte sie loslassen. Ich hatte sie nicht gebraucht.

Die Unterlagen zur Eheschließung, die wir eingereicht hatten, kamen ein paar Tage später mit einem Zettel zurück, auf dem stand: »Eine Ehe, die, wie aus den vorliegenden Unterlagen ersichtlich, von zwei männlichen Parteien geschlossen wird, ist rechtswidrig und kann somit nicht eingetragen werden.«

Als wir an den Schalter gingen, um die Unterlagen zurückzunehmen, klang der Beamte entmutigt.

»Es tut uns leid, aber wir können Ihre Eheregistrierung zum jetzigen Zeitpunkt noch nicht durchführen.«

Bei den Worten »noch nicht« kamen mir die Tränen. Für mich waren »noch nicht« die Worte, die mir Hoffnung gaben, dass es irgendwann ganz bestimmt möglich sein würde.

Natürlich hatten wir die Unterlagen eingereicht, obwohl wir mit einer Ablehnung gerechnet hatten.

Als wir das in unserem Bekanntenkreis erzählten, sagte

man uns: »Wenn ihr die Unterlagen einreicht, bereitet ihr dem Amt unnötigen Aufwand. Ihr wisst doch, dass euer Antrag abgelehnt wird.« Das mochte sein, aber ich wollte lediglich das, was für alle anderen selbstverständlich war, auch tun können. Ich hasste es, mich in meinen Handlungen einschränken zu müssen, nur weil ich davon ausging, sowieso nicht akzeptiert zu werden.

Und wenn irgendwann auch in Japan der Zeitpunkt käme, bei dem alle ein Recht auf Ehe hätten, wäre ich froh, wenn man auf diesen Tag zurückblicken und die Ehe rückwirkend anerkennen würde. Diesen Gedanken hatten wir bereits bei unserer Antragstellung. Selbstverständlich bewahre ich die abgelehnten Eheschließungsunterlagen auch jetzt noch sicher auf.

Im Jahr danach, am 10. Oktober 2016, dem Tag des Sports und der Gesundheit (ein nationaler Feiertag), hatten Ryosuke und ich unsere Hochzeitsfeier. Der Tsukiji Hongan-ji, den wir als Location ausgewählt hatten, war ein historisch bedeutender und großer Tempel.

An dem Tag hatten wir gutes Wetter. Weiße Wolken breiteten sich sacht über dem blauen Himmel aus.

Im Wartezimmer für das künftige Ehepaar waren wir in aufeinander abgestimmte Jacketts geschlüpft. Unsere Gesichter mussten unter der Nervosität und Aufregung leicht gezuckt haben. Zumindest auf Ryosukes Gesicht konnte man die Anspannung klar erkennen.

Unter den vielen Familienmitgliedern und Freunden, die sich auf dem Gelände eingefunden hatten, waren auch unsere Eltern, was mich überglücklich machte. Wenn ich mit meinen Familienmitgliedern und Freunden redete, wurde mir klar, mit wie viel Unterstützung wir diesen Tag feiern konnten. Ein wundervoller Tag, an dem wir in den Reden zum Hochzeitsempfang nicht nur den Menschen, die uns nahestanden, gebührend danken konnten, sondern auch anderen Homosexuellen wie uns, die als Vorreiter für unsere Rechte gekämpft hatten.

Dass wir die Unterlagen eingereicht und die Hochzeitsfeier veranstaltet hatten, markierte einen neuen Punkt in unserem Leben, weil Ryosuke und ich uns gefunden hatten, und Ehepartner geworden waren.

Aber keineswegs hätte sich mein früheres Ich ausmalen können, dass ich eine so glückliche Zukunft erleben würde. Im Gegenteil, ich hatte für eine lange Zeit daran gezweifelt, ob ich überhaupt glücklich werden könnte. Ich dachte, dass ich in einem früheren Leben eine große Sünde begangen haben musste und es meine Bestrafung sei, schwul geboren worden zu sein. Ich redete mir ein, dass ich dafür büßen müsste, und aufgegeben, ein glückliches Leben zu führen. Auch wenn ich natürlich keine Erinnerungen an ein früheres Leben hatte.

Ich will in meiner Geschichte erzählen, was ich in meinem bisherigen Leben gedacht und gefühlt habe. Ich habe versucht, auch Unangenehmes aufzuschreiben. Dinge, die man normalerweise für sich behält. Denn nur weil ich diesen Weg gegangen bin, konnte ich meinen Ehemann finden.

1. Kapitel – Ich bin nicht normal? Das gibt noch viel Ärger!

Ein »normaler« Junge

Fragte man mein Umfeld, so war ich ein »normaler Junge«.

Ich war in Hokkaido geboren und aufgewachsen. Vor dem Wohnblock, in dem ich damals wohnte, befand sich ein kleiner Park, in dem sich die Kinder der Nachbarschaft versammelten. Im Park gab es eine Schaukel, die für vier Personen gedacht war, und wenn man bis zum Anschlag schaukelte, machte sie laut »Klack«. Deshalb nannten wir den Park »Klack-Park«.

Mein Lieblingsspiel hieß: »Hab dich!« Eine Version von Dosen-Versteckspielen, die ohne Dose gespielt wurde. Statt die Dose zu treten, rief man »Hab dich!« und musste eine Straßenlaterne berühren.

Wenn der Winter kam, waren die Geräte auf dem Spielplatz immer unter einer dicken Schneeschicht begraben. Jeder spielte auf seine Weise damit, grub darin oder sprang vom Dach des Fahrradschuppens, um in einen Schneehaufen einzutauchen. Für uns, die in Hokkaido geboren waren, war ein großer Haufen Schnee ein Spielgerät, das ausschließlich in dieser Jahreszeit verfügbar war. Ich war ein normaler Junge, der gerne draußen spielte. Das stand nie zur Debatte.

Doch wenn es um Sport ging, sah es ganz anders aus.

Sowohl mein Vater als auch meine Mutter waren Sportskanonen. Mein Vater war sogar Vorstandsmitglied in einem unternehmenseigenen Sportverein mit olympischen Disziplinen. Meine Mutter hatte bis in ihre Studienzeit Sport getrieben und war eine leidenschaftliche Wettkämpferin. Die beiden hatten wohl einen starken Ehrgeiz und waren selbst jenseits der 50 noch sehr enthusiastisch dabei.

Schon vor meiner Geburt hatten sich meine Eltern gesagt, dass sie gerne einen Jungen als erstes Kind hätten. Außerdem war klar, dass dieser Sohn zu einem Sportler gemacht werden sollte.

Als ich in die Grundschule kam, stand mein Vater auch an freien Tagen früh auf, um mit mir Ballfangen wie beim Baseball zu spielen. Ich hasste es. Wenn ich die Handschuhe dafür trug, scheuerten meine Finger auf und sie stanken irgendwie. An meinen freien Tagen floh ich deshalb immer vor meinem Vater. Aber wenn er mich dann doch gefunden hatte, rief er mir strahlend entgegen: »Ryousuke, lass uns Ball spielen!«

Lehnte ich diese Einladung ab, sah mich meine Mutter traurig an und sagte: »Ich bitte dich, Ryousuke. Dein Vater hat sich schon vor deiner Geburt darauf gefreut, mit seinem Sohn Ball spielen zu können.«

Danach konnte ich natürlich nicht mehr Nein sagen und zog niedergeschlagen die Handschuhe über meine Finger. Diese brandneuen und immer noch unbenutzten Handschuhe, die mein Vater irgendwann mal gekauft hatte.

Da ich keine Lust darauf hatte, konnte das natürlich nicht

gut gehen. Als meine Eltern das erkannten, probierten sie es mit Fußball. Danach kam Schwimmen, und als auch das nicht funktionierte, ließen sie mich Kampfsport und viele andere Sportarten ausprobieren. Aber ich enttäuschte meine Eltern wieder und wieder. Ich war damals in der Grundschule.

Ungefähr zu dieser Zeit begannen meine Mitschüler damit, mich *Schwuchtel* zu nennen. Anscheinend war mein Benehmen, also wie sich beispielsweise meine Arme bewegten, wenn ich rannte, oder wie ich meine Beine beim Sitzen anwinkelte, mädchenhaft, auch wenn mir das selbst nicht bewusst war. Und mädchenhafte Jungs waren offenbar Schwuchteln.

Ich war natürlich nicht begeistert davon, *Schwuchtel* genannt zu werden, aber wenn ich mich von Natur aus mädchenhaft verhielt, dachte ich, könnte ich halt nichts daran ändern, so genannt zu werden. Also unternahm ich nichts.

Unangenehm wurde es, als meine Eltern und meine Lehrer ein großes Ding daraus machten. Ich fing an, mich deshalb schlecht zu fühlen. Mir war zwar egal, wie ich genannt wurde, aber ich bekam immer mehr Angst, dass auch andere Erwachsene davon erführen.

Das prägte meinen Schulalltag bis zu einem Tag in der 2. Klasse, als etwas geschah, was mir schlagartig bewusst machte, dass ich eben doch nicht normal war. Es war während der Abschiedsrunde, die wir vor Schulschluss mit unserer Klassenlehrerin hatten. Sie sagte:

»Ryousuke, kannst du mal nach vorne kommen?«

Unsere Klassenlehrerin war eine ältere, freundliche Dame, die immer ein Lächeln auf den Lippen trug. Aber in diesem Moment war kein Lächeln auf ihrem Gesicht zu sehen. Ich war zwar überrumpelt, kam ihrer Bitte aber nach und stellte mich an ihre Seite. Ich schaute in die Gesichter der gesamten Klasse. Verwundert blickten mich meine Mitschüler an.

Da fiel mir ein, dass es schon mal ein Kind gegeben hatte, das bei der Abschiedsrunde nach vorne gerufen worden war. Damals hatte unsere Lehrerin verkündet, dass das Kind die Schule wechseln würde. Daher dachte ich zu diesem Zeitpunkt, dass auch ich die Schule wechseln müsste. Meine Lehrerin legte jedoch eine Hand auf meine Schulter und fragte die Klasse:

»Ist Ryousuke eine Schwuchtel?«

Mein Herz blieb stehen und ich spürte, wie mein Bewusstsein komplett abdriftete. Der Klassenraum war grabesstill und alle starrten mich schweigend an. Aber ich war zu nichts anderem fähig, als den Kopf zu senken und den Boden anzustarren. Meine Lehrerin wiederholte:

»Ist Ryousuke eine Schwuchtel? Ich denke, dass er ein ganz normaler Junge ist. Also ... wieso nennen ihn dann alle so?«

Würde ich der Lehrerin lachend sagen, dass es mir egal sei, und an meinen Platz zurückkehren, wäre es vielleicht so, als wäre nichts geschehen. Die Klasse würde ruhig bleiben. Würde ich jedoch nachgeben und schniefen, würde die ganze Klasse merken, dass ich weinte. Also biss ich die Zähne zusammen und starrte nach unten. Aber die Tränen liefen mir über die Wangen und tropften auf die kalten Fliesen. Ich war jämmerlich. Armselig. Erbärmlich. Es war meine Schuld, dass sich meine Lehrerin und die Klasse solche Umstände machten. Nur mein unterdrücktes Schluchzen hallte im Klassenzimmer wider. Die Lehrerin strich mir über den Rücken.

»Was meinst du, Kikuchi? Ist Ryousuke eine Schwuchtel?«

Kikuchi dachte einen Moment nach, bevor sie antwortete.

»Ich finde nicht, dass er eine Schwuchtel ist.«

Natürlich sagte sie das, ihr blieb ja nichts anderes übrig. Davon verleitet schloss sich ein weiteres Kind an.

»Ich finde auch, dass Ryousuke ein ganz normaler Junge ist!«

Und so argumentierten meine Klassenkameraden laut dafür, dass ich keine Schwuchtel sei, und kamen schließlich zu dem Ergebnis, dass ich ein normaler Junge war. Ich konnte ihnen da nicht zustimmen. Denn wenn ich tatsächlich ein normaler Junge gewesen wäre, hätte das gar nicht erst zur Diskussion gestanden.

Wenn ich mich verhielt, wie es für mich normal war, war ich komisch. Ich war eine Schwuchtel. Daher musste ich mich seitdem darum bemühen, mich wie ein normaler Junge zu benehmen.

Die Lehrerin zog folgenden Schluss daraus:

»Lasst uns aufhören, ihn Schwuchtel zu nennen.«

Aber ich konnte mir selbst gegenüber nicht gnädig sein. Ich war ein erbärmliches, jämmerliches Ding, das einfach verschwinden sollte. Doch die Lehrerin zeigte mir dasselbe Lächeln wie immer.

»Hey, ist doch alles wieder okay!«

Die magische Kriegerin und der Weihnachtsmann

Bei mir war seitdem überhaupt nichts mehr okay. Meine Lehrerin hatte mich darauf aufmerksam gemacht, dass ich seltsam war. Ich überlegte rund um die Uhr, wie ich mich am besten wie ein normaler Junge verhalten konnte. Wenn ich lief, wenn ich saß, wenn ich sprach, dann heuchelte ich den

Menschen um mich herum den normalen Jungen vor. Nur bei meinen liebsten Zeichentrickserien und meinen Hobbys konnte ich mich einfach nicht von dem trennen, was ich mochte.

Meinen Lieblings-Anime über die magische Kriegerin Mika, konnte ich dank meiner drei Jahre jüngeren Schwester Shi mitgucken. Aber weil es ein Anime für Mädchen war, verriet ich niemandem, wie sehr ich ihn liebte. Mir war bewusst, wie enttäuscht meine Eltern sein würden, wenn ich ihn mal allein guckte.

Aber da war etwas, was ich um jeden Preis haben wollte: Den Zauberstab, den Mika benutzte, wenn sie ihre Feinde angriff. In Spielzeugform.

Was würden meine Eltern sagen, wenn sie erfuhren, dass ich mir den wünschte? Was würden sie über mich denken? Das machte mir so große Angst, dass ich meine Gefühle tief in meinem kleinen Herzen versteckte.

Allerdings hatte ich mir einen geheimen Plan ausgedacht, mit dem ich das Mika-Spielzeug doch in die Hände bekommen könnte!

Bald war Weihnachten. Und zu Weihnachten kam der Weihnachtsmann – ein lieber alter Herr – und schenkte einem das, was man sich am allermeisten wünschte. Ich nahm meine ganze Kraft zusammen, um diese einmalige Chance zu nutzen.

Anfang Dezember wurde auch bei uns in der Wohnung ein kleiner Weihnachtsbaum aufgestellt. Jeden Morgen nach dem Aufstehen kniete ich mich vor ihn, faltete die Hände und betete.

»Ich will Mikas Zauberstab! Ich möchte Mikas Zauberstab, Herr Weihnachtsmann, bitte, bitte!«

Natürlich habe ich das nicht laut gesagt, sondern nur daran gedacht. Ich glaubte daran, dass mein Wunsch den Weihnachtsmann durch den Baum erreichen würde.

Meine Mutter wirkte in dieser Zeit gestresst. Tagelang fragte sie mich »Was hast du dir vom Weihnachtsmann gewünscht?« oder sagte »Ich werde dem Weihnachtsmann weitergeben, was du dir wünschst!«. Aber trotzdem erwähnte ich es mit keinem Wort. Ich wollte sie nicht traurig machen, weil ich mir ein Mädchenspielzeug wünschte.

»Mach dir keine Sorgen, ich sag es ihm schon!«

Ich versuchte das Angebot meiner Mutter sanft zurückzuweisen, aber sie gab nicht nach.

»Wofür benutzt du das, was du dir wünschst? Spielst du über den Fernseher damit?«

Ich schüttelte den Kopf.

»Bewegt es sich?«

Ich dachte kurz nach und schüttelte dann wieder den Kopf.

»Wenn du es benutzt, was passiert dann?«

»Dann entsteht so was wie Magie!«

Und schon war es mir rausgerutscht. *Mist*, dachte ich, ich dürfte auf nichts mehr antworten. »Was für Magie?«, fragte meine Mutter. »Die dich fliegen lässt? Oder etwas zum Rennen?«

Aber ich würde ihr nichts mehr sagen.

Als ich am Weihnachtsmorgen aufwachte, lag am Kopf meines Bettes eine mit grünem Papier umwickelte Box. Ich flog aus dem Bett, nahm die Box behutsam zwischen meine Hände und raste zum Weihnachtsbaum. Ich kniete mich hin und faltete die Hände.

»Vielen Dank, Weihnachtsmann! Wirklich, vielen Dank!«

Meine Mutter war auch aufgestanden und schlug mir vor,

das Geschenk aufzumachen, aber ich schüttelte den Kopf. Es war noch zu früh, um es zu öffnen. Wenn ich es vor meiner Mutter auspackte, käme raus, dass ich mir vom Weihnachtsmann ein Mädchenspielzeug gewünscht hatte.

»Mach, wie du denkst«, sagte meine Mutter und ging in die Küche, um das Frühstück vorzubereiten. Ich verkroch mich unter dem Esstisch und riss dort, wo keine Erwachsenen es sehen konnten, vorsichtig das Geschenkpapier auf.

Das Papier umschlang die Schachtel eines Walkie-Talkie-Sets. Das rührte mich. Ganz sicher wusste der Weihnachtsmann, dass ich den Wunsch nach einem Mika-Zauberstab vor meinen Eltern geheim hielt. Mit einer Mika-Verpackung wäre das aufgeflogen, also hatte er sie ausgetauscht. *Wie verständnisvoll dieser alte Herr doch ist,* dachte ich. Aber was ich dann aus der Schachtel zog, war unbestreitbar ein Walkie-Talkie-Set.

Ich wollte meinen Augen nicht trauen. Ich blieb stumm und konnte mich nicht bewegen. Meine Synapsen waren kurz davor durchzubrennen. Ich konnte nur tatenlos zusehen, wie etwas Wertvolles tief in meinem Herzen geräuschvoll in sich zusammenbrach.

Ich nahm das Walkie-Talkie-Set zwischen die Hände und starrte es an. Da kam mir der Gedanke, was für ein männliches Geschenk das doch war. Als sich das Getriebe in meinem Kopf langsam wieder in Gang setzte und mir klar wurde, was der Weihnachtsmann geplant hatte, schmiss ich das zerstörte Etwas in meinem Herzen entschieden fort. Ich umschloss das Walkie-Talkie-Set fest und lief zu meiner Mutter.

Ich bemühte mich, ein Lächeln aufzusetzen. »Voll gut! Aber hat sich der Weihnachtsmann nicht vertan?«

Als ich das betretene Lächeln meiner Mutter sah, versuchte ich mit aller Hingabe zu lächeln. »Er lag ein bisschen daneben, aber so was in der Art wollte ich. Danke!«

Meine Mutter wirkte ein wenig erleichtert. »Bedank dich doch nicht bei mir, sondern beim Weihnachtsmann!«

»Oh, stimmt«, dachte ich, und kniete mich bedächtig vor den Weihnachtsbaum. Ich versuchte, es so wie immer zu tun. So als sei nichts gewesen. Aber als ich meine Hände vor dem Baum faltete, kam ich mir irgendwie lächerlich vor.

Genau zu diesem Zeitpunkt wachte meine drei Jahre jüngere Schwester auf und öffnete ihr Geschenk. Ihre Finger umschlossen das frisch vom Weihnachtsmann gelieferte Geschenk: einen Mika-Zauberstab. Genau das, was ich mir gewünscht hatte, hatte meine Schwester bekommen.

Doch dieses Geschenk wollte mir meine Schwester nicht leihen. Für mich war es ein unvergessliches Weihnachten.

Wenn du das nicht änderst, wirst du später eine Menge Probleme bekommen

Unser Klassenlehrer in der 4. Klasse war ein junger Mann namens Herr Fukushi. Sein Smalltalk klang zwar häufig erzwungen, aber er erzählte oft Witze und war gut darin, uns zum Lachen zu bringen.

»Wie gut, dass ihr Herrn Fukushi bekommen habt! Er ist auch unter uns Müttern sehr beliebt«, sagte mir meine Mutter. Auch ich dachte, dass Herr Fukushi eine gute Wahl sei. Bis zu jenem Tag ...

Ich ging damals allein den Flur entlang, als ein jüngerer Schüler mit dem Finger auf mich zeigte und schrie: »Wah! Eine Schwuchtel! Rennt weg, das ist ansteckend!«

Er schrie weiter »Waaah!« und rannte den Flur entlang, der mit einer Treppe endete. *Er könnte ruhig die Treppe runterfallen,* dachte ich mir, als ich ihm hinterhersah. Herr Fukushi hatte das Ganze beobachtet.

Ich schauderte, als ich seinen Blick bemerkte, und betete, dass daraus kein Ärger entstehen würde.

Als sich unsere Blicke trafen, lächelte er furchteinflößend und winkte mich zu sich.

Wir waren allein im Klassenzimmer. Er sagte mir, ich solle mich setzen, und als ich mich einfach irgendwo niederließ, schob er seine Hüfte auf den Schreibtisch gegenüber und blickte auf mich herab. »Ryousuke. Macht es dich nicht traurig, Schwuchtel genannt zu werden?«

Ich überlegte. *Sollte dieses Kind getadelt werden oder nicht? Ganz ehrlich ... Dieser Schüler ist mir ein Dorn im Auge. Es täte mir zwar leid, wenn er ausgeschimpft würde, aber das wäre dann nicht mein Problem.* Wenn ich jetzt sagte, dass es mich verletzte oder ich deswegen deprimiert war, würde er das Kind, das dies gesagt hatte, sicher tadeln.

»Ja, es macht mich traurig ...«

So würde das Kind Schelte bekommen, da war ich mir sicher. Und dann würde auch niemand mehr »Schwuchtel« den Flur entlangrufen. Das war zumindest meine Vorstellung, aber Herr Fukushi hatte anscheinend etwas anderes im Sinn.

»Hast du noch nie darüber nachgedacht, warum du so genannt wirst?«

»Hab ... ich nicht.«

Natürlich war mir das schon durch den Kopf gegangen, aber ich bekam nur diese Lüge heraus. Ich dachte, dass er vielleicht wütend auf mich wäre und sah ihn an. Doch er grinste immer noch. Mir war das sehr unangenehm.

»Du gibst dich doch immer so mädchenhaft, nicht wahr?«
Verängstigt starrte ich zu Boden. Ich bekam keinen Mucks
heraus.

»Und weil du dich so verhältst, kommst du mir auch wie
eine Schwuchtel vor. Daher verstehe ich, wie sich das Kind
gefühlt haben muss. Wenn du das nicht änderst, wirst du
später eine Menge Probleme bekommen. Ich glaube, das
wird dir noch großen Kummer bereiten.«

Ich fühlte nichts als Angst und Schmerz. Dass er sich Sorgen um mich machte, aber mich dabei komplett verleugnete,
verstand selbst ein Viertklässler wie ich mehr als gut. Es war
dumm von mir zu denken, dass das Kind von vorhin zurecht-
gewiesen werden würde. Er ließe sich bestimmt nicht davon
überzeugen, dass ich mich ja gar nicht mädchenhaft gab.
Dieser Lehrer würde das nicht verstehen.

»Ist doch ganz simpel! Gib dich einfach nicht mehr so
mädchenhaft.«

Ich nickte. Ich wollte nur noch raus.

»Am Anfang fällt es dir vielleicht schwer, aber wenn du dir
Mühe gibst, kannst du dich nach und nach weniger weiblich
verhalten!«

Ich nickte forsch. Nicht eine Sekunde länger würde ich es
im gleichen Raum mit ihm aushalten.

Es gab keinen Erwachsenen, dem ich mich anvertrauen
konnte. Bestimmt würden sie alle genau dasselbe wie dieser
Lehrer sagen: »Hör auf, dich so weiblich zu verhalten.« Und
die Sache wäre damit für sie gegessen. Niemand wollte mich
verstehen, und niemand würde mir glauben.

Ich erzählte niemandem davon, was mit Herrn Fukushi
passiert war. Ich wollte meine Mutter weiter in dem glücklichen Glauben lassen, dass er ein guter Lehrer war. Und da

auch in der Klasse alle oft über Herr Fukushis Witze lachten, war es besser so. Aber seit diesem Ereignis konnte ich mit einem Schlag nicht mehr darüber lachen und Herrn Fukushi auch nicht mehr in die Augen sehen. Ich versuchte, meine Verachtung gegenüber diesem Lehrer und die Trauer in meinem Herzen nicht zu zeigen.

2. Kapitel – Die erste Liebe führt zu nassen Kopfkissen und nassen Unterhosen

Eine plötzliche Begegnung im Raum des Schülerrats

Ich kam in die Mittelschule. Von da an wurde alles Mögliche im Alltag streng in Männer und Frauen eingeteilt. Jungs und Mädchen nahmen sich gegenseitig als »das andere Geschlecht« war. Ich gab mir so viel Mühe wie möglich, mich daran zu gewöhnen, ein Junge zu sein.

Aber mir fiel auf, dass ich immer ein bisschen nervös wurde, wenn ich mit Jungs redete. Vielleicht lag es daran, dass ich bisher kaum mit Jungs zu tun hatte oder – vielleicht hatten die anderen recht – dass ich tatsächlich irgendwie komisch war und dass ich es jetzt selbst auch spürte. Ob es daran lag, wusste ich nicht, aber in meiner Klasse konnte ich keine Jungs als Freunde gewinnen, und manchmal wurde ich im Flur und auf den Toiletten aus dem Nichts heraus geschlagen oder mir wurde ins Gesicht gespuckt.

So verging ein Jahr. Als ich ins zweite Jahr der Mittelschule kam, kandidierte ich für das Schatzmeisteramt des Schülerrats. Ich wollte selbst etwas bewegen. Das war meine Rettung, und ich fand meine erste Liebe im Raum des Schülerrats.

Der Schülerrat gab mir ein Zuhause. Ich hatte nach der Schule einen sicheren Ort. Da spielten Geschlechterverhältnisse keine Rolle. Menschen, die das gleiche Ziel vor Augen hatten, fanden sich dort zusammen. In meinem Schulalltag, in dem es sonst keine Freude gab – oder der besser gesagt sogar ziemlich qualvoll war – war ich froh, solch ein Zuhause gefunden zu haben.

An einem Tag im zweiten Schuljahr brachte der Vizevorsitzende einen Schüler mit ins Zimmer des Rats – es war Tsukasa. Tsukasa ging in die gleiche Klasse wie der Vizevorsitzende. Man erzählte sich, dass er neu auf der Schule war und sich mit dem Vize angefreundet hatte. Er war groß und braun gebrannt, was vielleicht daran lag, dass er im Tennisklub spielte. Er hatte lange Wimpern und leuchtende Augen, wirkte aber erst mal unnahbar. Er redete viel und man konnte mit ihm Spaß haben.

Tsukasa kam nach dem Unterricht beim Schülerrat vorbei. Da dort jeder willkommen war und wir auch nicht unbedingt arbeiten mussten, mischte er sich unter uns. Wir blieben auf dem Gelände, bis das Schultor geschlossen wurde, wo wir miteinander quatschten und Snacks aßen, die wir vor den Lehrern versteckten.

Nachdem das Tor abgeschlossen wurde, machte ich mich oft mit Tsukasa zu zweit auf den Nachhauseweg. Mir fiel auf, dass er sich völlig anders verhielt, wenn wir allein unterwegs waren. In der der Schule war er ein Quatschkopf, aber wenn wir zu zweit waren, zeigte er plötzlich seine ernste Seite.

Dass diese Seite nur mir vergönnt war, machte mich glücklich, denn so konnte ich mit ihm über alles reden. Sogar darüber, dass ich keine Freunde in meiner Klasse hatte, und dass mir das auch egal war. Ich war froh darüber, den ersten männlichen Freund zu haben, dem ich vertrauen und mein Herz öffnen konnte.

Eines Tages fragte mich Tsukasa auf dem Nachhauseweg: »Warum nennen dich alle Schwuchtel? Willst du lieber eine Frau sein oder so was?«

Ich wollte nicht, dass sogar zu neuen Schülern durchdrang, dass ich Schwuchtel genannt wurde. Tsukasa schaute mich unverwandt an. Obwohl ich bei der Erwähnung des Wortes einen Moment erschrak, sah ich in Tsukasas Augen, dass er mich weder wie die anderen Schüler aufziehen noch wie die Erwachsenen bemitleiden wollte. Aber sein direkter Blick, der bis zu einem tief in mir vergrabenen Teil stach, schmerzte sehr.

»Nein. Ich will keine Frau werden. Ich bin froh, dass ich ein Mann bin.«

»Das heißt, du bist genau wie ich ein normaler Junge, oder?«

»Ja ... Ich denke schon. Auch wenn ich Schwuchtel genannt werde ...«

»Vielleicht liegt's an deiner Art zu sprechen? Du wirst schnell so piepsig und so.«

Tsukasa sagte das bestimmt, weil er sich um mich sorgte. Das machte mich glücklich.

Es war nicht gelogen, dass ich froh darüber war, ein Mann zu sein. Noch vor kurzem hatte ich darüber nachgedacht, dass ich als Frau besser Freundschaften schließen könnte. Aber in diesem Moment war ich dankbar, dass ich ein Mann war, weil ich mich so mit Tsukasa anfreunden konnte.

Pubertierende Jungs und ihr Verhältnis zu Achselhaaren

»Mir sind immer noch keine Achselhaare gewachsen!«

Es war nach dem Unterricht, und meine Stimme hallte durch das Zimmer des Schülerrats. Ich war alleine mit Tsukasa, und unser Gespräch landete aus irgendeinem Grund bei Behaarung.

»Was? Du hast noch keine Achselhaare? Dabei bist du doch schon im 2. Jahr der Mittelschule!«

Seine Verwunderung über meine fehlenden Achselhaare überraschte mich. Als ich darüber sinnierte, wann denn allen diese Achselhaare gewachsen waren, sagte Tsukasa, »Echt nicht? Warte kurz!«, und fing an, sein Hemd aufzuknöpfen.

»Hier«, sagte er und zeigte mir ohne jeden Anflug von Scham seine Achselhaare. Mir war es irgendwie peinlich, weil ich mir nicht sicher war, ob ich das einfach so sehen durfte. Aber es wäre sicher genauso komisch, wenn ich verlegen getan hätte. Ich musste so würdevoll wie möglich hinsehen. Vor meinen Augen war Tsukasas schöner Körper und seine schön gewachsenen Achselhaare. Als ich das sah, erschauderte ich – ein unkontrollierbar heftiges Verlangen durchfuhr meinen Körper, als ob ein Blitz in mein Inneres eingeschlagen wäre.

Ich wollte mir Tsukasas Körper aus der Nähe ansehen. Seine dunkle, feine Haut berühren. Ehrlich gesagt dachte ich sogar daran, mein Gesicht in seiner Achsel zu vergraben. Das war das erste Mal in meinem Leben, dass ich so etwas fühlte. Und ich hatte keinen Schimmer, wie ich mich mit Tsukasas schönem Körper direkt vor meinen Augen überhaupt verhalten sollte.

Komm runter, dachte ich mir. *Wie würde ich in so einer Situation reagieren, wenn ich ein normaler Junge wäre?*

Ich kam zu dem Schluss, dass ich auch rasch mein Hemd aufknöpfen musste. Keine Ahnung, ob das hier das richtige Verhalten war, aber meine Intuition sagte mir, dass ich mich auch ausziehen sollte.

»Guck!«

Ich öffnete mein Hemd und zeigte Tsukasa meine Achseln. Das war zwar für mich das erste Mal, dass ich sie einem anderen Menschen zeigte, aber ich konnte mich jetzt nicht vor Scham zieren.

»Tatsächlich, wow! Aber Schamhaare hast du schon, oder?«

Seine Worte machten mich verlegen, und ich konnte ihm nicht mehr in die Augen sehen. Nervös überlegte ich, was ich tun sollte, wenn er sagte, dass ich ihm meine Schamhaare zeigen sollte. »Nur ein paar ...«

»Ach so? Dann sollten dir doch bald auch Achselhaare wachsen, oder? Sonst bist du ja vielleicht doch zur Hälfte eine Frau!«, sagte Tsukasa überzeugt.

»Ich hoffe, mir wachsen bald welche. So wie dir! Das sieht halt echt klasse aus! Ich finde deine Achselhaare so cool!«

Es war gelogen, dass ich selbst Achselhaare wollte, aber es stimmte, dass ich von Tsukasas bezaubert war. Getrieben von meinem heftigen Herzklopfen machte ich seinen Achselhaaren weiter Komplimente.

Ich hatte mit der Bezeichnung Schwuchtel zwar bittere Erfahrungen gemacht, aber Tsukasas Aussage, dass ich vielleicht zur Hälfte eine Frau war, war nicht schlimm für mich. Viel mehr gaben mir seine Worte Hoffnung. Denn wenn ich zur Hälfte eine Frau wäre, könnte sich Tsukasa in mich verlieben. Dadurch bekam ich die Aussicht, dass so eine Option existierte. Dann würde es für mich nicht nur ein Traum bleiben, dass Tsukasa, der immer so lieb zu mir war, mein Liebhaber würde. So würden sein freundlicher, starker Blick, seine feine, dunkle Haut und seine wunderschönen Achselhaare mir gehören. Ein unmögliches Glück?

Wie es wohl wäre, Tsukasa zu umarmen? Wie, seine Hand zu halten? Wie würde es sich anfühlen, wenn ich ihm sagte, dass ich ihn liebte? In mir häuften sich glückliche, wilde Fantasien ...

Andererseits hatte ich Angst. Ich war schließlich ein Junge, also war es doch falsch, mich in Tsukasa zu verlieben. Selbst wenn ich zur Hälfte eine Frau wäre, war meine andere Hälfte doch die eines Mannes, also war ich kein potenzieller Partner für Tsukasa. Wenn Tsukasa von diesen Gefühlen etwas mitbekäme, könnten wir vielleicht nicht einmal Freunde bleiben. Wenn er mich deswegen hassen würde, wäre es natürlich besser, als ein Freund weiter an seiner Seite zu bleiben.

Wäre ich aber tatsächlich eine Frau, könnte sich Tsukasa in mich als Person des anderen Geschlechts verlieben. Wieso wurde ich nur als Mann geboren? Es war ein Fehler, froh darüber gewesen zu sein.

Aber Männer konnten sich auch näherkommen. Wir konnten uns überhaupt erst gegenseitig unsere Achselhaare zeigen, weil wir Männer waren. Weil wir kein Liebespaar, sondern Freunde waren, veränderte sich unser Verhältnis weniger.

Wir könnten unser ganzes Leben lang befreundet sein. Das sagte ich mir immer wieder. Doch je mehr ich mir das so einredete, desto mehr wuchsen meine Gefühle für Tsukasa.

Das Glück, Tsukasa begegnet zu sein, und die Trauer, ihn nie haben zu können, führten in meinem Inneren einen Kampf.

Meine erste Liebe begann mit Achselhaaren.

Das Herzklopfen der Liebe

Dass Tsukasa auf unsere Schule gewechselt war, gab meinem Schulalltag plötzlich einen Sinn. Wir waren zwar in verschiedenen Klassen, aber mein Herz tanzte, wenn ich daran dachte, dass Tsukasa irgendwo unter demselben Dach war wie ich. Dabei war mein Schulalltag bisher so belastend gewesen.

Meine Beziehung zu Tsukasa ging über die Schule hinaus. Er schrieb sich in die gleiche Nachhilfeschule ein wie ich. Also lernten wir im selben Schulgebäude und gingen auch danach zur selben Nachhilfe. Ich wusste nicht, dass es so ein großes Glück geben konnte. Und am allerglücklichsten fühlte ich mich in den Stunden nach der Nachhilfe.

Tsukasa und ich unterhielten uns bis spät im dunkel gewordenen Park und versuchten, heimlich Dosen mit Shochu-Soda zu trinken. Es machte mich glücklich, weil es sich wie ein gemeinsam gehütetes Geheimnis anfühlte. Mein Herz klopfte schnell, und ich wusste, dass es nicht daran lag, dass ich heimlich Alkohol trank, sondern weil ich mit Tsukasa zusammen war. Da dachte ich mir, das musste wohl diese Jugend sein, von der die Erwachsenen immer redeten.

Zu der Zeit fingen sowohl Tsukasa als auch ich an, Handys bei uns zu tragen. So konnten wir uns jederzeit kontaktieren, auch wenn wir getrennt voneinander waren. Mein erstes Handy war von derselben Art wie Tsukasas, ein aufklappbares J-Phone, das die zu der Zeit beliebten animierten Emojis und MMS versenden konnte. Bei diesem Handy konnte man Kontakten unterschiedliche Farben zuweisen, sodass man anhand der Farbe des Lämpchens erkannte, wer einem geschrieben hatte – selbst wenn es zugeklappt war. Mit den richtigen Einstellungen könnte es zum Beispiel für Nachrichten von der Familie rot leuchten oder für die von Freunden grün.

Ich stellte meine Lieblingsfarbe, blau, für Tsukasa ein. So klopfte mein Herz jedes Mal vor Freude, wenn mein Handy blau aufleuchtete.

Eines Nachts, als ich gerade versuchte zu schlafen, vibrierte mein Handy am Kopf meines Bettes und leuchtete blau auf.

Ich hatte eine Nachricht von Tsukasa bekommen. Mein Herz tanzte und ich öffnete den Posteingang.

»Ryousuke! Ich hab jetzt ne Freundin!«

Ich starrte den in der Nacht gleißend hellen LCD-Bildschirm an. In der Dunkelheit mutierte mein freudiges Herzklopfen zu einem einfachen Pochen.

Was soll ich nur tun? Was mache ich denn jetzt?, wiederholte die Stimme in meinem Kopf. Aber was sollte ich schon machen? Es war etwas passiert, das ich nicht ändern konnte. Und eine Sekunde nachdem ich mir das eingeredet hatte, fingen meine Gedanken wieder an zu kreisen. *Was soll ich nur tun?*

Ich musste mich erst mal beruhigen. *Was soll ich tun?*

Warum tut es so sehr weh ...? Sind die Sorgen und Ängste, dass sich ein wichtiger Freund von einem distanzieren könnte, dermaßen qualvoll? Ich will Tsukasa nicht hergeben ... Wenn er mehr Spaß mit mir hat, als wenn er bei seiner Freundin ist, wird er sich dann von ihr trennen und zu mir zurückkommen ...? Was kann ich dafür tun? Ich will als Freund weiter an Tsukasas Seite bleiben ... Ich sollte einfach darauf warten, bis sie sich trennen ... Ich hoffe, sie trennen sich bald ... Nein, ich sorge dafür, dass sie sich schon bald trennen.

Ich packte viele Emojis in meine Nachricht, damit sie sich so las, als würde ich sein Glück teilen.

»Glückwunsch, dass du eine Freundin gefunden hast! Stell sie mir mal vor. Alles Gute euch!«

Das verfluchte Date

Besagte Freundin, die Schuldige an meinem Tiefpunkt, war ein Mädchen namens Hidemi, das in Tsukasas Klasse ging. Sie war kleiner als er und geheimnisvoll. Geheimnisse machen Menschen ja angeblich interessanter, aber auf Hidemi traf das nicht zu. Ich hatte bisher kein Wort mit ihr gewechselt und auch nie daran gedacht, mich mit ihr anzufreunden, aber da sie Tsukasas Freundin war, konnte ich ihr schlecht die kalte Schulter zeigen.

Es fühlte sich so an, als hätte sie mir Tsukasa gestohlen. Trotzdem nahm ich mir vor, so gut es ging über Tsukasa zu wachen.

Wenn wir drei etwas zusammen unternahmen, fühlte ich mich oft schlecht, weil ich dachte, ich würde nur das Date eines Liebespaares stören. Aber die Gedanken *Ich möchte we-*

nigstens ein wenig Zeit mit Tsukasa verbringen und *Ich lasse Hidemi nicht mit ihm allein* waren einfach stärker.

Aber egal wie viel Spaß wir zu dritt hatten, und egal wie sehr ich die beiden zum Lachen brachte, es änderte nichts an der Tatsache, dass Tsukasa Hidemi liebte. Je mehr Zeit wir zu dritt verbrachten, desto mehr vermengten sich das Gefühl der Aussichtslosigkeit und der Neid in mir. Diese Mixtur wurde zu einer Art Schlammschicht, die das Innere meines Herzens beschmutzte.

Die beiden mussten währenddessen jedoch irgendwo außerhalb meiner Reichweite abgemacht haben, allein auf Dates zu gehen. Ich wurde nicht zu diesen Treffen eingeladen und blieb allein.

Dass Tsukasa und Hidemi in dieser Zeit intim wurden (für Tsukasa war es das erste Mal), erfuhr ich vom Vizevorsitzenden des Schülerrats. Dass sich ihre Beziehung so weit entwickelt und dass Tsukasa mir nicht selbst davon erzählt hatte, verletzte mich sehr. Es war geradezu unerträglich.

Ich wollte zu dem Leben zurückkehren, das ich geführt hatte, bevor ich Tsukasa begegnet war, und ungeschehen machen, dass ich ihn kennengelernt hatte.

Mein ursprünglicher, nur mit Leid gefüllter Schulalltag war mir lieber als der Schmerz, den ich nun fühlte, nachdem ich Tsukasa verloren hatte.

Danach blieb ich eine Weile unauffällig. Die Schlammschicht, die an meinem Herz haftete, war etwas dünner geworden. Dann luden mich Tsukasa und Hidemi zum Karaoke ein. Sicher machte sich Tsukasa Sorgen um mich, da ich jetzt so allein war, und hatte Hidemi gefragt, ob er mich auch einladen dürfe. Hidemi war einverstanden. Ich war frustriert und gleichzeitig froh. Auch wenn ich das Mitleid spürte, war ich glücklich, solange ich bei Tsukasa sein konnte – in welcher Form auch immer.

Wir gingen zu dritt zum Karaoke, aber ich redete nicht viel. Ich kam nicht darüber hinweg, dass die beiden intim miteinander geworden waren und mir immer noch nichts davon erzählten.

Dann war ich mit Singen dran. Ich nahm das Mikrofon und sah die Lyrics.

»Du musst nicht die Nummer eins werden, du bist schon mein Ein und Alles ...«

Als ich meinen Mund öffnete, um zu singen, schossen alle Gefühle, die ich bisher unterdrückt hatte, auf einen Schlag an die Oberfläche.

Tränen quollen hervor. Ich wollte gegen sie ankämpfen und trotzdem singen, aber es war unmöglich. Ich fiel auf den Karaoketisch und weinte.

Ich will deine Nummer eins sein, Tsukasa!

Natürlich sagte ich das nicht laut. Tsukasa streichelte mit der flachen Hand über meinen Rücken – sie war warm und machte mich glücklich, also blieb ich liegen und weinte weiter.

Dann sprach Hidemi.

»Warum weinst du?«

Statt zu antworten, blieb ich auf dem Tisch liegen, was Hidemi dazu veranlasste, zaghaft weiterzusprechen.

»Wenn irgendwas ist, kannst du jederzeit mit mir reden, wenn du magst.«

Ein *Ich weine wegen dir!* bekam ich nicht heraus.

Feuchte Unterhosen lügen nicht

Nach dem Karaoke-Heul-Zwischenfall schuf ich Distanz zu den beiden. Wenn ich weiter mit ihnen zusammen war, würde ich noch verrückt.

Hidemi und ich baumelten von einer Klippe. Wenn einer von uns fiel, würde er den anderen mit sich ziehen.

Tsukasa konnte nur einen von uns retten.

Ich hätte mich selbst fallen lassen können, wenn ich ihm als Freund gewünscht hätte, dass er und Hidemi glücklich werden sollten. Aber das wollte ich nicht. Auf keinen Fall. Ich wollte Hidemi in den Abgrund hinuntertreten, wenn Tsukasa nicht hinsah.

Selbst wenn sich Tsukasa dafür entschied, Hidemi zu retten und ich deswegen runterfiel, würde ich sie nicht beglückwünschen. Ich würde herunterfallen und ihnen ein »Ich verfluche euch beide!« hinterherrufen.

Diese Vorstellung wurde Tag für Tag stärker. Dann, eines Tages, kurz vor unserem Abschluss, fragte Tsukasa: »Ryousuke, hast du heute Zeit? Willst du vorbeikommen?«

Es kam mir vor, als wäre es ewig her, seit er mich das letzte Mal angesprochen hatte.

»Ja, habe ich. Ist Hidemi auch da?«, fragte ich zaghaft.

»Sie hat heute schon was anderes vor, daher kann sie nicht.«

Es war offensichtlich, dass er mich nur einlud, weil Hidemi keine Zeit hatte, aber ich war trotzdem froh darüber.

»Verstehe. Okay, dann komm ich vorbei.«

Ich war schon lange nicht mehr in seinem Zimmer gewesen. Es roch genauso wie seine Schuluniform. Tsukasa zog seinen Blazer aus und hängte ihn über einen Kleiderbügel.

Er war immer so ordentlich. Auch seine Bücher, CDs und Regale waren sorgfältig geordnet. Ich blieb in meiner Schuluniform und legte mich rücklings aufs Bett, sodass ich die Zimmerdecke ansehen konnte. Da stieg Tsukasa plötzlich über mich und verdeckte mir die Sicht.

Als mir klar wurde, was da gerade passierte, war sein Gesicht genau vor meinem. Ich sank so tief ins Bett, als würde man mich in die Matratze drücken. Unsere Gesichter waren nur wenige Zentimeter voneinander entfernt. Tsukasas Gesicht füllte mein Blickfeld komplett aus. Es hatte einen Ausdruck, den ich bei ihm bisher noch nie gesehen hatte, und er sah mir direkt in die Augen.

Ich fragte mich, was Tsukasa in meinen sehen konnte. Ich hatte das Gefühl, er könnte mich komplett durchschauen, und bekam Angst. Aber gleichzeitig fühlte ich mich wohl, weil wir so nah beieinander waren. Wir konnten unser Herzklopfen wahrnehmen, und ich hatte den Eindruck, dass meine Gefühle für Tsukasa auch in seinen Körper strömten. In dieser Stimmung würde er mich bestimmt küssen, wenn ich die Augen schloss. *Wie schön wäre es, wenn ich ihn an mich drücken, ihn küssen und ihm sagen könnte, dass ich ihn die ganze Zeit geliebt hatte? Aber was würde danach geschehen?*

Wenn er das für einen Scherz hielte und mich nicht liebte, sondern mir einen Korb gäbe, würde ihm das nur zeigen, dass ich ein Perverser war, der auf Männer stand. Danach würde Hidemi durch ihn davon erfahren und früher oder später würde sich das Gerücht in der ganzen Schule verbreiten. Ich wäre Ryousuke, die Schwuchtel, die auf Männer steht, und Tsukasa seine Liebe gestanden hatte, aber abgewiesen wurde. Wenn es so käme, wäre mein Leben vorbei.

»Widerlich!«

Ich schubste ihn mit aller Kraft von mir.

»Du kannst nicht über mich herfallen, nur weil du dich ohne Hidemi grad einsam fühlst!«

Ich wollte es leicht und wie einen Scherz abtun, aber Tsukasa lachte nicht. Inmitten der dicken Luft sagte ich: »Ich geh mal aufs Klo«, und verschwand im Bad. Ich legte meine Hände auf die Brust und atmete tief ein. Die Luft im Bad entspannte mich.

Es ist besser so, redete ich mir ein. Tsukasa hatte sich ja auch nur aus Spaß über mich gebeugt. Außerdem musste meine Liebe für ihn irgendeine Unstimmigkeit sein. Ich war ein Mann und es war völlig absurd, dass ich mich in andere Männer verliebte. Ich war nur für den Moment so komisch drauf. Deswegen war es besser so ...

Als sich mein Atem beruhigt hatte und ich meine Hose auszog, fiel mir auf, dass etwas an meiner Unterhose seltsam war. Aus irgendeinem Grund war sie durch die Nähe zu Tsukasa pitschnass geworden.

Meine feuchte Unterhose schien zu zeigen, wie sehr ich Tsukasa liebte.

Meine »Freundin«

Tatsächlich hatte ich in meiner Mittelschulzeit auch eine Beziehung. Das war als eine Art Herausforderung an mich selbst gedacht. Zu der Zeit sah ich mich noch nicht als schwul und nahm einfach an, dass eben Männer und Frauen zusammenkamen. Wenn ich eine Freundin hätte, wäre ich bei den Treffen mit Tsukasa und Hidemi nicht mehr als trauriger Einzelgänger außen vor. Natürlich rechnete ich auch damit, mehr Zeit mit Tsukasa verbringen zu können, wenn wir auf Doppeldates gingen.

Daher war meine Beziehung zu Sakura auch keine Beziehung, die ich ohne Hintergedanken und aus Liebe eingegangen war (auch wenn ich sie als Menschen natürlich mochte).

Meiner Erinnerung nach wurden wir erst auf Sakuras starkes Drängen hin ein Paar. Sie war ein energiegeladenes Mädchen, mit einer Präsenz ohnegleichen, die auf dem Schulgelände hervorstach. Während andere Mädchen eifrig ihre Röcke kürzten und ihre Strümpfe ausgeleiert an ihren Füßen hingen, trug nur Sakura Sneakersocken und ihren Rock so, dass er bis zu den Knöcheln reichte. Wie die Anführerin einer Mädchenbande aus alten Zeiten stampfte sie jeden Tag breitbeinig durch die Flure.

Auch wenn sie meine Freundin war, galten meine Gefühle nicht ihr, sondern ausschließlich Tsukasa.

Da ich mein Gesicht lieber in Tsukasas Achseln legen wollte anstatt an Sakuras Lippen, ihre Haare oder Haut, war es selbstverständlich, dass ich ihr als Freund nicht genügte.

Unser Händchenhalten und auch mein erster Kuss wurden mir fast von Sakura aufgedrängt. Für den Kuss hatten wir uns sogar Mut angetrunken.

Wer wen auf dem Nachhauseweg begleitete, wurde oft zum Streitthema. Der Freund und die Freundin, der Mann und die Frau, hatten jeweils ihre zugewiesenen Rollen, und es gehörte sich, dass der Freund die Freundin bis nach Hause begleitete, aber ich wollte damit nicht konform gehen.

»Heute begleitest du mich nach Hause, Sakura. Ich hab solchen Hunger, da will ich schnell zu Hause sein«, schlug ich ihr vor. Erst stimmte Sakura zu, aber danach stritten wir uns doch, weil sie das irgendwie komisch fand. Danach wurde es zwischen uns verkrampfter, und unsere kurze Beziehung endete so schnell, wie sie begonnen hatte.

Ich hatte Sakura zwar einmal geküsst, aber weiter waren wir nicht gegangen. Mein Traum von einem Doppeldate mit Tsukasa hatte sich nicht erfüllt. Nach dem Abschluss der Mittelschule ging Sakura auf eine andere Oberschule und wir entfremdeten uns. Aber vor ein paar Jahren gab es eine neue Entwicklung.

In der Zeitung wurde darüber berichtet, dass mein Ehemann Ryosuke und ich ein schwules Ehepaar waren, und als Sakura das sah, fragte sie bei Bekannten nach meinen Kontaktdaten und schickte mir eine Mail.

Das verunsicherte mich. Aus Sakuras Perspektive war ich der Mann, den sie eine kurze Zeit gedatet hatte, und der nun schamlos verkündete, schwul zu sein und einen Partner zu haben – und das sogar in der Zeitung abdrucken ließ.

Ich dachte, ich müsse ihr erklären, dass ich zur Mittelschulzeit nicht wusste, dass ich schwul war, und mich dafür entschuldigen, dass ich sie ausgenutzt hatte, um mit Tsukasa auf Doppeldates gehen zu können.

Ich nahm all meinen Mut zusammen und rief die Nummer an, die in der Mail stand. Sakura war sofort am anderen Ende des Telefons und klang sehr nervös.

»Ähm ... Ich hab den Zeitungsartikel über dich gelesen.«

»Ja, es ist, wie du gelesen hast ... Und irgendwie tut es mir auch leid.«

»Tatsächlich gibt es etwas, wofür ich mich bei dir entschuldigen muss. Weißt du, was Geschlechtsdysphorie ist?«

»Ja, weiß ich.«

»Nun, ich hab das. Ich benutze im Alltag jetzt den Namen Kenji.«

»Oh, ach so.«

»Ehrlich gesagt, hab ich Mädchen gedatet, bevor ich mit dir ausgegangen bin. Aber die Leute tratschten darüber, und ich hatte Angst, dass sich das weiter rumspricht ... Ich dachte, ich könnte als Tarnung mit einem Jungen zusammenkommen. Dann würden auch die komischen Gerüchte verschwinden ... Ich ... ich habe dich ausgenutzt. Es tut mir alles unsagbar leid.«

»Moment mal! Meinst du das ernst?«

»Es tut mir wirklich leid! Ich wollte mich schon lang dafür entschuldigen ...«

Ich hätte fast angefangen zu lachen, als ich sein Comingout und seine Entschuldigung annahm. Ich hatte ihn schließlich selbst ausgenutzt und fühlte mich deswegen schlecht.

»Für mich gilt dasselbe. Ich war zu der Zeit in Tsukasa aus Klasse 3 verliebt. Dann ist er mit Hidemi zusammengekommen und ich habe dich benutzt. Ich bin nur mit dir zusammengekommen, damit ich mehr Zeit mit Tsukasa auf Doppeldates verbringen kann. Dafür muss ich mich entschuldigen.«

»Was, echt?«

Kenji war zwar überrascht, aber es beruhigte mich etwas, dass er darüber lachen konnte.

»Aber ich kann mich nicht daran erinnern, dass wir jemals mit Tsukasa auf einem Doppeldate waren.«

»Das kam leider nie zustande. Wir haben uns doch echt schnell getrennt, weißt du noch?«

»Ja, schon!«

»Scheint so, als hätten wir beide eine schwere Jugend hinter uns. Also verzeihen wir uns auch gegenseitig. Was viel wichtiger ist: Bist du denn jetzt glücklich?«

»Ich bin gerade mit einer Frau zusammen, die ein Kind aus einer gescheiterten Ehe mitbringt. Es ist zwar anstrengend, aber wir geben unser Bestes.«

»Wenn ihr ein Kind bei euch habt, ist bestimmt jeder Tag ein Geschenk. Ich bin neidisch. Versteht dein Umfeld deine Situation denn?«

»Ich habe mich von meinen Eltern entfremdet, und von meinen Freunden wissen es noch nicht so viele. Auf dem Land ist das bei den Leuten leider noch nicht so angekommen.«

»Dann müssen wir dafür sorgen, dass es bei ihnen ankommt ...«

»Ja ... das sollten wir. Sorry wegen der Sache ...«

Kenji entschuldigte sich weiter. Ich denke, dass er zu der Zeit viele Gefühle in sich trug, die er nur schwer durchschauen konnte. Und ich hatte es nicht verdient, dass er sich bei mir entschuldigte.

»Es wäre schön gewesen, wenn ich meine Gefühle und meine Situation damals wirklich verstanden hätte. Dann wäre mir vielleicht auch aufgefallen, was bei dir los war«, sagte ich.

»Daran dachte ich auch! Eigentlich hatten wir beide jemanden direkt vor unserer Nase, dem wir uns anvertrauen konnten! Damals hab ich mir gesagt, dass alles schon irgendwie werden wird, und einfach so weitergelebt.«

»Ich weiß, was du meinst! Das Gleiche gilt wahrscheinlich auch für mich.«

Als ich dieses Buch schrieb, kontaktierte mich Kenji erneut, und sagte mir, dass er sich inzwischen von der Frau mit Kind getrennt habe. Aber seine Eltern zeigten langsam

Verständnis für seine Situation, daher gab es auch etwas Schönes zu berichten.

Kenji hat bisher noch keine geschlechtsangleichende Operation vorgenommen, aber er sagte: »Es kommt gar nicht infrage, sie nicht zu machen!« Er schien für die Operation zu sparen, bekam aber keinen Urlaub für den Eingriff. Seine Firma hatte ihm wohl gesagt, dass sie ihn ja nicht als Mann angestellt hätten, und so würde ihm nichts anders übrig bleiben, als den Job aufzugeben, sobald er die Operation vornehmen wollte.

Ich fand es unfair, aber Kenji meinte, es sei unvermeidbar und nahm es als Zeichen, dass sie nur das Beste für ihn wollten (weil seine Kollegen die zwischenmenschlichen Beziehungen in seinem späteren Arbeitsleben mitdachten).

Kenji als Transmann und ich als schwuler Mann stecken in komplett unterschiedlichen Lebenssituationen und haben ganz andere Probleme. Aber ich finde, dass das System und die gesellschaftlichen Zustände in Japan für Menschen mit ähnlichen Sorgen wie Kenji viel zu harsch sind.

Dass Kenji und ich mal ein Paar waren, obwohl wir eigentlich ein Schwuler und ein Transmann sind, lässt die Leute vielleicht glauben, wir seien wie durch ein Wunder zusammengeführt worden. Ich sehe das jedoch nicht so. Es gibt viele, die denken, sie hätten noch nie so jemanden getroffen, oder gar, in ihrem Umfeld gäbe es solche Leute nicht, aber damit liegen sie völlig falsch. In Ländern mit fortgeschrittenen Menschenrechten wissen viele, dass Betroffene in ihrem nahen Umfeld existierten. Das Coming-out ist eine persönliche Entscheidung und mag nicht immer unbedingt die richtige Lösung sein. Aber dass sich in diesem Land viele gegen ein Coming-out entscheiden, obwohl sie es eigentlich wollen, liegt meiner Meinung nach daran, dass die japanische Gesellschaft zu intolerant ist.

All das ging mir durch den Kopf, während ich mit Kenji sprach.

Ich wollte mit ihm in eine Zeitmaschine steigen und uns selbst in der Mittelschule besuchen. Dann würde ich uns ganz fest umarmen und sagen, dass wir völlig in Ordnung seien.

Aber um sagen zu können, dass die Zukunft strahlend hell werde, müsste sich die Gesellschaft noch ein wenig verändern.

Wenn ich an schöne Erinnerungen aus meiner Mittelschulzeit denke, habe ich nichts außer die unerwiderte Liebe für Tsukasa und die Aktivitäten im Schülerrat vorzuweisen. Mein Fotoalbum vom Abschluss der Mittelschule habe ich sogar weggeworfen. Ein gewisser junger Herr hatte sich nämlich an dem Tag, als die Porträts dafür geschossen wurden, den Pony und die Koteletten mit einer Schere abgeschnitten.

Neulich habe ich mir von Mitschülern aus der Mittelschule das Album zeigen lassen. Obwohl ich mir die Haare ruinierte und eine ulkige Frisur hatte, lächelte ich aus vollem Herzen. Das Foto als Erwachsener noch mal zu sehen, schockierte mich ziemlich.

Ich wurde unzählige Male geschlagen oder mir wurde die Luft abgeschnürt. Ich wurde auf der Toilette am Kragen hochgezogen und mir wurde ins Gesicht gespuckt. Die blauen Flecken von den Schlägen und Tritten und die Spuren von den Kugelschreibern, die meine Haut durchstachen, sind auch jetzt noch nicht verblasst. Die Gewalt kam immer ohne Vorwarnung, weshalb mir auch mit weit über 25 Jahren noch unwohl wurde, wenn jemand hinter mir stand.

Damals dachte ich, dass die Tage, an denen ich verprügelt

wurde, Tage waren, an denen ich eben Pech hatte. Ein Lehrer ermahnte mich, dass ich geärgert würde, weil ich mich so unmännlich verhielt. Aber selbst wenn ich versuchte normal zu sein, wurde ich Schwuchtel genannt. Mir wurde vorgeworfen, dass ich mich mädchenhaft verhalten würde, und ich hasste mich dafür. Dieser Selbsthass war letztendlich schmerzhafter, als geschlagen zu werden.

Heute hege ich keinen Groll mehr gegen die verständnislosen Lehrer oder die Menschen, die mich verletzten. Ich empfinde mich selbst nicht als Opfer von Mobbing. Nein, wenn ich ehrlich bin, muss ich mir eingestehen, dass ich mich damals einfach nicht für ein Opfer halten wollte. Wenn ich mich als solches bezeichne, dann würden naturgemäß auch Täter entstehen. Aber ich kann mich einfach nicht dazu durchringen, den Menschen von damals die Last aufzubürden, Täter zu sein. Wenn ich Täter bestimmen müsste, dann wären das ganz bestimmt nicht sie, sondern die Diskriminierung und Vorurteile in der Gesellschaft.

Ich hatte fünfzehn Jahre Zeit, die Ereignisse in meinem Kopf zu ordnen und bei diesen Gedanken zu landen. Mobbing sollte natürlich trotzdem nicht toleriert werden. Das Herz von Menschen durch Worte zu verletzen, oder gar physische Gewalt anzuwenden, tolerieren die Gesetze dieses Landes nicht.

Das will ich auch den Erwachsenen bewusst machen, denn Mobbing ist kein einfacher Konflikt zwischen Menschen. Natürlich gilt das nicht für alle. Aber ich habe es satt, dass Mobbing leichtfertig als »Problem unter Kindern« unter den Teppich gekehrt wird. Mobbing, egal welcher Art, ist ein ernsthaftes Problem für alle Menschen. Wir können nichts mit den Ratschlägen von Erwachsenen anfangen, wenn sie nicht die Trauer und den Schmerz hinter dem Lächeln von Kindern verstehen können, die vorgeben, stark zu sein.

Am schwersten war es damals, von Erwachsenen Sätze an den Kopf geworfen zu bekommen, die mir meine Menschlichkeit absprachen. Mittlerweile nehme ich ihnen das nicht mehr übel. Aber ich werde diese Kränkungen mein Leben lang nicht vergessen.

Da ich zu der Zeit keine Erwachsenen fand, mit denen ich über meine Probleme reden konnte, habe ich schließlich Hexerei als Mittel gegen das Mobbing verwendet. Ich dachte wirklich, dass ich meine Hände nicht schmutzig machen müsste und so die Leute, die mich schlugen, zu Tode verfluchen könnte. Wenn ich jetzt daran denke, schreckt es mich, aber damals las ich zu diesem Zweck alle möglichen schwarzmagischen Bücher. Auch wenn meine Hände sauber blieben, wurde mein Herz verunreinigt. Ich glaube, das war meine Art, mich verzweifelt am Leben zu halten.

Derjenige, der Licht in mein ausschließlich qualvolles Mittelschulleben brachte, war Tsukasa. Sein aufrichtiger Blick und seine Achselhaare verzauberten mich, und so verliebte ich mich in ihn. Ich ging zur Schule, weil ich Tsukasa dort treffen konnte. Solange er da war, machte mir nichts Angst. Nur eines: dass er von mir getrennt sein könnte.

Als er eine Freundin bekam, war ich davon zweifach geschockt. Der erste Schock kam davon, dass er eine Freundin hatte. Und dann war ich schockiert davon, wie sehr mir diese Sache zusetzte. Ich verstand überhaupt nicht mehr, wer ich war.

Es gab keinen Tag, an dem ich mir nicht wünschte, dass sich die beiden trennen würden. Aber Tsukasa und Hidemi ließen meine Hoffnung im Stich und blieben auch nach der

Mittelschule noch eine Weile zusammen. Außerdem gingen Tsukasa und ich auf unterschiedliche Oberschulen.

3. Kapitel – Ein verliebter schwuler Junge hat es schwer

Das Schülerberatungszimmer

Nach der Mittelschulzeit, in der ich einen Blazer trug, steckte ich meinen Körper in eine ungewohnte Uniform mit Stehkragen – mein Oberschulalltag begann.

Als ich mich zu Beginn des Schuljahres auf meinen Platz gestürzt hatte und dort meine Wangen auf den Händen abstützte, kamen Jungs aus anderen Klassen. Sie blickten in unseren Raum hinein und murmelten vor sich hin.

»Ist der 'ne Schwuchtel?«

»Klar, ich mein, guck dir an, wie aufreizend er dasitzt!«

Ich wusste, dass sie extra gekommen waren, um die Gerüchte über mich unter die Lupe zu nehmen. Als ich das Wort »aufreizend« hörte, haderte ich mit mir, ob ich sie nicht vielleicht begrüßen sollte, tat dann aber so, als hätte ich sie gar nicht gehört. Ich hätte nicht gedacht, dass ich so früh nach dem Schuleintritt schon auffallen würde. Insbesondere, da ich bislang viele unersetzliche Freundschaften schließen konnte – sowohl mit Männern als auch mit Frauen.

Mein Oberschulalltag war wirklich erfüllend, und jeder Tag war ein aufregendes Abenteuer.

Ich ging in Hokkaido zur Oberschule. Im Sommer fuhr ich mit dem Fahrrad dorthin. Das dauerte etwa vierzig Minuten. Aber wenn sich der Schnee häufte, wie es gerade passiert war, fuhr ich mit dem Bus. Ein paar Monate nachdem ich eingeschult worden war, wurden Azu und ich plötzlich ins Schülerberatungszimmer gerufen.

Azu war eine Freundin von mir, die sowohl mit ihrem Körper, ihrer Stimme, als auch in ihrem Verhalten gewaltig war. Jeden Morgen fuhr ich zusammen mit ihr zur Schule.

Wir wurden in den verschlossenen Schülerberatungsraum gebeten und vor uns saß der strengste Lehrer des gesamten Schulgeländes. Er öffnete den Mund und sagte:

»Euch ist ja wohl klar, wieso ihr hierhergerufen wurdet, oder? Ich will es von euch hören.«

»Was? Nein, wissen wir nicht.« Ich hatte wirklich keinen blassen Schimmer.

»Was fällt euch ein?!«

»Wir wissen's echt nicht.«

Azu hatte anscheinend auch keine Ahnung. Der Lehrer schnalzte leicht mit der Zunge und machte weiter.

»Weil ihr so viel Lärm im Bus gemacht habt, kam eine Beschwerde rein! Sie richtet sich an die Schule!«

Im Bus saßen viele Schüler, und von denen waren sicher nicht alle leise. Wie wollte da jemand beurteilen können, dass wir die Krachmacher gewesen waren? Der Lehrer musste nach seiner Intuition gegangen sein und deswegen als allererstes uns beide gerufen haben.

Azu schien das ähnlich zu sehen. »Wieso sind Sie so sicher, dass wir das war'n? Mit dem Bus fahren voll viele Schüler!«

Ich nickte zustimmend. Nach Azus Worten hätte der Lehrer eigentlich nicht mehr so überzeugt tun dürfen. Aber er schien nicht die Absicht zu haben, uns darüber aufzuklären, wieso er uns beide im Verdacht hatte.

»Außer euch kommt niemand infrage!«

»Wieso denn? Woher woll'n Sie das wissen?«

Dieses Hin und Her wiederholte sich viele Male und der vorhin noch so überzeugte Lehrer wurde plötzlich zögerlicher.

Er klang leicht einsichtig. »Der Busfahrer hat gesagt ... die Krachmacher waren ... ein riesiges Mädchen mit losem Mundwerk und ein Junge, der wie ein Mädchen wirkt. Ich habe es mir von den anderen Lehrern bestätigen lassen, es gibt kein zweites solches Duo! Deswegen müsst ihr es sein!«

Ich war gespannt, was Azu neben mir antworten würde, und sah ihr Gesicht von der Seite an. Doch sie klappte nur den Mund auf und zu, ohne ein Wort zu sagen. Dazu fiel ihr wohl nichts mehr ein. Ich konnte mein Lachen nicht unterdrücken und es brach aus mir heraus. Er hatte recht, so ein Duo gab es sonst nicht. Azu sah so aus, als würde sie auch gleich losprusten, und gab mir die Schuld dafür.

»Ryousuke! Was lachst du denn so? Ist's nich schlimm, so etwas gesagt zu bekommen? Das muss doch schrecklich sein! Herr Lehrer, das stimmt doch, oder?«

»Ich hätte euch das am liebsten nicht gesagt, aber ich musste eben. Jedenfalls sollt ihr ab jetzt im Bus leise sein! Wenn ihr das verstanden habt, geht zurück ins Klassenzimmer!«

Es war unverkennbar, dass es dem Lehrer unangenehm war. Schnell scheuchte er uns aus dem Schülerberatungszimmer.

Mich stimmte das Gespräch freudig. Wie ich froh über

eine solche Zurechtweisung sein konnte? Man musste nur mal darüber nachdenken. Bisher wurde ich in der Grund- und Mittelschule immer ermahnt, dass ich nicht so weiblich sein sollte. »Verhalte dich nicht so feminin!«, »Finde Jungs als Freunde!«, »Setz dich hin wie ein Mann!«, »Schwing deine Arme nach vorne, wenn du rennst!« und so weiter.

Auch wenn ich diesmal der »Schüler, der wie ein Mädchen wirkte« war, wurde ich nicht deswegen getadelt. »Du warst im Bus zu laut.« Ich wurde wegen einer Banalität ermahnt. Und das machte mich glücklich.

Azus Grube

Azu schwänzte ab und an den Unterricht, wenn auch nur selten, und so wurden wir Schwänz-Kumpanen. Wir hatten ein sehr gutes Versteck, in das wir während der Schulstunden schlüpften. Eines, in dem man uns ganz sicher nicht entdecken würde: die Jungstoilette vor der alten Turnhalle, die von Lehrern und Schülern kaum genutzt wurde.

Es war zwar das perfekte Versteck, um nicht gefunden zu werden, aber es gab da ein großes Problem. Als Toilette, die kaum genutzt wurde, hatte sie auch keine Heizung, und der Winter in Hokkaido war bitter kalt. Wenn man sich dort fünfzig Minuten aufhielt, würde man zu Tode frieren. Und so machte ich Azu einen Vorschlag.

»Lass uns zum Mini-Markt gehen und Oden oder so kaufen!«

»Oden ... Klingt gut. Auf geht's!«

Wir beide waren uns einig, dass das eine gute Idee war. Mit heißem Oden könnten wir es uns auch in der eiskalten

Toilette angenehm machen. Aber dann dachten wir genauer darüber nach. Es würde auffallen, wenn wir über den Eingang aus der Schule gingen, auf dem Weg konnte uns zufällig ein Lehrer begegnen. Wir hatten keine Idee, wie wir aus der Schule kommen könnten, ohne dabei gesehen zu werden.

Ich öffnete das Klofenster, das mir aufgefallen war. Das Fenster war gerade so groß, dass sich Azu, die etwas fülliger war, hindurchquetschen konnte.

Das Fenster war weit oben und deutlich höher als der Boden. Im Sommer konnte man deswegen nicht dort hinausspringen. Glücklicherweise hatte sich draußen ein Schneehaufen gebildet, der bis zum Fenster reichte, und über den wir heil am Boden ankommen würden.

Ich sprang als Erster vom Fenster auf den Schneehaufen. Nachdem ich gelandet war, ging ich von seinem Gipfel langsam nach unten. Azu beobachtete mich dabei.

Sie stand am Fensterrahmen und sagte: »Ich komm, warte auf mich!« Doch als sie auf den Schneehaufen sprang, verschwand Azu mit einem lauten *Schobobob* aus meinem Blickfeld. Sie war komplett im Schnee versunken.

Ich konnte sie zwar nicht sehen, dafür aber ihre gefasste Stimme aus dem Schneehaufen hören.

»Ryousuke, ruf 'nen Lehrer!«

Wie kam sie darauf? Wir schwänzten nicht nur den Unterricht, sondern waren auch noch aus dem Fenster der Toilette gesprungen. Und als wäre das nicht schon schlimm genug, war Azu jetzt auch noch im Schnee begraben. Das konnten wir doch niemals einem Lehrer beichten.

»Was? Keine Chance. Versuch irgendwie rauszukommen, bitte!«

Ich betete dafür, dass sie es aus eigenem Antrieb schaffte. Aber es kam nur wieder ihre gefasste Stimme aus dem Schneehaufen.

»Ich wär ja rausgekommen, aber meine Schuhe sind mir von den Füßen gerutscht und jetzt frieren sie übelst. Also ruf schnell 'nen Lehrer!«

Das war eine Katastrophe. Ich rannte trotzdem erst mal los. Es blieb keine Zeit, mir auf dem Weg eine gute Ausrede zu überlegen.

Ich hastete ins Lehrerzimmer. Die Hälfte der Lehrer waren im Unterricht und deswegen nicht anwesend, aber die anderen Lehrer saßen verstreut auf einzelnen Stühlen.

Ich rief so laut, dass es die gesamten anwesenden Lehrer hören konnten. »Bitte, wir brauchen Hilfe! Azu ist unter einem Schneehaufen begraben! Mir geht es gut, aber Azu ist im Schnee vergraben! Ihr sind die Schuhe abgefallen und ihre Füße frieren! Bitte befreien Sie Azu! Bitte!«

Als sie das hörte, spuckte die Hauswirtschaftslehrerin lachend ihren Tee aus, versuchte es aber direkt danach mit einem mitleidigen Ausdruck zu überspielen. Mehrere Lehrer standen auf.

Ich eilte mit ihnen zum Schneehaufen, wo Azu immer noch vergraben war. Dort wartete sie mit kalten Füßen auf uns. Auf dem Weg zum Schneehaufen sprach mich ein Sportlehrer an. »Habt ihr nicht mehr alle Tassen im Schrank? Wollt ihr suspendiert werden?« Ich rief ihm ein »Tut mir leid!« zu und hoffte, dass er sich später nicht mehr so aufregte. Natürlich wollte ich nicht suspendiert werden. Der Plan wäre perfekt gewesen, wenn Azu nicht im Schneehaufen steckengeblieben wäre.

Es waren mehrere Lehrer nötig, um den Schnee wegzuschippen und Azu heil aus dem Haufen zu retten. Als sie rausgeholt wurde, bedankte sie sich und setzte dabei ein entschuldigendes Lächeln auf. Aber den Lehrern war nicht nach Lachen zumute. Selbstverständlich wurden wir danach ins Schülerberatungszimmer geladen.

»Wieso seid ihr nicht einfach über den Eingang rausgegangen? Wie dumm muss man sein, dass man aus dem Fenster springen will?«

»Wenn wir über den Eingang rausgegangen wären, wären wir doch von Lehrern erwischt worden. Das ist doch viel dümmer.«

»Aber nur in Socken rauszugehen soll eine gute Idee sein, oder was?«

Ich dachte, die Fragen würden dort enden. Selbst Azu, die sonst ein eher loses Mundwerk hatte, entschuldigte sich aufrichtig. Anscheinend war sie den Lehrern dankbar, dass sie sie aus dem Schnee geholt hatten. Und dann – ich wusste nicht, was er sich dabei dachte – sagte der Lehrer etwas Überraschendes zu ihr.

»Wieso bist denn nur du in den Schneehaufen gefallen?«

Ich bekam keinen Ton heraus. Ich konnte ja nicht einfach sagen: *Mach doch mal die Augen auf!* und biss mir auf die Unterlippe.

War das sein Ernst? Dieser Lehrer war ein sonderbares Lebewesen. Hatte er wirklich nicht verstanden, wieso nur Azu so tief in den Schnee gesackt war? Wenn dem wirklich so war, war dieser Lehrer hier der Volltrottel.

Mit deutlich verärgertem Ausdruck sagte Azu: »Weiß nicht.«

Wir wurden nicht suspendiert. Ich war zwar dankbar dafür, aber für Azu wären ein paar Tage schulfrei vielleicht hilfreich gewesen. Denn wenn man aus den Klassenzimmern im oberen Stockwerk aus dem Fenster hinuntersah, war in einem der Schneehaufen ein großes Loch zu sehen.

Das Gerücht »Das große Loch ist wohl da, weil Azu reingefallen ist« hielt sich mehr als drei Tage lang, und so wurde das Loch sogar mit einem Namen versehen.

Da ich unbestreitbar die Quelle dieses Gerüchts war, war Azu einige Zeit sauer auf mich. Dabei würde sie immer noch im Schnee feststecken, wäre ich nicht zum Lehrerzimmer gerannt.

Die Grube verschwand erst, als der Frühling kam.

Hasegawas Bitte

Als es wärmer wurde, sprach mich ein Freund aus meiner Klasse an.

»So ein Typ namens Hasegawa aus Klasse 1 würde gerne deine E-Mailadresse haben, darf ich sie ihm geben?«

»Klar, aber ich kenne diesen Typen nicht, und geredet hab ich auch noch nie mit ihm. Was will er?«

»Er hat wohl eine Bitte an dich. Aber ich weiß nichts Genaueres.«

»Ach so, verstehe. Dann sag ihm, dass ich auf seine Mail warte.«

In der Nacht erreichte mich seine Nachricht. In ihr stand:

»Hasegawa hier. Ich habe eine Bitte an dich. Ich bin in Tsuda verliebt, und da du dich gut mit ihr verstehst, wollte ich dich fragen, ob du uns nicht verkuppeln könntest.«

Ich hatte viele Freundinnen. Tsudachi war eine Freundin aus meiner Klasse, eine der wenigen Schönheiten dieser Schule, groß und gutaussehend. Aber gerade weil sie so unglaublich schön war, hatten viele Jungs Angst vor ihr und kamen ihr nicht näher. Oder es lag daran, dass sie sich den Jungs nicht anbiederte. Deswegen wirkte es nicht, als sei sie sonderlich beliebt.

Ich nahm Hasegawas Bitte bereitwillig an – das war doch kinderleicht! Mit Tsuda allein war er anscheinend zu nervös, deswegen wollte er mit mehreren Leuten zusammen in den Zoo gehen. Als ich Tsudachi am nächsten Tag in der Schule entdeckte, eilte ich zu ihr.

»Hey, Tsuda. Also, Hasegawa aus Klasse 1 ist in dich verliebt. Deswegen würden wir zusammen in den Maruyama-Zoo gehen wollen, wäre das okay für dich?«

»Huch, was ist das denn für ein Typ? Ich weiß überhaupt nichts über ihn.«

»Ja, und deswegen könnten wir zusammen in den Zoo gehen, damit ihr euch kennenlernt!«

»Darauf läuft's hinaus? Na ja, wenn du gehst, Ryo, dann komm ich auch mit.«

Ryo war mein Spitzname. Als wir beschlossen, in den Zoo zu gehen, lugte Hasegawa in unser Klassenzimmer. Für mich war das die erste Begegnung mit ihm.

Hasegawa hatte eine einfache Lidfalte, und sein Gesicht sah wie das eines Fußballspielers aus, oder besser gesagt, er war die Art Schönling, die man unter Fußballern oft fand. Mein Herz verlangte, sich mit ihm anzufreunden. Ich ging in den Flur und grüßte ihn.

»Hasegawa, schön, dich kennenzulernen. Tsudachi hat gesagt, sie kommt mit in den Zoo! Richtig gut, oder?«

»Ja, voll! Vielen Dank! Aber wie hast du es geschafft, sie einzuladen?«

Sogar seine Stimme war attraktiv. Sein Gesicht und seine Stimme sorgten dafür, dass sich mein Herz zusammenzog.

»Wie ich das gemacht hab? Ganz normal. Ich hab ihr gesagt, dass du in sie verliebt bist, und dass wir in den Zoo gehen ...«

»Waaas? Du hast ihr gesteckt, dass ich in sie verliebt bin?«

Mich überraschte, dass Hasegawa das so schockierte.

»Von nichts kommt nichts. Hätte ich das nicht machen sollen?«

»Nein, ich freue mich, dass sie mit in den Zoo kommt, aber ... Ist doch nicht normal, so was zu sagen! Du bist echt genauso merkwürdig, wie alle sagen. Aber auf eine gewisse Weise eben auch ein krasser Typ!«

Ich verstand nicht, was er mit diesem ›normal‹ meinte. Aber es machte mich verlegen, als er sagte, ich sei ein krasser Typ.

»Danke.«

»Wieso verstehst du dich so gut mit so vielen Mädchen? Ich werde da so nervös, dass ich nicht mehr reden kann ... Gibt's einen Geheimtrick, damit man nicht so angespannt ist?«

»Du musst dich nur dran gewöhnen, oder? Warte kurz, ich rufe Tsudachi her!«

Hasegawa fiel nicht auf, dass ich nervös wurde, wenn ich allein mit ihm redete.

»Tsudachi, das ist Hasegawa, von dem ich vorhin erzählt hab!«

»Oh, freut mich sehr! Schön, dich kennenzulernen, ich bin Tsuda.«

Tsudachi war ein wenig steif und Hasegawa wie versteinert.

»Ähm ... Ja. Der Zoo. Ich freue mich schon sehr.«

Hasegawa konnte tatsächlich nicht mehr ordentlich reden. Ich fand das unglaublich niedlich.

»Ist er nicht total cool?«, fragte ich Tsudachi, als wir ins Klassenzimmer zurückgingen.

»Na ja, ist nicht so mein Typ. Hast du gehört, wie er geredet hat?«

Sie imitierte seine Sprechweise und machte sich darüber lustig.

»Er war nervös. Als er mit mir geredet hat, klang er ganz normal. Ich freu mich auf den Zoo!«

Am Tag des Zooausflugs hatte ich ziemlichen Spaß. Nicht nur wegen der Leute, die mitgekommen waren, sondern auch weil Hasegawa die ganze Zeit so cool war.

Aber obwohl sich Hasegawa und Tsudachi ab und an unterhielten, ging der Tag zu Ende, ohne dass ihre Beziehung richtig Fahrt aufnahm. Als Hasegawa und ich nach Hause gingen, sagte er zu mir:

»Ich kam heute nicht so richtig mit Tsudachi ins Gespräch, weil du ihr auf eigene Faust gesagt hast, dass ich in sie verliebt bin. Wieso hast du es ihr verraten?«

Hasegawa schüttelte mich energisch. Ich wollte doch gar nichts Böses. »Das macht doch nichts!«, versuchte ich ihn aufzumuntern. Ob es daran lag, dass ich es Tsudachi verraten hatte, oder daran, dass Hasegawa kein ordentliches Gespräch führen konnte, wusste ich nicht, aber wenn's nicht gut lief, lief's nun mal nicht gut. Intuitiv verstand ich das, fühlte jedoch nicht so recht mit. Dafür war ich viel zu glücklich darüber, dass Hasegawa und ich uns angefreundet hatten.

Seitdem waren wir beide immer zu zweit unterwegs. So viel, dass in unserem Umfeld das Gerücht entstand, da würde etwas zwischen uns laufen. Natürlich stimmte das nicht, aber ehe ich michs versah, konnte ich nur noch an Hasegawa denken.

Das Folter-Onsen

Hasegawa war auch danach noch in Tsudachi verliebt. Er erzählte mir immer wieder davon, wie toll und wie schön sie sei, und von seiner Leidenschaft für sie.

Und ich sagte Hasegawa immer wieder, dass er es aufgeben sollte. »Man kann die Oberschulzeit viel besser mit Freunden statt mit der Liebe genießen!« Und so fingen Hasegawa und ich an, oft etwas zusammen zu unternehmen.

Hasegawa mochte es, heiße Quellen und öffentliche Badehäuser zu besuchen, also gingen wir nach der Schule ständig zu einer heißen Quelle in der Nähe. Ab und an fuhren wir weiter weg, zu einer größeren Onsen-Therme oder zum Jonzankei-Onsen, wo wir auch übernachteten.

An einem Tag, an dem wir so einen Ausflug machten, gingen wir in eine sehr große Einrichtung mit vielen verschiedenen Arten von Bädern. Ich war vor Hasegawa mit dem Duschen fertig und wanderte auf der Suche nach einem guten Becken umher, bis ich ein kleines Fassbad fand, in das exakt ein Erwachsener passte.

Als ich drin war, kam Hasegawa vom Duschen in meine Richtung. Ich erwartete, dass er in das große Becken neben mir stieg, aber er schlüpfte zu mir in das kleine Fassbad. Das Fass war aber so eng, dass ich es für unmöglich hielt, es zu zweit zu benutzen. Hasegawa schien sich jedoch nichts dabei zu denken.

Wir schafften es zwar, uns einander gegenüber in das Fass zu setzen, aber eines unserer Beine steckte jeweils zwischen den Beinen des anderen. Das war für mich zwar schon heikel genug, aber dann wippte Hasegawas Schritt auch noch unentwegt gegen meinen Fuß!

Merkte er nicht, dass sein Ding gegen mein Bein wippte? Oder sah er es einfach nicht als Problem an? Was auch immer er dabei dachte, für mich war es eine himmlische Hölle. Nein, vielmehr pure Folter.

Auch wenn ich versuchte, mein Herz frei von allen Gefühlen zu halten, fokussierten sich meine gesamten Nerven auf die Stellen, an denen ich Hasegawa berührte. *Welcher Teil von Hasegawas Schritt berührt mich gerade? Bestimmt ist es der ... Aaaach, du großer Gott ...*

Meine Leistengegend schwoll so sehr an, dass sie drohte, zu explodieren.

Ich musste irgendwie an etwas anderes denken. Jemand hatte mir mal gesagt, man solle in solchen Situationen an alte Knacker denken.

Ein Knacker, ein alter Knacker ... Der Penis eines alten Knackers ... Hasegawas Penis ... Nein, nicht so!

Meine Gedanken kamen nicht von Hasegawas Ding los. *Die Leute, die an Opas denken sollen, stehen auf Frauen, also funktioniert das für mich nicht. Dann ...*

Ein süßes Baby ... ein lachendes Baby ... Hasegawas Baby ... entstanden, als ich mit Hasegawa Sex hatte, und sein Schwanz ... Ich kann nicht mehr!

Mein Kopf war voll damit, wie Hasegawas Penis mein Bein berührte. *Gibt es eine Möglichkeit, mein Teil wieder zu schrumpfen, nachdem es so groß geworden ist ...? Nein, gibt es nicht!*

Wenn Hasegawa sich nur ein bisschen bewegte, und mein Teil sein Bein berührte, wäre mein Leben vorbei. Aber selbst, wenn ich jetzt aus dem Fassbad aussteigen würde und in ein anderes Becken ginge, würde meine Leistengegend beim Aufstehen direkt vor Hasegawas Augen steigen. Und sie wäre so nah, dass ich damit glatt Hasegawas Gesicht durchstechen könnte. In diesem Zustand konnte ich hier nicht rausgehen. Wenn rauskäme, dass ich erregt war ...

»Alter, hast du im Männerbad einen Ständer?! Du bist ja pervers. Stehst du auf Männer? Alter, ich kann doch nicht mit 'nem Homo befreundet sein.«

So könnte es enden. Damit wären meine Tage gezählt. Wenn ich ab dann als Perverser beschimpft würde, hätte ich keine andere Wahl, als mein Leben zu beenden. So was ging mir durch den Kopf. Und dann stand Hasegawa auf.

Ich rutschte zur Seite und verhinderte so um Haaresbreite, dass sich Hasegawas Bein und mein Schritt berührten. Dann drehte ich meinen Körper, sodass er auf der anderen Seite war. Ich hatte es überstanden, ohne Verdacht zu erregen, aber ich würde wohl noch für eine Weile in diesem Fassbad bleiben müssen. Ich kriegte das Gefühl, wie mein Bein berührt wurde, nicht aus dem Kopf. Auch jetzt noch erinnere ich mich genau an diese Empfindung.

Das Abenteuer um vier Uhr morgens

Hasegawa mochte die Natur und Abenteuer. Ich hatte schon viele Abenteuer erlebt, aber es gibt eines, das mir ganz besonders im Gedächtnis geblieben ist: Als ich im Sommer mitten in der Nacht das Haus verließ und einen Berg bestieg.

Tief in der Nacht, als meine Eltern ruhig schliefen, schlich ich mich mit einer Taschenlampe in der Hand raus.

Ich schrieb Hasegawa eine Nachricht, in der »Flucht erfolgreich!« stand und eilte in den Park, wo wir uns alle treffen wollten. Dabei waren Hasegawa, Hoshi, Namek (er wurde Namek genannt, weil er Piccolo aus Dragon Ball ähnelte) und ich.

Als ich im Park ankam, waren Hasegawa und Hoshi schon da, aber Namek tauchte einfach nicht auf, egal wie lange wir warteten. Wenn wir noch länger blieben, würden wir es nicht rechtzeitig zum Sonnenaufgang schaffen, daher beschlossen wir schweren Herzens, auf Namek zu verzichten.

Hoshi war gut mit Namek befreundet, und sagte etwas entmutigt: »Namek, du Verräter!«

Der Berg, den wir besteigen wollten, war der Maruyama. Er war nicht gefährlich hoch, aber die Aufstiegsroute war gesäumt mit Buddha-Statuen und wurde auch »Sapporos Pilgerweg mit 88 Stationen« genannt. Er war quasi ein heiliger Berg.

Wir hatten zwar Taschenlampen, aber da es auf dem Berg keine einzige Straßenlaterne gab, war es trotzdem stockdunkel.

Dennoch stiegen wir den Berg hinauf, behütet von zahlreichen Buddha-Statuen. Unter ihnen waren auch erbarmungslos demolierte, denen der Kopf abgerissen worden war. Doch da mein geliebter Hasegawa bei mir war, hatte ich keine Angst.

Er sagte während des Aufstiegs zu den Buddha-Statuen: »Ich möchte mit Tsuda zusammenkommen. Ich bitte euch!«. Hoshi, der sich hinter ihm befand, sprach mich darauf an.

»Ist Hasegawa etwa immer noch in Tsuda verknallt?«

»Scheint so, auch wenn Tsudachi gesagt hat, dass da nichts draus wird.«

Ich antwortete so laut, dass Hasegawa es hören musste.

»Haha, der Arme!«, lachte Hoshi, und sagte zu Hasegawa: »Man muss wissen, wann man aufhören sollte.« Ich nickte zustimmend.

»Fresse! Es ist komplett deine Schuld, dass es nicht läuft! Weil du ihr gesagt hast, dass ich in sie verliebt bin!« Hasegawa schob es auf mich, dass Tsudachi ihn nicht beachtete.

»Urgh, das ist hart. Aber das klingt ganz nach Ryousuke. Wenn ich mich in jemanden verliebe, frage ich dich sicher nicht um Rat!«

»Hä, wieso denn? Du bist ja fies. Bist du in jemanden verliebt?«

»Ja, bin ich. Aber es ist komplett hoffnungslos. Was ist mit dir?«

Ich bin in Hasegawa verlieeebt!

Was wäre passiert, wenn ich das gesagt hätte? Natürlich konnte ich nichts daran ändern, dass ich in Hasegawa verliebt war, aber ich verleugnete es weiterhin. *Ein Mann kann sich nicht in einen Mann verlieben.* Meine Gefühle für Hasegawa waren nur eine geistige Verwirrung, irgendein Fehler ... Also sagte ich: »Nein, ich bin in niemanden verliebt. Liebe interessiert mich nicht. Was mit meinen Freunden zu unternehmen, macht mich glücklicher. Ich brauch keine Freundin!«

Ja, es wäre schön gewesen, wenn ich als Freund weiter an Hasegawas Seite hätte bleiben können. Ich würde keine Freundin finden, und ich wollte auch nicht, dass Hasegawa eine fand.

»Wenn du dich noch nie in jemanden verliebt hast, dann

kannst du meine Gefühle auch nicht verstehen.« Hasegawa
ging mit Schwung voran.

Mir stießen seine Worte sauer auf. *Ich bin doch in dich verliebt! Nur wegen dir mache ich dieses Leid durch! Du bist derjenige, der meine Gefühle nicht versteht! Was meinst du, wie ich mich
fühle, wenn du über Tsudachi redest? Wie glücklich ich bin, wenn
du lieb zu mir bist?*

»Ich will deine Gefühle überhaupt nicht verstehen! Ich
brauche niemanden, in den ich verliebt bin!«

»Aber wenn du eine Frau wärst, würde ich dich anbag-
gern.«

Da war es wieder. Hasegawas Worte machten mich so
glücklich und taten gleichzeitig so weh. Ein einziger unbe-
dachter Satz von ihm und mein Herz sprang zwischen Freude und Trauer hin und her. Dass er mit mir ausgehen würde,
wenn ich ein Mädchen wäre, machte mich froh. Aber ich wurde als Mann geboren. Daher könnte ich seinen Satz auch als
Ansage interpretieren, dass er eben nicht mit mir ausgehen
würde. Wieso war ich nur ein Mann? Mich in Hasegawa zu
verlieben, war gar nicht falsch, sondern das Geschlecht, mit
dem ich auf die Welt gekommen war.

»Ihr beide würdet echt gut zusammenpassen«, sagte Hoshi.

»Wenn ich eine Frau wäre, würde ich mir niemals Hasegawa als Partner nehmen!«, sagte ich, aber wenn ich als Frau
geboren worden wäre, wäre ich vielleicht doch mit ihm zusammengekommen. Der Gedanke war erdrückend.

Während wir weiter den von Buddha-Statuen gesäumten
Weg hinaufstiegen, dachte ich darüber nach, wieso ich bloß
als Mann geboren wurde.

Vielleicht reichten die Menschen vor der Geburt Unterlagen

bei den Göttern ein. Darauf stünden dann viele detaillierte Angaben zu Geburtsland, der Ethnie und Geschlecht zur Auswahl, und meine Unterlagen dazu waren unvollständig. Ich war schließlich feminin und in Hasegawa verliebt. Aber jetzt war ich schon geboren, also konnten die Fehler in den Unterlagen nicht mehr korrigiert werden. Deswegen dürfte ich nicht weiter in Hasegawa verliebt sein. Das gehörte sich nicht, und das war sowieso nur eine vorübergehende geistige Verwirrung, unter der ich litt.

Aber was sollte ich tun, wenn es mein ganzes Leben so blieb? *Wenn ich die ganze Zeit so leiden muss, wäre es besser, einfach zu sterben.*

Und wenn ich dann gestorben wäre, spräche ich zu den Göttern: »Da waren Fehler in den Unterlagen!« Wenn ich dann noch mal ordentlich ausgefüllte Unterlagen einreiche und als Frau wiedergeboren würde, sollte sich Hasegawa in mich verlieben können. Wie glücklich wäre ich, wenn es so käme? Aber ob ich allen noch mal begegnen würde, nachdem ich wiedergeboren wäre? Mutter, Vater und auch Hasegawa ...

Schweigend erklomm ich den Berg. Krähen schrien wütend herum, vielleicht aufgescheucht durch unsere Schritte. Dann erblickten wir den Gipfel. Wir waren richtig glücklich und riefen: »Juchhu!« und »Juchei!« und liefen den letzten Hügel hoch.

Auf dem Gipfel war eine Lichtung und es dauerte nicht mehr lang, bis die Sonne aufging. Wir setzten uns auf einen großen Felsen und tauschten Worte der Dankbarkeit aus, während wir auf das erste Tageslicht warteten, das man vom Berg aus sehen konnte.

Wir konnten über die ganze Stadt blicken, als der Osthimmel in einem Übergang von hellblau zu orange erstrahlte. Die Stadt, in der wir lebten: Sapporo. Wie viele Menschen lebten hier wohl? Hier, wo jetzt bestimmt alle noch schliefen. Was für Sorgen, was für Freuden erlebten sie?

Sicher hatte jeder, der hier lebte, Sorgen und Qualen, die er mit sich trug, und versuchte trotzdem verzweifelt, das Glück zu finden. Das Leben war schwer. Und das galt nicht nur für meins. Das war sicher bei allen so.

Als hätte es die Sonne eilig, stieg sie nervös in den Himmel auf und warf warmes Licht über die ganze Stadt. Es erhellte nicht nur meinen Körper, sondern drang bis in mein Inneres, und mir wurde ganz warm ums Herz.

Ich soll leben, nicht wahr? Auch wenn es schwere Zeiten gibt, will ich versuchen, dieses Leben zu leben. Ich verspreche es, schwor ich der Sonne aus den Tiefen meines Herzens.

Die aufgescheuchten, aggressiven Krähen schienen jetzt, da die Sonne aufgegangen war, fröhlich »Kommt, lasst uns spielen!« zu rufen.

»Die Mücken sind ja echt übel! Ryousuke, auf deinen Beinen sind echt viele, alles okay?«, fragte Hoshi, während er die Mücken wegfegte.

»Kein Problem! Insekten sind Freunde.«

Es war ein schöner Morgen, und wir drei fühlten uns entspannt. Ich schlug eine Mücke weg, die sich an mein Bein geheftet hatte.

Hasegawa packte mich am Arm. »Bring deine Freunde doch nicht um! Du hast doch gerade gesagt, dass Insekten Freunde sind!«

Wir drei lachten. Mein Herz wollte laut losschreien, dass ich Hasegawa liebte. Ich hatte viele Probleme, die ich nicht wirklich verstand, aber in diesem Moment war ich glücklich.

»Wollen wir abseits der Wege den Berg runtergehen?«, schlug Hasegawa vor.

Da ist Hasegawas Abenteuerlust ja wieder, dachte ich, und Hoshi und ich stimmten zu.

Mit Hasegawa als Vorhut drängten wir uns abseits der Wege durch das Gestrüpp. Wir führten sinnfreie Unterhaltungen und lachten darüber.

Wir stießen auf eine schöne Blume, die wir noch nie zuvor gesehen hatten. Für einen kurzen Moment hielten wir an und betrachteten sie.

Das Leben ähnelte einem Abenteuer. Vor uns mochten zwar Gefahren liegen, aber dort konnten auch wunderschöne Blumen blühen. Wir wussten nicht, was noch kommen würde, aber wir sollten unser Leben im Hier und Jetzt voll und ganz genießen. Bestimmt würde alles gut werden. Das hatte mich dieses kleine Abenteuer gelehrt.

Nachdem wir heil den Berg heruntergestiegen waren, begann sich die Stadt nach und nach in Bewegung zu setzen. Wir gingen jeder zu sich nach Hause, um uns die Schuluniformen anzuziehen. Als ich nach Hause kam, fragte meine Mutter, die gerade das Frühstück vorbereitete, wo ich gewesen sei, aber ich antwortete nur »Auf einem kleinen Spaziergang«, und damit war die Sache vom Tisch.

Ich duschte mich, zog meine Schuluniform an, frühstückte, und ging mit Azu zusammen zur Schule. Im Klassenzimmer eilte Hoshi zu mir, der vor mir in der Schule angekommen war.

»Hör mal! Als ich Namek ins Kreuzverhör genommen hab, warum er nicht gekommen ist, hat er erzählt, dass etwas passiert ist, wofür er mir krass leidtut! Ich kann es dir nicht sagen, also frag ihn selbst mal danach!«

Ich ging zu Nameks Platz und fragte: »Wieso bist du nicht gekommen?« Ich machte mir Sorgen, dass er beim Versuch das Haus zu verlassen von seinen Eltern entdeckt und ausgeschimpft worden war. Ich wusste, dass seine Mutter eine beeindruckende Frau und Vorstandsmitglied in der Elternvertretung war.

Namek hielt den Kopf gesenkt und schien nicht antworten zu wollen.

»Wurdest du entdeckt und hast Ärger bekommen?«

Als er meine Frage hörte, antwortete Hoshi breit grinsend.

»Andersrum. Er hat etwas entdeckt!«

»Mann!« Namek starrte Hoshi böse an und machte endlich seinen Mund auf.

Seine Erklärung: Er hatte alles so vorbereitet, dass er rechtzeitig am Treffpunkt sein konnte.

Er hatte die Taschenlampe in die Hand genommen, aber als er aus dem Zimmer kam, wollte er, übervorsichtig wie er war, noch überprüfen, ob seine Eltern tatsächlich schliefen. Er hatte die Tür zum Schlafzimmer seiner Eltern geöffnet. Und dort ... hatte er sie beim Sex erwischt.

»Was? Haben sie dich gesehen?«

Namek nickte leicht. Zwar taten mir sowohl er als auch seine Eltern leid, aber ich konnte nur darüber lachen. Letztendlich konnte er danach nur entmutigt in sein Zimmer zurückkehren. Hoshi und ich konnten uns vor Lachen nicht mehr halten, aber auch Namek lachte etwas bekümmert.

»Mann, jetzt haltet die Klappe!«

Danach wollten wir ihn mit »Ist doch toll, dass sich deine Eltern so gut verstehen!« aufmuntern, aber Namek entgegnete nur: »Ihr sollt nicht mehr darüber reden, klar?«

Unglücklicherweise mussten Hasegawa und Hoshi ein

paar Stunden danach von der Schule in ein Krankenhaus gebracht werden. Ihre Arme und Beine waren tiefrot und stark angeschwollen. Der Arzt, der sie dorthin brachte, fragte sie wohl, ob sie Lackbäume angefasst hätten. Nur bei mir gab es keinerlei Symptome. Vielleicht lag es daran, dass ich instinktiv den Lackbäumen ausgewichen bin.

In der Stadt, über der ich mir den Sonnenaufgang angeschaut hatte, lebten viele Menschen, und jeden Tag durchlebten sie die verschiedensten Geschichten. Bestimmt waren all diese Geschichten wunderbar und möglicherweise wachte die Sonne über jede einzelne.

Dachte ich daran, sprach ich mir selbst Mut zu: »Keine Sorge, das wird schon irgendwie.«

Ai, meine Rivalin in Liebesdingen

Wenn Hasegawas Klasse zum Sportunterricht ging, starrte ich während des Unterrichts in den Flur hinaus. Damit Zeit zum Umziehen blieb, endete der Sportunterricht immer etwas früher als die Schulglocke läutete und Hasegawa ging in seinem Jersey an meinem Klassenzimmer vorbei. Er hatte nicht einmal im Vorbeigehen hineingespäht und nach mir gesucht, aber allein, dass er an unserem Klassenzimmer vorbeiging, ließ mich den Unterricht links liegen lassen. Erspähte ich ihn dann tatsächlich im Jersey, fing mein Herz an zu tanzen.

Das ging bis zum Sommer im zweiten Jahr an der Oberschule so weiter. Dann gab es jemanden aus Klasse 1 – die Klasse, in der Hasegawa war –, die verkündete: »Ich bin in Hasegawa verliebt«. Der Name dieses Mädchens war Ai.

Ai hatte öffentlich angesagt, dass sie in Hasegawa verliebt

sei, und es gab nur einen einzigen Grund, der einen dazu bewegen könnte, so etwas öffentlich zu machen, nämlich die
Hoffnung, dass einen die Personen im Umfeld darin unterstützen würden. Und tatsächlich schaffte Ai es, die meisten
Mädchen aus der Klasse 1 auf ihre Seite zu ziehen.

Ich dachte darüber nach, wie sehr ich es hassen würde,
wenn Ai mit Hasegawa zusammenkäme. Dann würde er bestimmt nur noch mit ihr Zeit verbringen und die Zeit mit mir
begrenzen. Ai wäre wie Hidemi zu meiner Mittelschulzeit ...
Mich widerte der Gedanke so sehr an, dass ich erschauderte.
Ich konnte Ai Hasegawa nicht überlassen und setzte Himmel und Hölle in Bewegung, um zu verhindern, dass Hasegawa und sie zusammenkamen.

Ich ging oft in Hasegawas Klasse, um mit ihm abzuhän-
gen, daher kannte ich Ai.

»Hey, Ai! Du bist in Hasegawa verliebt, stimmt's?«, fragte
ich sie direkt.

»Sogar du weißt davon? Mensch, das wollte ich nicht.«

Wie dumm sie sich stellte! Diese schlechten Scherze konnte sie stecken lassen. Sie hatte es doch selbst vor allen verkündet. Ihr Plan war offensichtlich alle als Verbündete zu
gewinnen. Dazu kam natürlich noch, dass Hasegawa selbst
erfahren sollte, dass sie in ihn verliebt war.

»Was magst du denn an ihm?«

»Äh, was genau ...? Ehe ich michs versah, war ich halt verliebt.«

»Verstehe. Na, dann hoffe ich, dass es klappt! Ich steh hinter dir«, beteuerte ich.

Ich werde ihr jede Menge Steine in den Weg legen.

»Aber Hasegawa ist schon in Tsuda verliebt ...«

»Keine Sorge, Tsudachi steht überhaupt nicht auf ihn, das

wird schon klappen. Wenn irgendwas ist, kannst du mit mir reden, ja?«

Ich wollte um jeden Preis verhindern, dass Hasegawa und Ai ein Paar wurden, aber gleichzeitig war ich neidisch auf Ai. Wie musste es sich wohl anfühlen, seinem Schwarm sagen zu können, dass man ihn liebt?

Wie musste es sein, wenn die Freunde akzeptierten, in wen man verliebt war?

Wie war es wohl, Menschen zu haben, die bei der eigenen Liebe mitfieberten? Ich liebte Hasegawa, aber ich hatte Angst, mir das einzugestehen. Und ich hatte noch mehr Angst davor, mit jemandem darüber zu reden. Ich redete mir weiter ein, dass es nur eine kurze geistige Verwirrung war. Ai war doch so was von unverschämt, wenn sie einfach offen sagen konnte, dass sie in Hasegawa verliebt war.

Als ich mit Hasegawa auf dem Nachhauseweg war, redeten wir über die Liebe.

»Was hältst du von Ai?«, fragte ich ihn.

»Ich weiß, dass sie erzählt hat, dass sie in mich verliebt ist.«

»Ja, scheint so. Und, würdest du mit ihr gehen?«

»Wenn ich mich in sie verlieben würde, könnte ich sicher glücklich werden. Aber das klappt so nicht. Sie ist ja nicht Tsuda.«

»Das ist wahr. Und Tsudachi ist eine Schönheit. Aber wenn du sie je aufgibst, könntest es dir mit Ai vorstellen?«

»Hm ... Ich weiß nicht. Sie ist schon ein nettes Mädchen ... Wie gesagt, wenn ich mich in sie verlieben könnte, wäre ich sicher glücklich.«

»Ich glaube, du musst dich nicht dazu zwingen, dich in sie zu verlieben. Ich finde ihr beide passt eh nicht zusammen. Und wenn die Leute erfahren, dass du dich statt der schönen

Tsudachi mit Ai zufriedengibst, kommst du bestimmt uncool rüber.«

Immer, wenn ich wusste, dass jemand auf mich stand, hatte ich diese Person deswegen mehr auf dem Schirm. Dann konnte es passieren, dass ich das mit Liebe für diese Person verwechselte. Ich befürchtete, dass das bei Hasegawa auch passieren könnte, aber es schien so, als hätte er überhaupt kein Interesse an Ai, daher war ich fürs Erste beruhigt. Auch wenn Ai zweifelsohne auf der Gefahrenliste blieb.

Eines Tages ging ich nach Schulschluss kurz bei Klasse 1 vorbei und sah, dass Ai eine Stellenanzeige las.

»Ai, du willst einen Nebenjob?«, sprach ich sie an.

»Ja, ich suche gerade nach einem.«

Ich warf einen Blick in das Anzeigenheft und sah, dass Ai die Jobs, an denen sie interessiert war, markiert hatte.

»Dieses Kenko-Land ist direkt vor Hasegawas Haustür! Wenn du da arbeitest, fang ich da auch an!«

Und so entschieden wir uns dazu, uns gemeinsam für einen Nebenjob im Kenko-Land zu bewerben. In der Liebe war sie zwar meine Rivalin, aber sie war, wie Hasegawa gesagt hatte, ein nettes Mädchen. Sho aus meiner Klasse, Yuki aus Klasse 1 und Akko aus Klasse 3 gesellten sich dazu.

Es war erfüllend, mit Freunden gemeinsam zu arbeiten, und die Gäste, die zum Kenko-Land kamen, verhätschelten mich oft. Es war ein großartiger Nebenjob. Allerdings hatte ich kaum noch Zeit, mich mit Hasegawa zu treffen, und in den vielen Stunden, in denen ich darüber nachdachte, was Hasegawa wohl gerade so trieb, passierte es. Hasegawa bekam eine Freundin. Ai war es nicht.

Wie ich mich in einen Teufel verwandelte

Hasegawas Freundin war ein Mädchen namens Mami, das so alt war wie ich und nach dem Abschluss der Mittelschule nicht auf die Oberschule gegangen war, sondern nachts in der Stadt arbeitete.

Sie verschleierte wahrscheinlich ihr richtiges Alter, um arbeiten gehen zu können. Soweit ich wusste, war Mami mit einem Jungen aus meiner Klasse namens Moriki ausgegangen, dann trennte sie sich von ihm und kam mit Hasegawa zusammen (Moriki und Hasegawa waren mit Mami auf derselben Mittelschule gewesen).

»Moriki! Bist du nicht traurig, dass Hasegawa jetzt mit Mami zusammen ist?«, bedrängte ich ihn. »Wieso habt ihr euch getrennt?«

»Nein, ich bin nicht traurig drüber. Sie ist mit vielen Typen fremdgegangen, als sie mit mir zusammen war. Ein schreckliches Weib. Seit der Trennung geht's mir blendend! Das mit Hasegawa ist mir auch egal.«

Die Sache war damit aber noch nicht gegessen. Dieses grässliche Weib durfte Hasegawa auf keinen Fall betrügen!

»Sei nicht so ein Arsch! Du musst irgendwas tun! Du bist an allem Schuld!«, rastete ich aus.

»Warum denn? Ryousuke, komm runter! Was ist denn los?«

»Du wirst sofort zu Hasegawa gehen, ihm sagen, dass Mami dich betrogen hat, und ihr erklären, dass sie eine durchgeknallte Bitch ist! Sag ihm, als Freund fändest du es besser, wenn er die Beziehung mit Mami beendet!«

»Will ich aber nicht. Ich hab damit nichts zu tun! Außerdem weiß Hasegawa das eh alles.«

»Warum kommt er dann mit so einer Trulla zusammen, wenn er das weiß?«

»Was weiß ich?! Hat jedenfalls nichts mit mir zu tun. Sorry.«

»Wenn du es ihm nicht sagst, mach ich es halt!«

Hasegawa hatte eine Beziehung mit einer schamlosen Frau angefangen. Er wurde sicher von ihr betrogen. Jemand musste ihm das wahre Gesicht dieses Weibs offenbaren. Ich konnte die Sache bestimmt noch geradebiegen, dachte ich, und eilte zu Hasegawas Klassenraum.

»Hasegawa! Ich hab von Moriki gehört, dass Mami ihm die ganze Zeit fremdgegangen ist und wirklich schrecklich sein soll!«

»Oh, ja. Das wusste ich.«

»Wieso bist du dann mit ihr zusammen?«

»Du hast bisher nur Morikis Seite gehört. Mami hatte es selbst sehr schwer. Er hat sich nie richtig um sie geschert. Mami hat ihr Verhalten schon längst reflektiert. Sie ist mir wichtig, daher ist es mir egal, was geredet wird. Ich vertraue ihr.«

Sie war ihm wichtig? Er glaubte ihr? Das widerte mich an. Als Freund sollte ich das Recht haben, zu verhindern, dass er mit so einer Frau zusammenkam.

»Das ist nicht dein Ernst, oder?«

»Du hast dich ja noch nie in jemanden verliebt, also kannst du meine Gefühle gar nicht verstehen ...«

»Stimmt, ich verstehe sie nicht! Werden alle so bekloppt, wenn sie sich verknallen? Du bist grad nicht mehr ganz dicht. Wenn du bei Sinnen wärst, würdest du nicht mit so 'nem Weib ausgehen! Ich kann das nicht nachvollziehen!«

»Ich hätte eh nicht damit gerechnet, dass du mich verstehst.

Du bist so ein kaltherziger Mensch. Meine anderen Freunde sind alle froh darüber, dass ich eine Freundin hab!«

»Sorry, aber ... ich kann mich nicht darüber freuen.«

»Das magst du zwar jetzt behaupten, aber ihr könntet Freunde werden, wenn du und Mami mal miteinander abhängen würdet. Ihr würdet euch gut verstehen.«

»Wäre zwar schön, aber ich glaube kaum, dass das passiert. Wir würden wahrscheinlich nicht miteinander klarkommen. Ich will, dass du einen kühlen Kopf bewahrst. Als dein Freund möchte ich, dass du wirklich glücklich wirst.«

Dabei war ich hier derjenige, der keinen kühlen Kopf hatte. Ai sollte eigentlich im gleichen Gemütszustand sein wie ich, aber sie machte nicht so einen Aufstand. Und es lag nicht daran, dass ich wollte, dass Hasegawa glücklich wurde, sondern daran, dass es mir wehtat, dass er sein Herz einer anderen schenkte.

»Ich überlege, mich zusammen mit Mami auch beim Kenko-Land zu bewerben«, sagte Hasegawa. »Wenn wir den Job bekommen, könnten wir alle zusammen dort arbeiten. Ich will, dass du dich besser mit ihr verstehst.«

Es freute mich, dass Hasegawa sich bei der gleichen Arbeitsstelle bewerben wollte. Aber am liebsten wäre es mir gewesen, wenn nur er angenommen würde.

Doch bei den Bewerbungsgesprächen fiel Hasegawa durch und Mami wurde eingestellt. Was für eine Ironie. Im kleinen Kenko-Land sammelten sich drei Gestalten, die in Hasegawa verliebt waren. Ai, Mami und ich.

Während ich mit meiner Eifersucht auf Ai beschäftigt gewesen war, hatte Mami mit einem Streich Hasegawas Herz erobert. Ich hatte zwar viele Freundinnen, aber für meine Liebesrivalin Mami empfand ich nichts als Hass.

Daher war ich ihr gegenüber sehr kalt, als sie bei der Arbeit anfing.

Weil Mami nicht zur Schule ging, arbeiteten wir selten zur selben Zeit, aber eines Tages, als ich zur Arbeit kam und mich umzog, saß Mami nach ihrer Schicht noch im Pausenraum.

Ich regte mich innerlich über sie auf, während ich meine Arbeitsuniform anzog. Sie war ein Mensch, den ich sogar aus meinem Blickfeld verbannen wollte. Dieses Weib, das mir Hasegawa gestohlen hatte. Die Person, die Hasegawas und mein glückliches Oberschulleben bedrohte. Jetzt tauchte diese Frau auch noch auf meiner Arbeitsstelle auf und setzte sich vor meine Nase. Das ging mir gewaltig auf den Geist. Aber ich konnte nicht leugnen, dass es mich interessierte, was zwischen Hasegawa und Mami lief. Vielleicht könnte ich doch noch einen Vorteil daraus ziehen, dass wir die gleiche Arbeitsstelle hatten. Schließlich könnte ich so mehr über Hasegawa rausfinden. Und ich würde gerne alles über ihn wissen. Wo er Dates hatte, und auf welche Dates er stand ...

Ich schob den Hass für Mami beiseite, um sie effektiv ausnutzen zu können. Als ich mit dem Umziehen fertig war, sprach ich sie an.

»Mami, läuft es gut mit Hasegawa?«

»Ja! Gestern waren wir auf einem Date, und heute werde ich bei ihm übernachten!«, sagte sie glücklich.

»Bei ihm übernachten ... Heißt das, es ist eure erste Nacht zusammen?«

»Nein, wir haben es schon getan. Hasegawa war viel zu nervös, er ist schlaff geworden und es war wirklich schrecklich.«

Mein Herz zog sich so fest zusammen, dass es schmerzte, und mir wurde schlecht.

»Ach so ... Schade.«

»Ich hab schon gedacht, ich müsste mich von ihm trennen.«

Dann trenn dich endlich von ihm und verschwinde. Aus meinem Blickfeld und von dieser Welt!

»Aber inzwischen ist er ganz ordentlich dabei! Es fühlt sich richtig angenehm an und klappt gut.«

»So gut, dass für dich nur noch Hasegawa infrage kommt?«

»Könnte man so sagen. Für mich gibt's nur noch ihn!«

Ich hielt Mami für einen durchschaubaren Menschen. Aber ich bemerkte keinerlei Anzeichen, die darauf hindeuteten, dass Hasegawa und sie sich trennen wollten. »Aber stimmt es, was Moriki sagte? Dass du schnell fremdgehst? Hast du nicht noch jemanden neben Hasegawa?«

»Damals ist so einiges vorgefallen ... Aber ich werde es auf keinen Fall wieder tun. Hasegawa ist mir nämlich wichtig.«

»Verstehe. Gib dein Bestes«, spie ich geradezu aus, und Mami nickte lächelnd. Es deprimierte mich, mit ihr über Hasegawa zu reden. Das führte dazu, dass ich den ganzen Tag unter Strom stand, weil meine Gedanken nur darum kreisten, was Hasegawa und Mami wohl in diesen Momenten miteinander taten.

Seit Hasegawa und ich uns angefreundet hatten, hingen wir praktisch jeden Tag miteinander rum. Aber seitdem er mit Mami zusammen war, hatte er anscheinend keine Zeit mehr dafür. Er wies mich immer wieder ab, wenn ich ihn fragte, ob wir etwas zusammen machen sollten. Ich lud ihn trotzdem weiterhin ein.

»Wir gehen heute Karaoke singen, willst du auch mitkommen?«

»Ich bin schon mit Mami verabredet, deswegen kann ich nicht. Viel Spaß euch!« Doch Zeit ohne Hasegawa war für mich wie luftleerer Raum.

Selbst wenn viele Freunde bei mir waren und wir noch so schöne Dinge taten, konnte ich das Loch, das sich in meinem Herzen geöffnet hatte, nicht füllen. Wenn Hasegawa nicht da war, vergaß ich, was Spaß und Glück bedeuteten. Und wenn ich alleine war, brach ich aus dem Nichts heraus in Tränen aus. Von diesen Tagen gab es viele.

Eines Abends, als ich nicht mehr weiterwusste, rief ich Hasegawa an.

»Hallo, bist du grad allein?«

»Ja, bin ich. Was gibt's?«

»In letzter Zeit hängen wir kaum noch miteinander ab. Und deswegen fühl ich mich irgendwie einsam.« Ich hatte meinen ganzen Mut für dieses ehrliche Geständnis zusammengenommen.

»Und wenn du eine Freundin findest? Gibt es wirklich niemanden, auf den du stehst?«

»Ich brauche keine Freundin. Und ich stehe auch auf niemanden! Ich will einfach wieder Zeit mit dir verbringen, aber es nervt mich so hart, dass es dir nur um Mami geht!«

»Wenn du dich so einsam fühlst, wäre es wirklich gut, wenn du jemanden hättest! Dann könntest du meine Gefühle auch verstehen. Wenn du eine Beziehung hättest, fändest du es sogar schade, Zeit mit deinen Freunden zu verbringen, weil du so gerne bei deiner Partnerin wärst.«

»Also empfindest du die Zeit mit deinen Freunden als Verschwendung? Weil du lieber bei Mami wärst?«

»Ja. Das ist normal. Wenn du eine Freundin hättest, würdest du verstehen, wie sich das anfühlt. Aber da du noch nie verliebt warst, kannst du das eben nicht nachvollziehen.«

Ich fing an zu weinen. *Ratsch!* Es fühlte sich an, als wäre irgendein Faden in mir gerissen.

Plötzlich sprudelte es aus mir heraus wie ein Wasserfall.

»Ich will dich gar nicht verstehen, wenn du dich von so einem Scheißweib verarschen lässt! Ich hasse Mami einfach! Und dich hasse ich noch mehr, weil du in sie verliebt bist! Wenn du dich nicht von ihr trennst, kündige ich dir die Freundschaft!«

Mein Verstand hatte schon längst das Weite gesucht.

»Die Freundschaft kündigen? Ryousuke, was ist denn los?! Du bist so komisch drauf! Das hat sonst niemand meiner Freunde gesagt. Alle anderen freuen sich darüber, dass ich jetzt eine Freundin habe, wieso kannst nur du nicht froh darüber sein? Ryousuke ... meinst du nicht, es wäre schlau, dich einmal im Krankenhaus untersuchen zu lassen? In letzter Zeit verhältst du dich einfach so seltsam!«

Seltsam. Ja. An mir war irgendwas kaputt. Das wusste ich ja selbst.

»Du bist derjenige, der ins Krankenhaus sollte! Weil du süchtig nach deiner Freundin bist! Es geht immer nur um Mami ... diese Scheißmami! Und du bist genauso schlimm! Ich wünschte, ihr beide würdet sterben! Das, oder noch besser, ich sollte einfach sterben!« Ich war kurz davor, ihn unter Tränen anzuschreien.

»Beruhig dich mal! Okay, wenn ich ins Krankenhaus gehe und mich untersuchen lasse, ob ich süchtig nach meiner Freundin bin, kommst du dann mit? Ich mache mir Sorgen um dich. Du schwafelst total wirres Zeug! Ist dir das bewusst?«

Selbst in solchen Momenten war Hasegawa noch lieb zu mir. Ich dachte, dass er mit dem, was er sagte, recht hatte. Ich war komisch drauf, seit er und Mami zusammen waren. Ich konnte kein Glück mehr fühlen und weinte auch noch die ganze Zeit.

Mein Herz füllte sich mit so kalten und dunklen Dingen, dass ich mich ehrlich fragte, ob ich ein schlechter Mensch war. Einen Exorzisten aufzusuchen, schien mir aussichtsreicher, als ins Krankenhaus zu gehen. Aber wenn man jetzt einen bösen Geist aus mir trieb, würde damit vielleicht gleich meine gesamte Existenz aus der Welt verbannt werden.

Wenn ich ins Krankenhaus ginge, könnte herauskommen, dass ich ein Mann war, der auf andere Männer stand. Welche Behandlungen würden sie dann vornehmen? Sowohl der Exorzist als auch das Krankenhaus machten mir Angst. Ich musste mir selbst etwas überlegen.

»Ich gehe ... nicht ins Krankenhaus. Mir geht es inzwischen wieder gut ... wirklich, ich war nur einen Moment nicht ich selbst. Sorry.«

Was war nur mit mir geschehen? Die Tränen wollten nicht versiegen und mein Kopf war voll von Hasegawa. Obwohl ich gerade erst aufgelegt hatte, wollte ich seine Stimme erneut hören. Ich war glücklich darüber, dass er sich Sorgen darüber machte, dass ich mich in letzter Zeit seltsam verhielt. Vielleicht bedrückte es ihn ja so sehr, dass er mich wieder anrufen würde, nachdem ich aufgelegt hatte.

Mit diesem Gedanken klappte ich gespannt mein Handy auf, aber ich fand nicht mal eine Nachricht von ihm. Vielleicht telefonierte er gerade mit Mami. Daran zu denken, war ein erneuter Stich in meiner Brust. Ich war der Einzige hier mit einem gebrochenen Herzen. Und deswegen wurde ich zu so einem monströsen oder teuflischen Menschen. Ich hasste es, war verbittert, traurig, einsam, und ich litt Höllenqualen. Wann würde dieser Schmerz jemals aufhören?

Wenn ich Hasegawa nie getroffen hätte, hätte ich vielleicht ohne diese Schmerzen leben können. Aber ich konnte mich nicht mehr an die Zeit davor erinnern. Worüber hatte ich gelacht, was hatte mich erfreut, wofür war ich dankbar, bevor ich ihm begegnet war? War mein Leben so viel reicher geworden, seit ich Hasegawa getroffen hatte? Aber all das galt nur für die Zeit, die ich mit Hasegawa verbrachte, bevor er eine Freundin hatte. Egal, ob wir gemeinsam abhingen, zu heißen Quellen gingen, abenteuerlich Berge bestiegen – ich wollte einfach nur eine gute Zeit mit Hasegawa haben. Mehr wollte ich doch nie!

Die Lebensfreude, die ich spürte, als ich mit Hasegawa den Berg bestiegen hatte, kam vielleicht daher, dass er dabei an meiner Seite war. Und jetzt, wo ich ihn verloren hatte, konnte ich keine Hoffnung mehr in mir finden.

Lief denn nichts in meinem Leben mal gut? Immer wenn ich mich in jemanden verliebte, bekam derjenige eine Freundin. Würde ich mein ganzes Leben lang alleine bleiben? Wenn ich daran dachte, ließen sich die Tränen nicht mehr aufhalten.

Schaum im Schritt

Es war ein paar Tage her, seit ich beim Telefonat mit Hasegawa in Tränen ausgebrochen war. Hasegawa hatte mich von dem Plan, mit ins Krankenhaus zu kommen, erst mal überzeugen können. Doch ich wusste, dass, wenn wir den tatsächlich umsetzten, es schlimm enden würde. Zumindest das musste ich um jeden Preis vermeiden.

Hasegawa schien nicht der Einzige zu sein, dem auffiel, dass ich komisch drauf war. Als ich zur Schule ging, starrte Sho mich an, und sagte vorsichtig: »Ryousuke, du scheinst in letzter Zeit nicht so gut drauf zu sein. Ist irgendwas passiert?«

Ich war überrumpelt. Ich wollte es nicht offen zeigen, aber anscheinend sah ich unglücklich aus. Mir tat es leid, dass er sich Sorgen um mich machte. Wie befreit würde ich mich fühlen, wenn ich mit ihm über meine Sorgen sprechen könnte? Welche Angst mich umtrieb, ein Perversling zu sein, der Männer liebte. Oder wie es mich bekümmerte, vielleicht in Hasegawa verliebt zu sein. Und wie ich darunter litt, dass er eine Freundin hatte.

Aber ich hatte nicht den Mut dazu.

»Wirklich? Ich glaub, ich bin nur ein bisschen erschöpft. Mir geht's prima!«, log ich.

Ich lächelte, bezweifelte aber gleichzeitig, dass ich das ordentlich zustande bekam. Ich konnte ihm nicht in die Augen blicken.

»Ein Glück! Wenn du willst, kannst du jederzeit mit mir reden!«

»Klar! Wenn irgendwas ist, spreche ich mit dir drüber!« Ich versuchte, seine Sorgen so weit es ging zu lindern.

Seit unserem Telefonat predigte Hasegawa mir, wie wundervoll es sei, eine Freundin zu haben. Laut ihm sei ich so einsam, weil ich keine Freundin hatte, und auch meine psychische Labilität läge daran. Ich wusste, dass er sich diese Gedanken für mich machte, aber seine Worte durchlöcherten mein Herz.

»Weißt du, wenn du eine Freundin hast, wirst du nur noch an sie denken können und die ganze Zeit bei ihr sein wollen! Ich weiß, dass du so eine Partnerin brauchst, und du könntest auch sofort eine haben!«

»Willst du denn jetzt gerade bei Mami sein?«

»Natürlich! Und ich will, dass du auch so jemanden findest!«

Natürlich wusste ich, dass er nur Mami im Kopf hatte. Genauso hatte ich ja selbst nur Hasegawa im Kopf.

»Ich will aber keine Freundin! Ich finde das albern! Lieber hab ich Freunde. Wie dich zum Beispiel ...«

»Willst du ewig Jungfrau bleiben, Ryousuke?«

Hasegawa packte meine Schultern und schüttelte mich. In letzter Zeit war ich nur am Heulen, aber als Hasegawa mich schüttelte, wurde ich unglaublich glücklich. Ich war mir selbst nicht geheuer.

»Ja! Meinetwegen bleib ich für immer Jungfrau!«, versicherte ich.

Ich hatte bisher noch nie sexuelles Verlangen nach Frauen verspürt. Ich las Schmuddelhefte und masturbierte, aber anstatt von den Frauen erregt zu werden, wanderten meine Augen zu den Bildern, in denen auch Männer zu sehen waren. Wenn auf den Bildern nur Frauen abgebildet waren, wäre es für mich effektiver, stattdessen gleich Michaelangelos David-Statue anzusehen. Aber verglichen mit den Nacktbildern von Frauen gab es deutlich weniger Bilder von Männern. Wenn ich Schmuddelhefte las, weiteten sich meine Fantasien aus. »Von welchem Mann wird diese Frau wohl gerade genommen?« »Wie fühlt es sich wohl an, von einem Mann gefickt zu werden?«

Selbst wenn Hasegawa die Liebe so sehr anpries, konnte

ich das nicht akzeptieren. Denn für mich war die Zeit, die ich mit Hasegawa verbrachte, mein Glück.

»Na schön, was soll's! Gehen wir zu einer heißen Quelle!«, sagte Hasegawa. Er hatte seinen Plan, mir eine Freundin zu verschaffen, wohl aufgegeben, um meine Nerven zu beruhigen.

»Klingt gut! Zu welcher?«

Mein Herz tanzte. Es war lange her, dass ich allein mit Hasegawa etwas unternommen hatte.

Hasegawa wollte zum Kenko-Land gehen, weil Mami dort zu jenem Zeitpunkt arbeitete. Er wollte bestimmt ins Bad gehen und darauf warten, dass ihre Schicht vorbei war. Weil ich auch dort arbeitete, war der Eintritt ins Bad für mich kostenlos. Wir teilten uns den Preis für Hasegawas Eintrittskarte und gingen rein.

Dass ich Zeit mit meinem Schwarm verbringen konnte, machte mich glücklicher als alles andere. Mehr als das wollte ich nicht. Als wir zusammen ins Becken stiegen, bemühte ich mich, Hasegawa meinen Körper nicht zu zeigen. Aber als wir nebeneinander im Waschraum saßen, gab es einen Zwischenfall.

Hasegawa stand plötzlich von seinem Stuhl im Waschraum auf, und sagte: »Hey, Ryousuke. Sieh dir das an!«

Als ich mich zu ihm umdrehte, stand er nackt direkt vor mir. Er zeigte auf seine Leistengegend und zu seinem Waschbrettbauch. Feine Härchen verbanden seinen Nabel in einer geraden Linie mit seinem Schritt. Sie waren direkt vor meiner Nase. Und direkt vor meinem Mund war Hasegawas Penis, der der Schwerkraft nicht entfliehen konnte und nach unten baumelte. Aus irgendeinem Grund kam mir Newtons Apfel der Erkenntnis in den Sinn (*Wieso fielen Penisse nach unten?*).

Er war gerade dabei, sich zu waschen, deswegen war noch etwas Schaum an seinem Körper. Ich wünschte mir, ich wäre dieser Schaum und könnte mit ihm zerfallen.

»Was ist los?«

Hasegawa stand immer noch da, als hätte er gerade seinen eigenen Schritt entdeckt. »Ich hab das Gefühl, seit ich Sex habe, ist mein Penis größer geworden. Was sagst du?«

Wenn ich meine Finger ausstrecken würde, könnte ich Hasegawas gutes Stück berühren. Aber ich musste ihm nonchalant antworten.

»Ich hab ihn vorher ja nicht gesehen ... also keine Ahnung. Aber er ist irgendwie ganz anders als meiner ...«

Ich sah zwischen Hasegawas und meinem Penis hin und her, aber sowohl Größe und Form, als auch Farbe und Behaarung waren völlig unterschiedlich. Vor allem hing mein Penis nicht so schwer hinab, sondern hatte genau die richtige Größe für meinen Körper (und trotzte der Schwerkraft).

»Ich glaub schon, dass der größer geworden ist! Und seit ich Sex habe, finde ich es nicht mehr so unangenehm, nackte Menschen zu sehen! Also gib dir einen Ruck und verlier endlich auch deine Jungfräulichkeit. Erst mal finden wir eine Freundin für dich! Okay?«

Nach all dem hätte ich eigentlich sagen müssen: »Alles klar! Ich denk drüber nach!«, aber mein Kopf war komplett überfordert davon, dass ich Hasegawas Penis gesehen hatte.

Zweibettzimmer in Tokyo

Als wir ins dritte Jahr der Oberschule kamen, mussten wir uns über unseren weiteren Werdegang Gedanken machen.

Da ich Filme und internationale Serien liebte, wollte ich etwas in diese Richtung machen. Als ich ein paar Wochen von der Schule suspendiert wurde, weil man mich mit Zigaretten erwischt hatte, schaute ich mir Filme und internationale Serien an. Ich ließ mich sehr gehen und es fühlte sich gut an. Ich fand eine Filmhochschule in Tokyo, zu der ich mal hingehen wollte, um sie mir genauer anzusehen. Als ich Hasegawa davon erzählte, sagte er: »Ich will da auch hin!« Somit stand für den Sommer mein allererster Ausflug nach Tokyo fest, der gleichzeitig dem Kennenlernen der Hochschule dienen sollte.

Wir schlüpften durch die Gates des Flughafens Neu-Chitose und landeten am Flughafen Haneda. Als ich aus dem Flugzeug stieg, spürte ich dicke, feuchte Luft.

»Das ist wohl diese Regenzeit!«

Hasegawa war auch ganz aufgeregt.

»Regenzeit! Woohoo!«

In Hokkaido gab es keine Regenzeit, also war das für uns die allererste Erfahrung damit. Wir stiegen in die Monorail.

»Monorail! Woohoo!«

Vom Zug aus sahen wir die vielen eng beieinanderstehenden Gebäude. Alles, was wir in Tokyo sahen, war neu für uns. Es war das erste Mal, dass wir Ziegeldächer und sprießenden Bambus sahen. Selbst der Family Mart war neu für uns (mittlerweile gibt es auch Filialen in Hokkaido). »Family Mart! Woohoo!« Wir machten sogar ein Erinnerungsfoto davon, wie wir beide vor diesem 24-Stunden-Supermarkt standen. Aber am allermeisten überraschte mich, dass in normalen Parks Palmen gepflanzt waren. Ich dachte vorher immer, dass diese Bäume nur im Süden wuchsen. Doch standen sie selbst in winzigen Parks! Wir fanden zwar, dass sie nicht zur Szenerie Japans passten, machten aber trotzdem Fotos voneinander von uns, wie wir die Palmen umarmten.

Als wir am Hotel ankamen, blickte der Mann an der Rezeption zwischen uns hin und her.

»Ich habe hier eine Reservierung für ein Zimmer mit Doppelbett, aber möchten Sie vielleicht auf ein Zweibettzimmer wechseln, da Sie beide Männer sind? Dann können sie jeweils in ihrem eigenen Bett schlafen.«

Ich wollte ihm am liebsten zurufen: »Klappe, das geht dich nichts an! Ich schlafe mit Hasegawa im selben Bett!« Aber Hasegawa antwortete sofort und ohne zu zögern: »Bitte machen Sie das so, vielen Dank.«

Dabei hatte ich mich so darauf gefreut ... Dieser Tokyoter Hotelier tat nur so freundlich, aber für mich war er ein gefühlskalter Kerl.

In der Nacht bekam ich kein Auge zu. Hasegawa schlief nämlich nur in Boxershorts im Bett neben mir. Die weiten Beine der Shorts ließen zu, dass ich ab und an den Blick auf ein wenig mehr erhaschen konnte. Es fühlte sich an wie das lange Warten vor dem Gnadenstoß. Ich machte die Augen auf und zu und beobachtete Hasegawa, während meine Gedanken von *Wenn ich jetzt einschlafe, kann ich noch fünf Stunden schlafen ...* über *Wenn ich jetzt schlafe, hab ich noch drei Stunden ...* zu *30 Minuten reichen doch, aber dafür muss ich jetzt wirklich einschlafen ...* wanderten. Dann klingelte der Wecker.

Als Hasegawa aufstand, schloss ich sanft meine Augen. Er rollte auf mein Bett und beugte sich über mich. Er starrte mein vermeintlich schlafendes Gesicht an und sagte: »Ryousuke, steh auf, es ist Morgen!« Ich tat so, als sei ich gerade eben erst aus dem Schlaf erwacht. »Morgen. Ich bin noch so müde ...«

An dem Tag wollte keine der Erklärungen bei der Präsentation der Hochschule in meinen Kopf.

Der Schoß eines Jungen

Als feststand, dass ich auf die Filmhochschule gehen würde, sagte mein Klassenlehrer zu mir: »Wenn du nach Tokyo gehst, wird es hier endlich ruhiger werden. Die anderen stecken noch in den Aufnahmeprüfungen, also mach ihnen nicht so viel Stress!«

Zu der Zeit verehrte ich die Geschichte um einen Jungen, der Brille trug und zaubern konnte, total und ging damals mit grünen Kontaktlinsen zur Schule. In den Büchern hatte er nämlich grüne Augen. Mittlerweile weiß ich, dass das keine gute Idee war.

Natürlich waren gefärbte Kontaktlinsen an der Schule verboten. Außerdem trat man immer wieder mit voller Wucht gegen meinen Tisch und rief: »Sieh dich an! Da, du hast ja schon wieder gefärbte Kontaktlinsen drin! Mach die sofort raus!« Der Lehrer erkannte das schon ganz richtig.

Und dann passierte es: Mein Platz in der Klasse war ganz weit hinten, gleich vor dem Mülleimer. Deswegen warf ich meinen Müll während des Unterrichts immer ohne hinzusehen mit einem *Hui* in den Eimer hinter mir. Aber ab und an passierte es mir auch, dass ich das machte, während Eltern in der Klasse hospitierten.

Bei der Elternversammlung nach der Hospitation beschwerte sich eine Mutter. »Ryousuke hat Müll auf mich geworfen!«

»Ryousuke würde so etwas niemals tun. Der Junge mag

zwar ab und an zerstreut sein und fragwürdige Zwischenfälle verursachen, aber er würde nie absichtlich jemanden mit Müll bewerfen«, sagte der Lehrer und versuchte, die Diskussion zu beenden.

»Wegen dir war es gestern bei der Elternversammlung richtig anstrengend!«, kam er dann auf mich zu.

»Tut mir leid, Herr Lehrer. Aber ich kann mich nicht erinnern!«

»Also wirklich, Junge ... Ich freue mich darauf zu sehen, was für ein Erwachsener aus dir wird!«

Ich freute mich auch schon darauf.

Mit meinen Freunden aus dem 3. Schuljahr verstand ich mich sehr gut und ich verbrachte die kleinen und großen Pausen auf den Schößen der anderen Jungen. Wenn ich mich auf einen Schoß setzte, stützten mich die Jungs dabei sanft ab, und da ich diese Plätze so sehr mochte, hatte ich schon die meisten Oberschenkel der Klasse erobert. Eines Tages nach einer Unterrichtsstunde wollte ich mich wieder so auf den Schoß eines Jungen setzen, als er sagte:

»Ryousuke, warte kurz. Ich hab grad einen Ständer ... So, jetzt kannst du!«

Als ich »Jetzt kannst du« hörte, setzte ich mich auf seine Oberschenkel und der Junge sagte. »Ryousuke und ich sind Gayfährten!«

Die meisten anderen Schüler gingen in Hokkaido auf weiterführende Schulen und ich war traurig, dass ich mich von ihnen trennen musste. Was für ein Leben wartete wohl in Tokyo auf mich? Vorfreude und Ungewissheit vermischten sich in mir, aber ich sagte mir »Tokyo ruft meinen Namen!« und machte mir so Mut.

Meine früheren Leben

Ein paar Monate, bevor ich nach Tokyo reiste, war Spiritualität in aller Munde. Ich hatte durch das Fernsehen davon erfahren und wollte wissen, welche Farbe meine Aura hatte und wer ich in einem früheren Leben gewesen war.

Aus allen Büchern, die ich gelesen hatte, war es Akihiko Miwas Spruch, der mir unzählige Male das Leben gerettet hatte: »Wir wurden alle geboren, weil wir eine bestimmte Aufgabe haben, also dürfen wir uns nicht mit eigener Hand das Leben nehmen.« Deshalb wollte ich unbedingt wissen, was denn meine Aufgabe war.

»Warum wurde ich geboren, wieso lebe ich?« »Ich will nicht, dass es endet, ohne dass ich es weiß.«

Genau, wie Takashi Yanase es gesagt hatte.

Zu der Zeit erzählte eine Kollegin, die im Kenko-Land als Masseurin arbeitete, im Pausenraum von ihren Erlebnissen.

»Meine Aura ist lila! Das haben Heiler und Menschen in Berufen, in denen man Schmerzen anderer lindert, wohl oft, also passt es wirklich perfekt!«

Ich stieg sofort ins Gespräch ein. »Ich will meine Aura und mein früheres Leben auch lesen lassen. Wo haben Sie das gemacht?«

»Es gibt da eine fantastische Schamanin, ich zeig sie dir demnächst mal in der Pause. Dann können wir zusammen hingehen!«

Am Tag des spirituellen Counselings waren außer mir noch viele Hausfrauen im Geschäft der Schamanin versammelt. Lebhafte Gespräche füllten den Raum, wie zum Beispiel, dass der gesund aussehende Tee, den sie tranken, ihnen eine unglaubliche Kraft verlieh.

Nur ich war in Schuluniform, und ich war verunsichert, weil ich von so vielen Hausfrauen umzingelt war. Ich spürte keine Kraft in diesem Tee. *Was gibt dem Tee denn diese Kraft, die Catechine?*, fragte ich mich. *Wenn das so tolle Teeblätter sein sollen, warum isst man sie dann nicht direkt?* Ich fühlte mich zwar fehl am Platz, setzte mich aber brav hin. Die Hausfrauen waren sehr freundlich zu mir und schenkten mir sogar ziemlich hochwertigen Tee. Die Schamanin, die gerade mit der Beratung von jemandem fertig war, kam zu uns. Sie war guter Laune und unterhielt sich mit jedem. Doch als ihr Blick den meinen traf, weiteten sich ihre Augen.

»Du ...«

Ich starrte die Schamanin an. Dann lächelte sie mir zu.

»Du bist mit einem Drachen beglückt.«

Die Hausfrauen fingen an zu plappern. Ich hörte sie Sachen sagen wie »Tatsächlich! Ich habe es gar nicht bemerkt« und »Erst gestern habe ich eine Wolke in Drachenform gesehen! Mysteriös!«. Dabei entstanden doch jeden Tag Wolken in Drachenform am Himmel. Die Hausfrauen nervten. Ich war hergekommen, um mir anzuhören, was die Schamanin zu sagen hatte.

»Ist es etwas Gutes, von einem Drachen beglückt zu sein?«

»Es heißt: Egal, wohin es dich verschlägt, es wird für dich gut ausgehen. Kümmer dich gut um ihn. Dein Drache ist übrigens goldfarben.«

Das überraschte mich, denn ich hatte noch nichts davon erzählt, dass ich in Tokyo an die Hochschule gehen würde.

»Egal, wohin es dich verschlägt, es wird gut für dich ausgehen« – die Worte fühlten sich wie eine Stütze an. Ich überlegte, die Schamanin zu fragen, womit ich den Drachen füttern sollte, aber mein Mund blieb geschlossen. Dann sprach sie weiter.

»Stehst du auf Männer?«

Ihr Lächeln war zwar verschwunden, aber ich versuchte grinsend zu antworten. »Ich stehe auf Frauen.«

Schließlich waren noch andere Leute anwesend. Die Schamanin blickte mich ernst an. *Sprich bitte nur diese eine Sache nicht an!*, versuchte ich ihr in Gedanken zu vermitteln, und sie nickte lächelnd.

»Nun denn, sehen wir uns deine früheren Leben an!«

Der Raum, in den mich die Schamanin führte, war dunkel und eng, aber da es so gut roch, hatte ich das Gefühl, mich entspannen zu können. Ich sollte mich auf das Sofa legen und ihren Anweisungen folgen. Sie begann, meine früheren Leben zu durchleuchten.

»In Frankreich ... Du bist eine Frau ... Du gehst durch den Wald ... Du zerstampfst Trauben ... Du bist die Tochter eines Weinbauers ... Dein nächstes Leben ist in Japan ... Ich kann einen Tempel sehen ... Ein tiefgläubiger Samurai ... Du besuchst oft Schreine ... Einen Moment. Jetzt habe ich es. In dem früheren Leben ... Und in dem davor ... In all deinen früheren Leben bist du immer mutterseelenallein gestorben ...«

Damit war ihre Reise durch meine früheren Leben vorbei. Sie kam zu der Erkenntnis, dass alle meine früheren Ichs bisher einsam gestorben waren. Ich war nicht so schockiert, wie man es bei den Worten »einsam sterben« wohl normalerweise war.

Was sie sagte, fühlte sich so an, als würde es mich nicht betreffen, also machte ich nur »Oha ...«, als ich ihr zuhörte. Schließlich starb jeder allein. In meiner Oberschulzeit hielt ich das für den natürlichen Lauf der Dinge.

Ich konnte mir den Grund dafür, warum meine früheren Ichs alle »bis zum Tod einsam« gewesen sein sollten, gut vorstellen. Ich war wahrscheinlich immer unglücklich in eine Person des gleichen Geschlechts verliebt gewesen und dann aus dem Leben geschieden. Und in diesem würde es sicher genauso laufen. Die Farbe meiner Aura war übrigens orange.

Danke und Lebewohl an alle

Nachdem ich mein ungehemmtes Oberschulleben vollends ausgekostet hatte, schaffte ich heil meinen Abschluss.

Laut unserem Lehrer hatten Sho und ich gerade so den Abschluss geschafft, aber das änderte nichts daran, dass wir ihn in der Tasche hatten. Und so trat ich von Hokkaido, wo ich geboren und aufgewachsen war, die Reise nach Tokyo an.

Ich würde dort für ein Jahr im Jungenwohnheim leben. Für den Antrag brauchte ich die Unterstützung meiner Eltern, also kam meine Mutter mit mir nach Tokyo.

Am Tag der Abreise brachte uns ein Kunde aus dem Kenko-Land, mit dem ich mich angefreundet hatte, zum Flughafen. Er hatte ein großes Auto, in das wir alle passten. Denn außer mir fuhren noch andere Freunde mit, wie Sho, der drei Jahre mit mir in dieselbe Klasse gegangen war, meine Liebesrivalin Ai sowie Yuki aus Klasse 1 und Akko aus Klasse 3. Es waren sogar Mitarbeiter vom Kenko-Land zum Flughafen gekommen, um mich zu verabschieden.

Um Tschüss zu sagen, kamen außerdem noch Freundinnen aus der Grundschulzeit zu meinem Haus.

Die Stimmung auf der Fahrt zum Flughafen war wie immer — alle achteten darauf, dass das Lachen nicht versiegte. Als ob es gar keinen Abschied gäbe.

»Was, wenn dich Tokyo zu einem ätzenden Stadtkind macht?«, fragte Sho mit fiesem Grinsen, doch Ai antwortete direkt darauf.

»Bei dir wird das sofort passieren, Ryo! Ich werde von dir garantiert so was wie ›Ai, du stinkst nach Land, kannst du mir bitte nicht so nah kommen?‹ zu hören bekommen. Richtig übel!«

»Es wäre superwitzig, wenn du so was sagst!«, lachte Akko.

»Akko, in Tokyo sagt man so was wie ›super‹ nicht«, sagte ich. »Mit dem Wort outest du dich als Dorfkind, also könntest du das bitte lassen?«

»Woah, du tust schon wie ein waschechtes Stadtkind! Supernervig!«

»Was benutzen Tokyoter denn für ›super‹? ›Überaus‹ oder so was?«

»Akko ist wirklich ein Dorfkind. Bei dir ums Haus ist es nachts doch stockfinster, stimmt's?«, fragte Yuki.

»Mann, Klappe halten ist angesagt!«

Lachend gab Akko Yuki einen sanften Klaps. Alle waren redselig und ausgelassen. In dieser Gruppe konnten wir über jede noch so alberne Sache lachen.

Aber uns allen war bewusst, dass das Gate, an dem wir uns trennen mussten, immer näher kam. Alle dachten daran, dass es das letzte Mal sein könnte, dass wir in dieser Konstellation zusammen lachten. Als wir am Gate ankamen, bedankte sich meine Mutter bei allen, die mich verabschieden wollten, und huschte mit »Ich geh dann schon mal vor« durch das Gate.

Ich umarmte alle noch einmal.

»Wir trennen uns mit einem Lächeln im Gesicht!«, hatte Akko mir versichert, aber sie war die Erste, die weinte. Als ich ihr aufgelöstes Gesicht sah, kamen auch mir die Tränen.

»Sag uns auf jeden Fall Bescheid, wenn du zu Hause vorbeikommst!«, sagte Ai, während sie sich an Akko schmiegte.

»Ja! Ich melde mich hundertpro bei euch! Danke, ich geh dann mal!«

Auf dem Weg zum Gate sah ich unzählige Male zu ihnen zurück.

Es war das erste Mal, dass ich allein mit meiner Mutter in ein Flugzeug stieg. Nachdem wir abgehoben hatten, blickte ich aus dem Fenster über Hokkaidos weite Landschaft. Das weite Land, das mich achtzehn Jahre lang großgezogen hatte. *Danke, Hokkaido! Und danke an alle! Ich werde früher oder später wiederkommen!*

Das Flugzeug wurde vom Nebel verschluckt.

Als ich in Tokyo ankam, ging ich direkt zum Wohnheim, um mich dort vorzustellen. Dann gingen meine Mutter und ich das Nötigste einkaufen und erledigten den Bürokram. Mein Zimmer im Wohnheim war eng und lediglich mit einem Einzelbett und einem Schreibtisch ausgestattet – Bad, Toilette und Waschraum wurden gemeinschaftlich genutzt. Essen gab es in der Mensa.

Da Hokkaido so verschneit war, hatte ich lang keine asphaltierten Straßen mehr gesehen, aber in Tokyo waren sie überall.

Wir konnten alles Wichtige am ersten Tag erledigen, daher gingen wir am zweiten Tag ins Disneyland.

»Wie groß das Cinderella-Schloss ist! Ich sehe das zum ersten Mal!«

»Aber du warst schon einmal hier, Ryousuke. Allerdings warst du da noch in meinem Bauch.«

»Das zählt doch nicht. Mama! Guck dir das an! Die Bäume sind rechteckig!«

Ich war begeistert von den Bäumen, deren Äste so gestutzt waren, dass sie eine viereckige Form bekamen. Dann begann die Mittagsparade.

»Mama! Heute muss irgendein Fest sein, es gibt sogar eine Parade! Wir haben richtig Glück!«

»Sind die Paraden hier nicht jeden Tag?«

»Was? Machen die echt jeden Tag welche?«

Alles hier begeisterte mich und ließ mein Herz höherschlagen, aber meine Mutter hatte nach der Mittagszeit ihr Limit erreicht.

»Ryousuke, in diesen Schuhen schmerzen meine Füße so, ich kann nicht mehr. Lass uns zurückgehen.«

»Nein, wieso denn?! Du kannst doch barfuß gehen.«

»Das will ich aber nicht. Ich will nach Hause!«

»Warum hast du denn diese Schuhe angezogen? Ich fass es nicht! Ich gehe nie wieder mit dir ins Disneyland!«

Uns blieb nichts anderes übrig, als den Park zu verlassen. Wir fuhren in die Nähe des Wohnheims und aßen gemeinsam, bevor meine Mutter abends nach Hokkaido zurückflog.

Ich hätte gerne noch etwas mehr Zeit mit ihr verbracht, aber meine ständig besorgte Mutter meinte, für ihr Seelenheil müsse sie schon einige Stunden vorher am Flughafen sein, und schlug vor, schon dorthin aufzubrechen.

Als ich sie zum Flughafen begleiten wollte, sagte sie: »Bis hierhin reicht.« Sie sah mich an und sagte: »Stell nichts Dummes an! Bis dann.« Sie versuchte zwar zu lächeln, aber ich wusste, dass sie die Tränen zurückhielt.

Sie stakste die Treppe zur Bahnstation hoch, ohne ihre von den ungünstigen Schuhen schmerzenden Füße zu sehr zu belasten. Ich sah ihr hinterher, bis sie aus meinem Blickfeld verschwand. Sie drehte sich nicht noch einmal zu mir um.

4. Kapitel – Meine ersten Male nahmen zu. Und meine Sorgen auch.

Die Katze guckt zu

In Tokyo fing ein neues Leben für mich an. Im Wohnheim waren fünfzehn Jungen aus verschiedenen Schulen und Jahrgängen zusammengewürfelt. Die Zeiten fürs Essen und Waschen waren festgelegt, aber obwohl fünfzehn Jungs im Heim wohnten, war das Badezimmer mit sechs Leuten bereits überfüllt, und so schlich ich mich morgens heimlich zum Duschen in den Waschraum. Schon als ich klein war, war ich nicht gut mit Regeln zurechtgekommen. Selbst wenn mir damals gesagt wurde, wir sollten uns in einer Reihe aufstellen und ich mir dabei die größte Mühe gab, bekam ich es nicht hin. Daher schien es unmöglich, dass ich mich irgendwann ans streng reglementierte Leben im Wohnheim gewöhnen würde.

Nach einer Weile fiel mir auf, dass sich alle während der gemeinsamen Badezeit näherkamen und bei diesen Gelegenheiten Freundesgruppen entstanden waren. In der vulgärsten dieser Gruppen gab es einen, der mich immer finster anstarrte, wenn ich an ihm vorbeiging. Zu dieser Zeit ging ich ins Sonnenstudio und hatte blond gefärbte Haare, daher hielt man mich sicher für einen draufgängerischen Kerl.

Ich war überzeugt davon gewesen, dass in Tokyo viele exzentrische Gestalten unterwegs waren, aber das schien nicht der Wahrheit zu entsprechen.

Ich konnte mich sowohl ans Leben im Wohnheim als auch an den Alltag an der Hochschule nicht so recht gewöhnen und starrte allein in meinem Zimmer das Display meines Handys an. Ich war in einem Dating-Forum für Männer – die Art von Seite, die ich in meiner Heimat, unter den Augen meiner Eltern, aus Furcht nicht hatte ansehen können. Dort posteten eine ganze Menge Leute Beiträge.

Es gab so viele Männer, die auf Männer standen! Ich dachte eigentlich, es gäbe nur eine Handvoll davon in Japan. Ich wurde immer aufgeregter, als mir klar wurde, dass es im ganzen Land Hunderte sein könnten. Ich war mir sicher, dass es auch in Tokyo welche geben musste und postete daher auch.

»Ich wohne in Tokyo. Gibt es in der Nähe jemanden, den ich treffen könnte?«

Es kam sofort eine Antwort.

»Gib mir bitte deinen sb«

›Sb‹ war bestimmt die Abkürzung für Steckbrief.

»Mein Name ist Ryousuke, ich bin 1987 geboren und 18 Jahre alt, Sternzeichen Skorpion, komme aus Hokkaido, hab Blutgruppe 0, bin 178 cm groß und wiege 57 kg.«

»168. 80. 48. P16«

»Ähm, was bedeutet das?«

»Größe, Gewicht, Alter und Penislänge. Ich bin ein alter

Knacker, aber willst du mich trotzdem treffen? Meine Wohnung ist in der Nähe vom Bahnhof Akihabara.«

Da ich vielleicht auf Männer stand, hielt ich es für eine gute Idee, mit jemandem zu reden, dem es genauso ging.

»Ja, sehr gerne. Bis dann! Ich komme nach Akihabara.«

Tokyo wurde seinem Ruf gerecht. Ich war so glücklich, dass ich einen Schwulen treffen konnte! Ich könnte mit ihm darüber reden, ob ich vielleicht auch schwul war, da ich mich bislang immer nur in Männer verliebt hatte. Ein Thema, worüber ich bisher mit niemandem gesprochen hatte. Vielleicht wusste er aber auch einen Weg, wie man das heilen konnte, oder ich könnte lernen, wie ich es akzeptierte. Egal, was mich dort erwartete, ich eilte zum Bahnhof Akihabara.

Der Mann, der mich am Bahnhof abholte, war auf den ersten Blick einfach ein dicker älterer Mann. Seine Gesten und seine Sprechweise waren weit weg vom Bild der Schwulen, die ich im TV gesehen hatte, sondern wirkten wie die eines gewöhnlichen übergewichtigen Mannes. Schwule hatte ich bis dahin nur im Fernsehen erlebt, und daher war ich fest davon überzeugt, dass sie noch femininer waren als ich. Da konnte ich mich überhaupt nicht dazuzählen. Als ich dann diesen Mann direkt vor meinen Augen sah, fragte ich mich seltsamerweise, ob er wirklich schwul war. Vielleicht wurde er auch mit Sätzen wie »Verhalt dich nicht so weiblich!« oder »Sei männlicher!« erzogen und hatte gelernt, wie er sich möglichst männlich geben konnte.

Er klang höflich und friedfertig, und anhand der Kleidung, die er trug, vermutete ich, dass er in einer Behörde arbeitete. Als ich ihn am Bahnhof traf, sagte er direkt: »Wollen wir zu mir nach Hause gehen?« Damit war ich einen Moment lang überfordert, merkte aber schnell, dass sich der Mann Sorgen machte, was die Menschen in der Umgebung über uns denken könnten.

Ich ging mit in sein Apartment. Es war eine enge, aber schöne Einzimmerwohnung mit Küche und Bad. Er hatte eine Katze, die ebenfalls fett war. Das bestätigte die Behauptung, dass Tiere ihren Besitzern ähnelten.

Dieser Mann war schwul und hatte vielleicht niemanden, dem er sich anvertrauen konnte, er hatte eine Katze, um seine Einsamkeit zu zerstreuen, und lebte still vor sich hin. Ich bekam Mitleid bei der Vorstellung, dass er irgendwann in diesem kleinen Apartment still und leise aus dem Leben scheiden würde, ohne dass es jemand mitbekam. Falls ich wie er schwul war, könnte der Rest meines Lebens auch so aussehen. Das wollte ich auf gar keinen Fall. Ich war zwar gekommen, um vielleicht akzeptieren zu können, dass ich schwul war, doch jetzt fühlte ich mich noch viel weniger danach.

»Sie wirken überhaupt nicht schwul. Ich habe es mir ganz anders vorgestellt. Versuchen Sie, männlich zu wirken? Mir fällt das schwer«, fragte ich ihn ehrlich und direkt.

»Schwule sind nicht alle so wie im Fernsehen. In meinem Umfeld sind mehr Schwule, die ganz normal wirken.«

»Verstehe. Davon wusste ich nichts.«

»Hast du keinen Partner?«

Ich hatte nicht erwartet, dass er mich nach einem Partner fragen würde. Einen Freund für eine Liebesbeziehung zu finden, war doch unmöglich. Bisher hatte ich mich nur unglücklich verliebt und meine Schwärme hatten schnell Freundinnen gefunden. Einen Partner zu finden, war alles andere als ein Kinderspiel.

»Einen Partner? Ich hatte noch nie einen. Wie findet man

so jemanden? Die Jungs, in die ich verliebt war, hatten alle Freundinnen.«

»Du darfst dich nicht in Heten verlieben. Da ist Leid vorprogrammiert. Es ist quasi eine unausgesprochene Regel unter uns, dass man sich nicht in eine Hete verlieben darf.«

»Was bedeutet ›Hete‹ denn?«

»Heten sind Menschen, die nicht schwul sind. Sie stehen nur aufs andere Geschlecht. Das kommt von ›hetero‹ sein.«

Es kam mir ein bisschen vor, wie wenn Zauberer nichtmagische Menschen Muggel nannten. »Du weißt ja wirklich gar nichts. Hast du dich noch nie mit anderen Schwulen ausgetauscht?«

»Nein, das ist heute das erste Mal für mich.«

»Verstehe. Aber es kann nicht sein, dass du keinem begegnet bist. Man sagt, dass in jeder Klasse einer ist, sie verstecken es alle nur. Der Anteil ist ungefähr so groß wie der der Linkshänder.«

»So hoch? Aber mir ist wirklich niemand aufgefallen.«

Wenn ich an meine Klassenkameraden dachte, fiel mir nicht ein, wer hätte schwul sein können.

»Hast du schon Sex gehabt?«

Ich antwortete ehrlich auf diese intime Frage. »Mit einer Frau. Ein Junge, in den ich in der Oberschule die ganze Zeit verliebt war, hat mir gesagt, ich solle wenigstens meine Jungfräulichkeit verlieren, bevor ich nach Tokyo gehe, und hat mich in ein Etablissement dafür mitgenommen.«

»Es muss sicher hart gewesen sein, das von der Person zu hören, in die du verliebt bist.«

Ich nickte. Es fühlte sich an, als wären meine Gefühle das erste Mal richtig verstanden worden, und das machte mich froh.

»Hast du schon mal einen anderen Penis angefasst?«

»Mein Bein hat mal einen berührt, aber angefasst ... Nein, noch nicht.«

»Willst du's mal?«

Daraufhin stand der Mann auf, ließ seine Hose runter, und legte meine Hand sanft auf seine Boxershorts. Das, wonach ich mich in den Tiefen meines Herzens immer gesehnt hatte, lag genau darunter.

Ich hielt meine Hand ganz still und konnte spüren, wie erregt der Mann war. Ich war erst etwas verwundert, aber da er auf Männer stand, war es selbstverständlich, dass meine Berührung ihn erregte.

Als ich festgestellt hatte, dass ich möglicherweise auf Männer stand, redete ich mir ein, dass es nur wenige davon in Japan gab, und dachte, ich würde sterben, bevor ich die Chance bekäme, das Teil eines Mannes anzufassen. Deswegen reichte es mir, es mit den Boxershorts dazwischen zu berühren.

Aber der Mann schien davon noch nicht befriedigt zu sein. Er zog ohne Umschweife seine Unterhose runter. Es war das erste Mal, dass ich ein erigiertes Glied sah, das nicht mein eigenes war, und damit war ich ganz ehrlich erst mal überfordert. Natürlich wollte ich wissen, wie es danach weiterging, aber ich hätte nicht gedacht, dass der Tag wirklich kommen würde, an dem ich das erlebte.

»Weißt du, was du mit dem Teil machen sollst?«

»Nein ...«

Er versuchte mich, perplex wie ich war, auszuziehen, aber ich hielt ihn ab.

»Bitte warten Sie ...«

»Hm? Was ist denn?«

»Die Katze ... guckt zu.«

Die fette Katze war plötzlich in meinem Blickfeld aufgetaucht und starrte mich und den Mann höchst interessiert an.

»Stört es dich, wenn die Katze da ist?«, fragte der Mann, brachte die Katze in den Flur, und schloss die Tür.

An diesem Tag hatte ich meine erste Erfahrung mit einem Mann.

Mitten im Akt holte er eine Videokamera aus einem anderen Raum. Er meinte: »Ich werd's auch niemandem zeigen« und fing an zu filmen.

»Bitte, warten Sie.«

»Willst du nicht gefilmt werden?«

»Die Katze ... ist wieder da.«

Als der Mann die Tür aufgemacht hatte, war die Katze wieder reingehuscht. Er schnappte sich die Katze nochmals und sperrte sie aus.

Dieses Wohnzimmer war sicher ihr Zuhause.

Und trotzdem wurde sie ausgesperrt. Ich hatte Mitleid mit ihr.

Als alles vorbei war, wollte mich der Mann noch zur Bahn bringen. Meine Beine schlotterten zwar, aber ich versuchte, einfach weiterzulaufen.

»Wie war dein erstes Mal?«

»Anders, als ich es mir vorgestellt hatte. Außerdem ... zittern meine Beine.«

Der Mann sagte, dass ich sicher Hunger hätte, kaufte gebratenes Hühnchen an einer Bude am Straßenrand und gab es mir. Wir gingen zusammen zur Bahn, ich bedankte mich bei ihm, verabschiedete mich und ging durch die Ticketschleuse. Während die Bahn mich durchschüttelte, ließ ich mir das, was gerade passiert war, noch mal durch den Kopf gehen. Ich war froh darüber, einen Schwulen getroffen zu haben und dass ich mit ihm etwas erleben konnte, was ich mir nie im Leben erhofft hatte. Er hatte mir sogar Hühnchen gekauft. Ich war wirklich ein Glückspilz.

Aber ich konnte immer noch nicht akzeptieren, dass ich schwul war.

Wenn ich das täte, dann würde ich auch akzeptieren müssen, dass es für mich keine strahlende Zukunft gab. Würde ich wirklich jemand werden wollen, der sich niemandem anvertrauen konnte? Jemand, der sein Dasein allein mit einer Katze fristete, so wie dieser alte Mann? Nein. Natürlich wollte ich das nicht. Wenn ich mich an mein damaliges Ich zurückerinnere, bemitleide ich mich. Zu diesem Zeitpunkt dachte ich, wenn für mich nur ein Leben wie das dieses Mannes bliebe, wäre es besser, einfach zu verschwinden.

Aber solange ich denken konnte, war in mir der unbewusste Glaube daran verankert, irgendwann eine glückliche Familie gründen zu können. Ich müsste mich einfach irgendwann in eine Frau verlieben und sie heiraten. Eines Tages würde bestimmt eine Frau auftauchen, die perfekt zu mir passte. Das redete ich mir jedenfalls ein.

Meine Beine zitterten immer noch.

Ob die fette Katze wieder zurück ins Zimmer gelassen worden war?

Das Leben im Jungswohnheim

Im Jungswohnheim, in dem ich wohnte, wurden ab und an Partys veranstaltet. Da alle im Bad ihre Freundschaften geschlossen hatten, blieb ich als Einziger übrig und betrank mich allein. Wenn ich Alkohol trank, wurde ich lockerer (weshalb ich immer über den Durst trank), und als mir die Gruppe, aus der ich immer fiese Blicke kassierte, einmal näher kam, sprach ich sie an.

»Sagt mal, warum starrt ihr mich immer so finster an? Und du ... Hab ich dir was getan? Fühlt sich nämlich richtig scheiße an. Kannst du das bitte lassen?«

Nur einer aus der Gruppe sah mich nämlich wirklich finster an. Ein Kerl namens N.

»Huh, ich? Nee, weißt du, du bist doch immer allein, deswegen hab ich dich angesehen. Ich kann nämlich nicht so gut gucken. Sorry, wenn sich das scheiße anfühlt.«

N hatte ein schlichtes und nichtssagenden Gesicht, aber selbst durch seine Kleidung hindurch erkannte ich, dass er einen guten Körperbau hatte.

»Wir reden ständig drüber, dass wir dich mal besser kennenlernen wollen«, sagte der auffälligste Kerl aus der Gruppe. »Aber im Bad läuft man dir ja nie über den Weg. Wie sollen wir dich nennen?«

»Ryo. Nennt mich Ryo. Ich kann so viele Leute im Bad nicht ab, deswegen schleich ich mich morgens immer allein rein.«

»Ach so. Okay, Ryo dann.«

N fragte mich, ob wir zusammen trinken wollten, und klopfte auf den Sitz neben sich. Ich setzte mich hin.

Ab und an war ein bisschen Antrieb durch Alkohol nötig. Aber wenn man es zu weit trieb, konnte es zu Unfällen kommen. An dem Abend trank ich zu viel, und als ich aufwachte, fand ich mich in Ns Bett wieder. Ich setzte mich auf, und N versuchte mich in seine Arme zu schließen. »Ryo, geht's dir gut? Willst du was trinken?«

Er holte eine Flasche Wasser aus einem Mini-Kühlschrank.

»Erinnerst du dich an alles?«

»Hm, an was denn? Kein Plan, warum ich in deinem Zimmer bin.«

»Du hast dich betrunken total an mich rangemacht und bist dann einfach eingeschlafen. Du hast mich ganz fest umarmt. Also hab ich dich hochgehoben und in mein Zimmer gebracht.«

Was für eine Katastrophe. Wenn ich zu viel trank, erhöhten sich die Faktoren, die den Verdacht auslösen könnten, dass ich schwul war.

»Oh ... Tut mir echt leid. Äh ... Ich hab echt zu viel getrunken. Sorry!«

»Kein Stress. Ich war echt froh drüber. Du dachtest zwar, ich hätte dich finster angestarrt, aber eigentlich dachte ich die ganze Zeit, dass du echt süß bist, und hab dich deswegen angesehen. Musste mich echt ordentlich im Zaum halten, als du dich so an mich angeschmiegt hast«, sagte er. Ich war offenbar immer noch besoffen.

N versuchte mich dazu zu bringen, Wasser zu trinken, aber ich zog ihn aufs Bett und küsste ihn. Und zwar sehr lang. N sah nicht so aus, als wüsste er, was er als Nächstes tun sollte, also hätte ich übernehmen müssen, aber auch ich hatte nur die eine Erfahrung mit dem alten Mann gemacht, und da hatte er mich geführt. Da wir nicht wussten, wie es weitergehen sollte, küssten wir uns die ganze Zeit.

»Ich hab kein Interesse an Männern ... Überhaupt nicht«, sagte N mit einem verwirrten Ausdruck in seinem Gesicht. »Aber du bist süß. Vielleicht bin ich nicht ganz richtig im Kopf.«

»Mir geht es auch so. Ich hab kein Interesse an Männern, aber ... Ich weiß auch nicht ... Vielleicht bin ich komisch und bei dir ist alles okay!«

Das hatte ich nur so gesagt, um N zu beruhigen, aber währenddessen hallten die Befehle des alten Mannes durch meinen Kopf. Ich konnte mich dieser Stimme nicht entziehen.

Die Wände im Wohnheim waren dünn. Die Laute aus den Nebenzimmern waren klar hörbar. N biss die Zähne zusammen, damit er keinen Ton von sich gab.

Er machte danach mit mir das Gleiche, wie ich es mit ihm getan hatte. Als es vorbei war, sagte er, wie von einem großen Schuldgefühl geplagt: »Ich glaube, ich bin verrückt geworden«. Seinen Kopf hielt er dabei mit den Händen fest.

Je klarer meine Gedanken mit dem schwächer werdenden Alkohol wurden, desto mehr kam auch bei mir das Schulgefühl hoch, dass ich den Hetero N beschmutzt hatte. Ich versuchte N und mich zu überzeugen, dass das nur ein vom Alkohol ausgelöster jugendlicher Schnitzer war. Aber gleichzeitig war ich diese naiven Heten leid.

»Ich weiß, es mag komisch klingen, aber ich liebe dich, Ryo!«

»Das ist nett, aber ... Das, was heute passiert ist, lag nur am Alkohol. Du hast nichts falsch gemacht. Es war mein Fehler, also vergiss es lieber.«

N hatte noch eine Zukunft. Er hatte eine größere Chance als ich, früher oder später eine Frau zu finden und dann vielleicht sogar Kinder zu bekommen. Und er sollte nichts tun, wofür sich seine Braut und mögliche Kinder schämen könnten. Dass er mich liebte, sollte mit dem Gedanken, dass das nur eine momentane geistige Verwirrung sei, vergessen sein.

Ich sagte, dass ich in mein Zimmer zurückgehen würde,

und N meinte, er wollte mich auf Händen bis dahin tragen. Ich ließ mich wie von ihm gewünscht wie eine Prinzessin in seinen Armen über die Schwelle meines Zimmers tragen. Doch seitdem mied ich ihn und wir sprachen nie wieder miteinander.

Ich hatte erwartet, dass mir die Sache einen Denkzettel verpassen würde, aber mein Fehler wiederholte sich mit einem anderen Bewohner des Wohnheims. Und danach mit drei weiteren. Auch wenn das alles einvernehmlich war, wurde es damit natürlich unangenehmer im Wohnheim. Wie töricht ich war.

Das belastende Zusammenleben mit Hasegawa

Ein Jahr nachdem ich nach Tokyo gegangen war, zog ich aus dem Wohnheim aus. Es war ätzend, an Regeln und feste Zeiten beim Essen und Baden gebunden zu sein, aber vor allem konnte ich mich einfach nicht dran gewöhnen, meinen Alltag umzingelt von so vielen Männern zu bewältigen. Aber der wichtigste Grund von allen war, dass zwischen mir und den Typen, mit denen ich was angefangen hatte, dicke Luft herrschte.

Jedenfalls verschwand ich still und heimlich aus dem Wohnheim und bereite mich darauf vor, allein zu wohnen.

Im Wohnheim wurde uns zwar Essen bereitgestellt, aber ich wollte niemanden in der Mensa treffen, also aß ich fast nie dort. Jetzt würde ich mich selbst darum kümmern müssen. In meiner Heimat hatte ich kaum selbst gekocht, und leider hatte ich auch niemanden, der es mir beibrachte. Aber selbst zu kochen war besser als gedacht. Ich glaubte sogar, ich könnte ein Faible dafür entwickeln. Wenn mir ein Gericht misslang, musste nur ich selbst es essen und mir blieben Beschwerden anderer Leute erspart. Ich konnte zwar nichts Kompliziertes zubereiten, aber wenn ich mich an einem Tag an Curry versuchte, machte ich am nächsten Tag eine Variante mit einem Haufen Auberginen und am Tag danach versuchte ich mein Glück mit Curry-Risotto. So schuf ich mir selbst spaßige Herausforderungen, die in Essens-Experimenten endeten, und konnte mein Repertoire erweitern.

Kurz nachdem ich angefangen hatte, dieses Junggesellen-Dasein zu leben, kam ein Anruf von Hasegawa.

Selbst zu diesem Zeitpunkt, ein Jahr nach dem Abschluss der Oberschule, trug ich immer noch Gefühle für ihn mit mir herum.

Um seinen Anruf anzunehmen, brauchte ich ein wenig Mut. Denn es gab etwas, was die Situation für mich sehr unangenehm machte.

Kurz nachdem ich nach Tokyo umzog, war Hasegawas damalige Freundin Mami verstorben. Während der Oberschule war ich unfassbar eifersüchtig auf sie, da sie ihn mir gestohlen hatte. Ich verachtete sie so sehr, dass ich mich gar nicht traute, diese Gefühle überhaupt in Worte zu fassen. Als ich erfuhr, dass sie gestorben war, fühlte ich mich plötzlich irgendwie schuldig, und mir wurde klar, wie mickrig meine Existenz doch war. Deswegen brachte ich es danach nicht mehr übers Herz, mich Hasegawa zu zeigen.

Als ich all meinen Mut zusammen- und den Anruf von Hasegawa entgegennahm, klang er recht fit, was mich ein wenig beruhigte. Ich hatte seine Stimme lang nicht mehr gehört. Hasegawa hatte Hokkaido nach dem Abschluss eben-

falls verlassen und arbeitete als Hausangestellter in der Präfektur Aichi. Das Vorhaben, in Tokyo auf die weiterführende
Schule zu gehen, hatte er aber noch nicht aufgegeben. Aus
dem Grund wollte er mich fragen, ob ich ihn drei Monate
für lau in meiner Wohnung in Tokyo unterkommen lassen
würde. Ich war immer noch in Hasegawa verliebt, also war
seine Frage nach einem Schlafplatz ein unverhofftes Glück
für mich. Wir einigten uns darauf, dass er in der Zeit für die
Strom- und Gaskosten aufkommen würde.

Die drei Jahre in der Oberschule und das Jahr, das ich in
Tokyo lebte, also insgesamt vier Jahre lang, war ich schon
unglücklich in ihn verliebt. Dass wir zusammenwohnen würden, wertete ich als Zeichen, dass unsere Schicksale doch eng
miteinander verwoben sein mussten, und ich geriet in Aufregung.

In meinem zweiten Jahr in Tokyo, mit 19 Jahren, begann
mein gemeinsames Zusammenleben mit Hasegawa in meiner knapp zehn Quadratmeter großen Einzimmerwohnung.
Zu zweit in diesem engen Apartment. Wir schliefen jede
Nacht zusammen auf dem Futon für eine Person, und er legte sich mit nur einem Tank-Top und Boxershorts bekleidet
neben mich.

Hasegawa ist nur ein Freund. Ich darf nicht spannen, musste
ich mich selbst ermahnen. *Nichts fühlen, nichts anfassen.*

Doch immer, wenn sich Hasegawas Unterhose nach oben
wölbte, erhaschte ich durch die Hosenbeine einen Blick auf
das Innere. Obwohl mir bewusst war, dass ich das nicht tun
sollte, sah ich auf seine Wölbung, die im schwachen Schein
der Straßenbeleuchtung gut erkennbar war.

Zwar war das Objekt meiner insgesamt vier Jahre andau-
ernden Begierde direkt vor meinen Augen, doch es gab nichts,

was ich tun konnte. Ich drohte, den Verstand zu verlieren. Ich fühlte mich wie ein Hund, der kurz vorm Hungertod war. Er hatte sein Essen zwar direkt vor der Nase, allerdings verwehrte man es ihm. Dieser Vergleich beschreibt mein Leiden vermutlich am besten.

Ungeachtet dieser misslichen Lage kam Hasegawa splitternackt aus dem Bad, nahm mich wie ein Pro-Wrestler in die Mangel, oder setzte sich auf dem Bett nur in Boxershorts auf mich, als würde er auf mir reiten. So wurden meine Gefühle für ihn noch intensiver, aber mir blieb nichts anders übrig, als sie beiseitezuschieben. Das war extrem hart.

Aber es gab noch eine Sache im gemeinsamen Zusammenleben, die ich einfach nicht aushielt. Das war Hasegawas Freundin, die er in seiner Zeit in Nagoya bekommen hatte. Sie hieß Hochi.

Jeden Abend, bevor er schlafen ging, rief er Hochi an, die in der Präfektur Aichi lebte. Ich hatte nie vor, ihre Gespräche mitanzuhören, aber da ich im selben Zimmer war, konnte ich mich dem leider nicht entziehen. Allein durch Hasegawas Teil konnte ich den Großteil des Gespräches nachvollziehen. Aber für mich, der so hoffnungslos in Hasegawa verliebt war, waren diese abendlichen Fernbeziehungsgespräche unerträglich.

Wie jeden Abend telefonierte er mit Hochi, um ihre Fernbeziehungsliebeleien zu erledigen.

»Ich will nicht, du zuerst!«, sagte Hasegawa. »Aber Ryousuke ist doch hier …« … »Na schön! Ich liebe dich über alles! Okay, als Nächstes bist du dran.« … »Wieso? Ich hab es doch klipp und klar gesagt!« … »Aha? Glaub ich dir nicht. Ich leg auf.«

Hasegawa beendete das Gespräch mit ihr. Und da sich

diese Farce jeden Abend vor meinen Augen abspielte, wusste ich genau, was als nächstes passieren würde.

Es geschah ganz wie erwartet. Nicht mal fünf Sekunden nachdem er aufgelegt hatte, klingelte Hasegawas Handy. Hochi rief an. Er sah aus, als würde es ihn freuen, doch seine Stimme blieb kalt. »Hallo, was ist?« ... »Ja, wenn du es verstehst, reicht mir das. Mir tut es auch leid« ... »Ja, ich liebe dich über alles.« ... »Danke. Schlaf gut.« ... »Nein! Du legst zuerst auf!« ... »Okay, wie wär's, wenn wir gleichzeitig auflegen? Eins, zwei ...« ... »Haha! Warum hast du nicht aufgelegt?«

Zum Kotzen. Und das ging jeden Abend so.

Wenn ich mir das lächerliche Schauspiel dieses blöden Pärchens ansah, wollte ich mir dabei die Haare ausreißen. Aber irgendwo tief in meinem Herzen war ich neidisch auf Hochi, die von Hasegawa zu hören bekam, dass er sie über alles liebte.

Ich war derjenige, der Hasegawas Wäsche und Essen machte, und trotzdem hörte nicht ich, dass er mich über alles liebte, sondern Hochi. Das machte mich extrem wütend. Ich stand auf und setzte mich während des Telefonats direkt neben Hasegawa.

»Nein! Ich will unser Telefonat nicht beenden ...«

Ich schnappte ihm das Handy aus der Hand, legte auf und schmiss das Handy zu Boden.

»Alter! Was soll das?«, schrie er mich an.

Ich schrie entschieden zurück. »Euer Gelaber widert mich an!«

»Du bist nur eifersüchtig, dass du selbst keine Freundin hast!«

»Ein Scheißpärchen, wie ihr es seid, kann meinetwegen

zur Hölle fahren! Warum müsst ihr jeden Abend so rumflirten, das geht mir auf den Sack!«

»Du warst doch noch nie verliebt, also kannst du das nicht verstehen, aber so eine Fernbeziehung ist schwierig! Ist dir klar, wie traurig Hochi ist, weil ich nicht in ihrer Nähe sein kann?«

»Das ist doch völlig egal! Hochi ist ätzend, ich hasse sie!«

»Rede nicht schlecht über sie!«

»Fresse! Du bist sogar am allerschlimmsten!«

Dann klingelte Hasegawas Handy erneut.

Ich versuchte so herabwürdigend wie möglich zu klingen.

»Mach den Anruf draußen. Ich will nicht schon wieder hören, wie du in meiner Anwesenheit mit deiner Freundin telefonierst. Sonst werd ich noch wahnsinnig!«

»Draußen regnet es!«

»Schön! Dann geh ich halt raus! Scheißpärchen, ey!«

Ich ließ mich von meinem Ärger hinaus in den Regen treiben.

Hochi war traurig, weil sie so weit voneinander weg waren? Was für ein Luxusproblem für dieses blöde Weib! Obwohl ich jeden Abend neben Hasegawa schlief, liebte er mich nicht! Das hatte er nie und das würde er auch für den Rest meines Lebens nicht tun!

Seit ich mich in Hasegawa verliebt hatte, hatte ich so viel geweint und gelacht, war wütend und traurig gewesen.

Aber ich hatte keine Kraft mehr dazu. Ich sollte mich endlich dazu durchringen, ihn zu hassen.

Ich klingelte an der Wohnung einer Kommilitonin, die alleine wohnte, und mich sicher bei sich schlafen lassen würde.

»Haaallo. Oh, Ryo! Du bist ja klitschnass!«

»Eri ... kann ich heute bei dir pennen?«

»Hasegawa hat mich grad kontaktiert und meinte schon, du würdest vielleicht vorbeikommen.«

Allein als ich seinen Namen hörte, tat mein Herz so weh, als würde es auseinandergerissen. Eri reichte mir ein mollig weiches Handtuch. Sie war meine beste Freundin von der Fachhochschule.

»Hat Hasegawa sonst was gesagt?«

»Er meinte nur, dass er nicht wüsste, warum du so sauer bist«, sagte Eri.

»Mich nervt, dass er jeden Abend mit seiner Freundin telefoniert.«

»Wieso nervt dich das?«

»Der Inhalt ihrer Gespräche ist so furchtbar ...«

»So ätzend, dass du losheulen musst?«, fragte sie.

»Ja, der Inhalt schon, aber seine Freundin hasse ich auch.«

»Du hasst seine Freundin? Was hat sie dir getan?«

»Sie hat gar nichts gemacht, aber als Freund von Hasegawa finde ich sie scheiße ... Ich hasse sie einfach.«

»Aber wenn Hasegawa seine Freundin liebt, bleibt dir als Freund doch nichts, als ihn walten zu lassen, oder?«

»Auf keinen Fall! Er soll sich schnell von dieser blöden Kuh trennen!«

»Ich versteh nicht, wieso du seine Freundin so sehr hasst, wenn sie dir gar nichts getan hat.«

Eri runzelte die Stirn. Sie hatte versucht, meine Gefühle nachzuvollziehen, es aber wohl nicht geschafft. Das war nicht verwunderlich, denn ich hatte niemandem erzählt, dass ich in Hasegawa verliebt war. Es gab niemanden in meinem Umfeld, der meine Gefühle verstehen konnte. Und die drei Monate, in denen Hasegawa mit mir zusammenlebte, waren eine einzige Qual.

Die dritte unerwiderte Liebe

Unser dreimonatiges Zusammenleben endete im Nu und Hasegawa zog in den Westen Tokyos. Wir hatten uns zwar auch gestritten, aber ich konnte mich einfach nicht dazu durchringen, ihn zu hassen. Es war sehr deprimierend, als er sich bei mir bedankte und die Wohnung verließ. An den T-Shirts, die er in dem Zimmer hinterlassen hatte, hing noch immer sein Geruch. Ich nahm dies als Anstoß, endlich einen Schlussstrich unter diese vier Jahre voller unerwiderter Gefühle zu ziehen.

Ich dachte, dass ich mich in einer anderen gewaltigen Sache völlig verlieren musste, um so eine große Liebe zu vergessen. Ungefähr zu dieser Zeit gründeten Studis von meiner Fachhochschule eine eigene Theatergruppe namens »Das Theater der absonderlichen Wundertüten«. Es stand auch sehr schnell fest, was wir als erstes aufführen würden. Es kostete ziemlich viel Zeit, das Stück einzuüben, und so blieb glücklicherweise kein freier Moment, in dem ich traurig über Hasegawa sein konnte. Außerdem fand ich in dieser Theatergruppe eine neue Liebe.

Die Hauptrolle in unserem Stück übernahm ein Junge namens Tatsuya. Er war zwar in einer anderen Klasse als ich, aber als die Vorbereitungen für das Stück begannen, fanden wir zueinander wie ein Herz und eine Seele. Er war ein eher sorgloser Typ, das genaue Gegenteil einer zielstrebigen Person, und jemand, der oft den Überblick verlor. Er war ungefähr so groß wie ich, schlank und mit definierten Muskeln. Normalerweise sprach er eine niedliche in einer niedlichen, für Wakayama typischen Variante des Kansai-Dialekts, aber auf der Bühne redete er Standardjapanisch.

Ich bekam übrigens nie die Hauptrolle. Mir wurde oft die Rolle der bösen Hexe oder eines Sonderlings zugeteilt. Wenn ich genauer darüber nachdachte, hatte ich noch nie Glück mit Besetzungen. Da ich gern im Rampenlicht stand, war ich immer auf die Hauptrollen aus. Als wir in der Grundschule einmal das Stück »Das Rübchen« spielten, dachte ich, die im Titel vorkommende Rübe sei eine Hauptrolle. Ich bekam die Rolle, hatte dann aber keine einzige Zeile Text.

Tatsuya, der diesmal die Hauptrolle spielte, kam nach den Proben immer mit zu mir. Wir kochten und aßen zusammen, tauschten uns über die Schauspielerei aus, und ab und an übernachtete er bei mir. Er betörte mich immer mehr.

»Tatsuya, kommst du heut wieder bei mir vorbei?«

»Ja, und äh, Ryo, ich würde heute gern Curry essen!«

»Schon wieder Curry? Wollen wir dann heute mal Fisch-Curry machen?«

Diese Momente, in denen wir zu zweit in der Küche standen, machten mich unbeschreiblich glücklich. Aber das Essen, dass wir zubereiteten, endete häufig in einem unerwarteten Totalausfall.

»Ugh ... Schmeckt das übel!«

»Du hast recht ... Woran liegt das?«

»Ich glaube wir hätten den Tintenfisch nicht mit Leuchtkalmar ersetzen sollen. Das Curry stinkt so fischig ...«

»Dabei haben wir so viel davon gemacht«, sagte Tatsuya. »Ich werd alles essen. Ich kann Essen einfach nicht verschmähen!«

Wir dachten, wenn wir Meerestiere und Fisch zum Curry geben, würde es so automatisch ein Fisch-Curry werden, aber das war ein Irrtum. Als wir nach dem Essen aufgeräumt hatten, legten wir uns zu zweit auf einen Futon.

»Ist es komisch, wenn zwei Jungen Händchen halten?«, fragte Tatsuya. »Schon komisch, oder? Aber ist doch egal.«

»Egal!«

Wenn Tatsuya bei mir übernachtete, hielten wir beim Schlafen Händchen. Manchmal nahm er von sich aus meine Hand, und meine Hoffnung wuchs, dass wir ein Paar werden könnten. Für einen unerfahrenen Typen wie mich war es das größte Glück, mit seinem Schwarm Händchen haltend einzuschlafen. Ich konnte nur noch an ihn denken und wünschte mir, ich könnte für immer so mit ihm zusammen sein.

Eines Abends kam Tatsuya wie so oft zu mir, damit wir zusammen essen konnten. Eine Freundin, die in der Nachbarschaft wohnte, Yuri, hing auch bei mir ab.

Yuri war extravagant und genauso alt wie wir, ging aber auf eine andere Schule und verdiente sich nachts mit ihrer Arbeit in einer Hostessen-Bar Geld für ihr Studium. Dieses Treffen war das erste Mal, dass Yuri und Tatsuya sich begegneten, also stellte ich die beiden einander vor. Zu dritt kamen unsere Gespräche über verschiedenste Dinge richtig in Fahrt. Ich hatte meinen Schwarm bei mir und eine Freundin war auch dabei. Ich war glücklich.

Drei Tage danach erfuhr ich von Yuri, dass sie sich in Tatsuya verliebt hatte. Mir verschlug es die Sprache. Ein gefestigter Mensch wie Yuri würde einen neben der Spur stehenden Typen wie Tatsuya bestimmt nicht sich selbst überlassen können.

Yuri fackelte nicht lang und hatte Tatsuya im Nu für sich gewonnen. Er tanzte ganz nach ihrer Pfeife und die beiden wurde im Handumdrehen ein Paar.

Yuri war Tatsuyas allererste Freundin. Er war ihr völlig ausgeliefert und machte alles so, wie Yuri es wollte. Ich konnte

Tatsuya so nicht ertragen. Ich bebte vor Verzweiflung. Und irgendwann schlich sich ein unbeschreiblicher Selbsthass dazu. Ich hatte die beiden einander doch erst vorgestellt! Es war meine Schuld, dass sie ein Paar geworden waren! Wie konnte ich nur so dumm sein?

Das Gefühl des Verlustes, dass mir Tatsuya von einer Freundin weggeschnappt worden war, entwickelte sich kurz danach in große Wut, und das Ziel meiner Spitzen wurden Yuri, Tatsuya, und alle anderen, die mit mir zu tun hatten. Yuri wusste noch nichts davon und kam zu mir, um Rat zu einer Sache mit Tatsuya einzuholen.

»Ryo, ich möchte mit dir über was reden.«

»Hm? Was denn?«

»Tatsuya hat zum ersten Mal Sex, und wenn es zur Sache kommt, kriegt er keinen hoch. Und dann erdreistet er sich auch noch, mir Befehle zu erteilen, wie dass ich ihm einen blasen soll und so! Das geht mir richtig auf den Geist. Schlimm, oder?«

Musste Yuri mit ihren gemeinsamen Bettgeschichten ausgerechnet zu mir kommen? Ich brachte meinen Abscheu zum Ausdruck.

»Liegt doch bestimmt daran, dass du nicht so attraktiv bist. Tut mir leid für dich, aber wenn du ungeschminkt bist, kann man dich nicht ansehen. Dein Gesicht ist nicht ansehnlich. Ist dir das selber gar nicht aufgefallen? Da würde niemand einen hochkriegen.«

War meine Wut einmal entfacht, kannte sie kein Ende. Dann konnte niemand mehr etwas daran ändern, und ich konnte mich selbst auch nicht mehr zügeln. Gäbe es in meinem Herzen ein Engelchen und ein Teufelchen, dann würde es in solchen Momenten komplett vom Teufelchen beherrscht und der Engel war außer Haus. Leute mit guter Intuition mieden mich deswegen, wenn ich so drauf war. Aber Tatsuya sprach mich wie immer an, als sei nichts gewesen.

»Morgen, Ryo!«

»Morgen. Läuft's gut mit Yuri? Oh, stimmt ja! Wenn ihr Sex haben wollt, kriegst du keinen hoch. Na ja, deine Freundin ist halt auch hässlich. Tut mir leid für dich, aber hau rein, du impotenter Sack!«

Ich sagte es so laut, dass es die ganze Klasse hören konnte.

Als ich Tatsuya noch mehr solcher Beleidigungen hinterherwarf, kam Ishi, ein Junge mit starkem Gerechtigkeitssinn, der auch in meiner Theatergruppe war, zu meinem Platz.

»Du hast dich doch eigentlich so gut mit Tatsuya verstanden. Ist irgendwas passiert?«

»Ja.«

»Wenn du willst, kannst du mit mir drüber reden.«

»Geht schon, danke.«

»Dafür, dass ihr zusammen ein Theaterstück aufführen wollt, bist du ganz schön gemein zu ihm. Der Arme.«

»Ach ja? Nur Tatsuya ist hier zu bedauern, oder was? Und was ist mit mir? Denkst du, ich hab es grundlos auf ihn abgesehen? Dass ich so einen schlechten Charakter habe?«

»Wenn es einen Grund gibt, dann sag ihn doch!«

»Auf keinen Fall! Den würdest du eh nicht verstehen! Ist mir egal, ob du denkst, dass ich einen schlechten Charakter habe oder sonst was, du kannst behaupten, was du willst! Ich bin am Ende doch sowieso der Schuldige, also lass mich!«

Der Verlustschmerz, dass mein Schwarm eine Geliebte bekommen hatte, die Einsamkeit, diese Leere und diese Verzweiflung, mit niemandem darüber reden zu können ... Mein

Herz drohte vor negativen Gefühlen zu bersten. *Wieso bin ich am Leben? Das sollte doch nicht so sein ...* Aber tief in meinem Inneren wusste ich, was Sache war. Ich musste einen Entschluss fassen.

Mein Coming-out

Es war der Herbst meines zweiten Jahres in Tokyo. Verglichen mit meiner Heimat in Hokkaido waren die Wohnungen in Tokyo kalt. Es gab keine großen Heizkörper und die Kälte fühlte sich anders an. Hier war der Wind so eisig, dass ich das Gefühl hatte, er würde in meine Haut einschneiden. Ich vermisste die Kälte Hokkaidos, die mich einhüllte und bis in mein Mark vordrang.

Wozu war ich überhaupt in Tokyo? Ich saß allein in meinem Zimmer und grübelte.

Hier war ich Tatsuya begegnet und verliebte mich in ihn. Aber da er jetzt eine Freundin hatte, war ich übervoll von Gefühlen, die ich nicht dulden durfte.

Rückblickend merkte ich, wie ich jedes Mal auf die gleiche Weise verletzt wurde – angefangen mit Tsukasa in der Mittelschule, Hasegawa in der Oberschule und dann Tatsuya an der Fachhochschule. Wenn ich mein ganzes Leben immer wieder so etwas durchmachen müsste, welchen Sinn hatte mein Leben dann? Diese Qual war zu groß.

Wieso verliebte ich mich immer wieder in Jungs? Das ging jedes Mal schief und ich wurde immer nur verletzt. Und obwohl ich wusste, dass es mir nur wehtat, verliebte ich mich wieder und wieder in Jungs. Was für ein Trottel ich war. Ich hatte es so satt.

Alles, was ich vor mir sah, erschien mir so leer und sinnlos. Diese Stadt. Dieses Zimmer. Ich selbst. Ich fragte mich, wieso ich überhaupt geboren war.

Ich hatte mich so lange mit Sätzen wie *Irgendwann werde ich mich in eine Frau verlieben* und *Es ist nur jetzt so schlimm* hingehalten. Aber stimmte das? Wäre es nicht besser, mir einzugestehen, dass ich homosexuell war? Eigentlich hatte ich es schon längst gemerkt. Sowohl Tsukasa als auch Hasegawa und Tatsuya habe ich wirklich geliebt. Sicher würde ich mich auch den Rest meines Lebens nur in Jungs verlieben können. Aber ich hatte Angst. Würde ich Erbarmen mit mir haben, wenn ich das akzeptieren würde? Würden meine Eltern und Freunde mich tolerieren? Sie würden mich sicher verachten.

Aber vielleicht würde es mir guttun, es endlich zuzugeben. Ich konnte mich selbst nicht weiter verleugnen und musste es mir endlich eingestehen. Ich war homosexuell. Die gleiche Art Mensch wie dieser einsame alte Mann. Und sobald ich das akzeptierte, würde ich Acht geben müssen, mich nicht mehr zu verlieben. Solange es niemandem auffiel, könnte ich einfach so weiterleben.

»Ich akzeptiere es ...«

Ich sagte es mir in meiner Wohnung, mit vorsichtiger, leiser Stimme. Dies war der Augenblick, in dem ich akzeptierte, dass ich zur Spezies der Homosexuellen gehörte. Von da an musste ich mir nicht mehr selbst einreden, dass ich mich bestimmt irgendwann in eine Frau verlieben würde.

Dadurch verbesserte sich auch meine Haltung dazu, dass ich auf Männer stand, und ich fühlte mich etwas leichter.

Aber das war nicht die einzige Gemütsänderung. Mit einem Mann konnte ich keine Ehe eingehen und keine Familie gründen. Ich war erst 20 und hatte das Gefühl, dass eine wichtige Option für mein weiteres Leben, nämlich zu heiraten, schon komplett ausradiert war. Das war schrecklich traurig.

Meine Zukunft sah aus, wie sie die Schamanin in Sapporo beschrieben hatte – wie in meinen früheren Leben würde ich mutterseelenallein sterben.

Der Weg vor meinen Füßen zerbröckelte und ich stürzte in tiefste Verzweiflung. Mir wurde schwindlig.

Da ich Freunde hatte, war ich nicht einsam. Aber irgendwann würden diese Freunde Partner des anderen Geschlechts finden und mit ihnen eine Familie gründen. Natürlich würde ich dann als Einziger übrigbleiben.

Bestimmt würden mich alle ausfragen, wieso ich denn nicht verheiratet sei. Dann könnte ich so was behaupten wie »Ich bin eben lieber alleine« oder »Ich möchte mein Geld nur für mich ausgeben«. Egal, was passierte, ich durfte nicht sagen, dass ich auf Männer stand. Niemandem, niemals.

Von jetzt an würde ich mich, was auch immer passierte, allein durchs Leben schlagen müssen. Auch wenn das wirklich traurig und schwierig war ... Wenn ich es nicht mehr aushielt, dann würde ich eben sterben. Ich wäre eh allein, und der Tod machte mir keine Angst. Dagegen war es viel belastender, einsam und allein, ohne jemanden, der mich liebte, leben zu müssen ...

Danach ging ich einige Tage nicht zur Schule. Ich wollte mich nicht bewegen und starrte aus dem Fenster meiner Wohnung. Mir war alles egal – sowohl was in meinem Leben noch passieren würde als auch was mit der Welt geschah. Die Schule interessierte mich noch weniger. Wieso war ich in Tokyo? Diese Stadt war mir egal. Aber wenn ich nach Hokkaido zurückkehrte, könnte ich meiner Familie und meinen

Freunden nicht gegenübertreten. Das kam also auch nicht infrage. Ich hatte nur noch meinen hohlen Stolz. Es gab wohl gar keine Hoffnung für mein weiteres Leben. Was war Hoffnung überhaupt? Wo gab es so was? Vielleicht war sie von Anfang an nicht existent gewesen.

Nachdem ich ein paar Tage nur mit diesen Seelenqualen vor mich hingrübelte, entschied ich mich, meine Mutter anzurufen. Irgendwie war mir danach. Natürlich würde ich ihr nicht erzählen, dass ich eingesehen hatte, homosexuell zu sein. Wie lange war es her, dass ich mit meiner Mutter telefoniert hatte?

»Hallo, Ryousuke? Geht's dir gut? Ist irgendwas?«

»Mir geht's nicht gut. Es ist nichts passiert, aber ... Mir geht's einfach nicht gut«, sagte ich.

»Oh, das überrascht mich! Was ist denn?«

»Ich weiß es nicht. Ich glaube, ich könnte depressiv sein.«

Obwohl ihr Sohn ihr gerade gestanden hatte, dass er vielleicht depressiv sei, antwortete meine Mutter ganz gelassen.

»Na ja ... Ryousuke, tut mir leid, dass ich das so sage, aber Leute wie du werden nicht depressiv. Ich glaube, das liegt am Blut deines Vaters. Aber du und dein Vater sind die Art Mensch, die nicht depressiv werden können.«

»Wirklich? Aber mir ist gerade wirklich alles egal und ich denke dauernd: ›Leckt mich doch!‹.«

»So bist du aber immer. Du wirst schnell aggressiv und denkst eben so was. Das kommt vom Blut deiner Oma, natürlich väterlicherseits. Ich mache mir Sorgen, weil du immer so schnell aus der Haut fährst. Aber dass du depressiv sein könntest? Darum mache ich mir keinen Kopf. Du musst nur lernen, deine Gefühle richtig zu kontrollieren.«

Meine Mutter hatte damit indirekt einen Haufen Leute

beleidigt, aber ihre Worte überzeugten mich und hatten die seltsame Kraft, mir wieder Energie einzuflößen.

»Ich kämpfe also mit dem, was mir im Blut liegt. Aber wenn ich nicht depressiv bin, wieso bin ich dann so niedergeschlagen?«

»Dein Zimmer ist doch bestimmt gerade total unordentlich. Versuch doch erst mal aufzuräumen. Der Zustand deines Zimmers reflektiert dein Inneres. Das ist bestimmt nur so was wie eine verspätete Frühjahrsdepression.«

Ich sah mich um, mein Zimmer war tatsächlich unordentlich. Ich hatte seit ein paar Tagen keine Kraft mehr gehabt, um mein Geschirr abzuspülen, und es war komplett eingedreckt.

»Okay! Ich versuche, alles erst mal sauberzumachen. Bis es glänzt!«

»Es ist einfach wunderbar, wie schnell du wieder auf die Beine kommst. Glatt zu beneiden. Viel Spaß beim Putzen!«

Ich brachte mein Zimmer nach den Tagen der Unordnung auf Vordermann und warf den angesammelten Müll weg. Ich putzte Bad und Klo und spülte auch mein Geschirr. Je sauberer mein Zimmer wurde, desto mehr reinigte sich auch mein Herz. Und als ich sah, wie Gasherd und Geschirr glänzten, bekam ich sogar Lust zu kochen.

Ich war zwar mehrere Tage nicht mehr aus dem Haus gekommen, aber dann stand ich plötzlich unter der Dusche, frisierte mich und machte mich auf zum Supermarkt.

Ich machte mir essen, und dachte mir: *Ich komme als alleinstehender schwuler Mann wahrscheinlich ganz gut zurecht!*

Natürlich würden in Zukunft auch wieder harte Zeiten auf mich zukommen. Deswegen müsste ich jetzt einfach umso schamloser leben. Dreister als jeder andere sein! Und während mir diese Gedanken durch den Kopf gingen, bekam ich eine Nachricht von einem Freund.

»Asami und Ishi haben sich wohl getrennt.«

Asami und Ishi waren in derselben Klasse und in unserem ersten Schuljahr zusammengekommen. Sie waren mittlerweile in einer gemeinsamen Wohnung und die ganze Klasse wusste, dass sie ein Paar waren. Ishi hatte wohl was mit einer anderen Frau und hatte Asami für sie verlassen. Er hatte bei der Sache mit Tatsuya so große Töne für eine gerechte Behandlung gespuckt, aber jetzt sahen wir sein wahres Gesicht. Er war die Art Mensch, die ich überhaupt nicht leiden konnte, und Asami tat mir leid. Ich schickte ihr eine Nachricht.

»Alles okay? Wollen wir was trinken gehen?«

Asami wartete in einer Bar auf mich, sie wirkte erschöpft und ihre Haare waren zerzaust. So sahen also Frauen mit gebrochenem Herzen aus. Fast genau wie ich noch vor Kurzem.

Wir tranken und Asami schilderte das Problem.

»Er ist wirklich der Schlimmste ... Während wir zusammengelebt haben, hat Ishi gesagt, dass er kein Geld habe, also hab ich die Miete übernommen. Aber währenddessen hat er insgeheim Geld gespart und ist dann damit abgehauen! Mit einer Tussi, die er von seinem Nebenjob kennt! Er ist Abschaum ...«, beschwerte sie sich. »Ich wünschte, er hätte sich auf Knien entschuldigt und gesagt, dass er sich in jemanden verliebt hat und sich trennen will. Dass es ihm leidtue ... Aber als ich davon hörte, war er schon längst mit der Frau zusammen. Ich will, dass er das Geld, das er sich von mir geliehen hat, zurückgibt, aber ich weiß nicht, wie ich das angehen soll ...«

Ich wusste nicht, wie lang ich ihr zugehört hatte. Mir tat es zwar leid, dass sie von Ishi so behandelt worden war, aber wenigstens hatte sie eine Zeit lang mit ihm zusammen sein können. Sie war bestimmt auch glücklich mit ihm gewesen. Zumindest im Vergleich zu mir. Sie und ihr Schwarm hatten sich geliebt und sogar zusammengelebt. Aus meiner Perspektive glich das einem Wunder.

Wie fühlt es sich wohl an, wenn dein Schwarm dich auch liebt?

Wie fühlt es sich wohl an, ein Paar zu sein?

Wie fühlt es sich an, seinen Geliebten zu küssen?

Wie fühlt es sich an, ihn an sich zu drücken?

Mit ihm zusammenzuleben und einen gemeinsamen Alltag zu haben?

Nichts davon hatte ich erlebt und ich würde weiterleben, ohne es je zu erfahren. Auch wenn mir Asami leidtat, war sie für mich in einer beneidenswerten Position.

»Und weil Ishi mein Erster war, werde ich ihn nicht vergessen können. Ich hab das Gefühl, ich kann nie wieder glücklich werden! Ich glaube, ich kann mich erst mal nicht mehr verlieben. Es ist einfach zu belastend ...«

Sie und ihre Luxusprobleme. Sie hatte nicht nur vieles mit ihrem Geliebten erleben können, sondern hatte auch noch Freunde, an die sie sich wenden konnte, nachdem sie sitzen gelassen wurde. Nichts von dem war mir vergönnt. Mir ging es viel schlechter ... *Ich hab das Gefühl, ich kann nie wieder glücklich werden*, so was müsste ich doch sagen! Als würde mein Körper nicht mir gehören, riss ich meinen Mund auf.

Du darfst nichts sagen!, schrie mein Herz, aber meine bisher aufgestauten Gefühle pressten sich aus meinem Mund. Meine eigene Stimme kam mir so weit weg vor.

»Ich finde, du hast überhaupt kein Mitleid verdient.«

»Was?«

Asami war wie vor den Kopf gestoßen.

»Natürlich tut es mir leid, dass du verlassen wurdest. Aber ich finde, du hast es trotzdem noch unglaublich gut!«

»Was?! Wieso das denn?«

»Du warst doch mit Ishi zusammen. Du konntest ihm offen sagen, dass du ihn liebst und Zeit mit ihm verbringen! Du konntest ihn küssen, mit ihm Sex haben! Das ist doch alles Glück in Hülle und Fülle! Denn ich, ich ... liebe Tatsuya! Das habe ich noch nie jemandem gesagt ... Und dann ist er mit Yuri zusammengekommen! Und davor war ich in Hasegawa verliebt. Die ganze Zeit! Denkst du, jemand wie ich kann irgendwann Glück finden? Ich verliebe mich immer wieder, und zwar hoffnungslos! Deswegen finde ich, du hast es unglaublich gut! Ich verstehe, dass du gerade verletzt bist, aber hör auf, so rumzujammern!«

Ich konnte nicht zurücknehmen, was ich gesagt hatte. Ich betete, dass das alles nur ein Traum war, aber es fühlte sich real an.

Asami öffnete und schloss ihren Mund wieder, als würde sie überlegen, was sie sagen sollte. Ihr hohler Ausdruck hielt einige Sekunden an.

»Tatsuya ... Der von unserer Schule? Der? Und Hasegawa ... Ist das der Hasegawa, der bei dir gewohnt hat?«

»Genau.«

»Oh ... oh nein. Ryo, das war bestimmt unglaublich hart für dich ...«

Das war bestimmt unglaublich hart für dich. Als ich diese Worte hörte, strömten die Tränen nur so über mein Gesicht.

Ja. Ich hatte es schon die ganze Zeit so schwer. Ich konnte

mit niemandem darüber reden. Und weil ich so viel Angst hatte, trug ich das immer mit mir herum. Auch in Asamis Augen stiegen Tränen auf. Hieß das, sie konnte verstehen, wie sehr ich litt?

»Es ... war so schwer für mich. Das verstehst du ... oder? Diese Qual ...«

»Natürlich! Jeder würde das verstehen! Na klar muss das schlimm sein!«

Ich war mir sicher gewesen, dass niemand meine Gefühle verstehen würde. Ich war davon überzeugt gewesen, dass, selbst wenn ich meinen ganzen Mut zusammennehmen und von ihnen erzählen würde, meine Gefühle verleugnet würden. Aber da hatte ich mich gewaltig geirrt. Ich war den Menschen gegenüber immer so misstrauisch gewesen.

Asami verstand meine Gefühle! Sie sagte, sie könne nachvollziehen, wie schwer ich es hatte.

Leute, die sich verliebten, machten zum Großteil dieselben Sorgen durch und litten auf die gleiche Weise. Wahrscheinlich konnten sie alle einander verstehen. Menschen waren so herzliche Wesen!

Die Tränen kamen wie von selbst. Die Gefühle, die sich in meinem Herzen bis hierhin angestaut hatten, schienen mit ihnen nach draußen zu fließen. Das große Fest der Tränen wurde noch bis in die Morgenstunden gefeiert. Anwesend waren ein Schwuler, eine verlassene Frau und ganz viel Alkohol.

Ich hatte nicht geplant, dort das erste Coming-out meines Lebens durchzuziehen, aber mit Asami hatte ich jemanden gefunden, der mich verstand. Nun, da ich die Last nicht mehr alleine mit mir herumtragen musste, fühlte ich mich viel leichter.

Mein erstes Liebesgeständnis

Mein unerwartetes Coming-out bei Asami hatte meine Angst davor abgeschwächt. Der freundliche Zuspruch, den ich bekam, wenn ich mich outete, gab mir Energie, und so outete ich mich bei noch mehr Leuten.

Ich redete mit meinen besten Freunden darüber und erzählte es auch Freunden aus meiner Heimat in Hokkaido. Es fühlte sich gut an, sich nicht mehr verstellen zu müssen, und noch mehr, von ihnen verstanden zu werden. Je mehr ich mich outete, desto leichter fühlte sich mein Körper an, als würde ich alte Haut ablegen.

Einige, bei denen ich mich outete, sagten Dinge wie: »Du solltest das nicht akzeptieren. Gib dir mehr Mühe, dich in Frauen zu verlieben!« Doch selbst sie konnten auf ihre eigene Weise nachvollziehen, wie ich dachte. Als ich sie fragte, ob sie Methoden kannten, wie ich mich in Frauen verlieben könnte, konnten sie mir keine Antwort geben, und sagten stattdessen: »Das weiß ich nicht.« Mir war klar, dass sich niemand extra bemühte, um sich in jemanden zu verlieben, und ich dachte mir: *Das heißt wohl, ich muss echt schwul sein.* So festigte sich meine Identität als schwuler Mann.

Seit ich mir eingestanden hatte, dass ich schwul war, konnte ich mit klarem Kopf auf meine Vergangenheit zurückblicken. Ich bemitleidete mich selbst, weil ich seit der Oberschule vier Jahre unglücklich verliebt gewesen war und liebestechnisch ein elendes Oberschulleben hinter mir hatte. (Damals war ich mir gegenüber erbarmungslos, wenn ich mich in Jungs verliebte.)

Ich musste es schaffen, Hasegawa von den Gefühlen zu erzählen, die ich vier Jahre lang für ihn gehegt hatte. Dann bekäme mein früheres Ich das Gefühl, dass es das wert gewesen war, und meine hungrige, tragische Liebe würde endlich ihren Frieden finden können.

Als ich mit Yuki, einer guten Freundin aus der Oberschule, darüber sprach, wollte sie mich in meinem Coming-out bei Hasegawa unterstützen. Yuki lebte zu der Zeit in Omiya, westlich von Tokyo, und da Hasegawa auch in der Richtung wohnte, konnten wir uns leicht besuchen.

Yuki hatte sich den Treffpunkt überlegt. Wir gingen zu dritt in ein Lokal in Shinjuku. Yuki setzte sich mir gegenüber und neben ihr ließ sich Hasegawa nieder. Während wir aßen, blühten die Gespräche über die Oberschulzeit auf.

In der Schulzeit hatte Hasegawa oft im Klassenzimmer mit einem Schirm in der Hand auf einem Basketball balanciert. Und er hatte mal einen Freund von sich beim Kacken fotografiert, indem er von oben in die Kabine linste. Er hatte »Hab dich fotografieeeert!« gesungen. Als er dann von der Toilette floh, hatte ihn ein Lehrer erwischt und sein Handy in Beschlag genommen. Yuki sagte nur: »Was für ein Trottel Hasegawa war!« Wir hatten zwar viel Spaß mit den Erzählungen über Hasegawas seltsame Abenteuer in der Oberschulzeit, aber ich fragte mich die ganze Zeit, wie ich mein Anliegen am besten ansprechen sollte. Meine Gedanken kreisten immer mehr um negative Vorstellungen, wie zum Beispiel, was ich tun sollte, wenn er das abstoßend fände. Wir hatten schon fast aufgegessen und ich eierte immer noch nervös herum.

Yuki klatschte in die Hände. »Hasegawa, Ryo wollte dir heute etwas ganz Bestimmtes sagen. So, bitte. Jetzt du, Ryo.«

Die Zeit war gekommen. Hasegawa sah mich an. Ich musste es sagen. Doch wenn ich still blieb, konnten wir weiter Freunde bleiben. Wer wusste, was kommen würde, sobald ich es ausgesprochen hatte. Aber ich wollte es ihm sagen ...

»Ähm ... Hm. Kannst du das nicht für mich sagen, Yuki?«

»Häh, ich? Aber ... so eine Sache muss man wirklich selbst rüberbringen. Du schaffst das, Ryo!«

»Aber ich ... Ich weiß echt nicht ...«

Hasegawa sah zwischen meinem nervösen Zucken und Yukis unterstützender Haltung hin und her.

»Worum geht's? Bist du schwul?«

Hatte Hasegawa es schon bemerkt? Ich war etwas überrascht, aber nickte. »Ja, tatsächlich ...«

»Was?«, fragte er und versteinerte kurz, als würde er alles bisher Geschehene in seinem Kopf Revue passieren lassen. »Echt jetzt? Oh ... echt jetzt! Dann war das ... deswegen, oder? Ryousuke! Du bist also schwul!«

Hasegawa schien verblüfft zu sein, aber es war so, als würden ihm die Sachen mit einem *Ach, deswegen war das damals so und so ...* noch mal durch den Kopf gehen und endlich einen Sinn ergeben. Hasegawa und Yuki lächelten mich beide an, und die friedliche Stimmung nahm mir die Angst.

»Ja ... Kann es sein, dass es dir schon aufgefallen ist?«

»Nein, ich hatte so gar keinen Schimmer. Aber wenn ich jetzt so drüber nachdenke, wie kann mir das nicht aufgefallen sein? Wenn ich das gewusst hätte, hätte ich sicher nicht nur in Boxershorts neben dir gepennt!«

Für einen Moment konnte ich durchatmen. Denn dass Hasegawa und Yuki noch mit mir umgingen wie zur Oberschulzeit, machte mich glücklich. Doch Yuki hatte bemerkt, dass das Wichtigste noch nicht zur Sprache gekommen war.

»Gibt es nicht noch was anderes, was du sagen wolltest? Schaffst du das, Ryo?« Ich bewegte meinen Kopf von links nach rechts. Wahrscheinlich sah man mir an, wie ich blasser wurde.

»Soll ich es dann sagen?«, fragte Yuki.

Diesmal bewegte ich den Kopf von oben nach unten. Yuki drehte sich verständnisvoll zu Hasegawa neben ihr.

Sie sprach sehr bedacht. »Ryo war sehr lange in dich verliebt.«

»Er war in mich verliebt?«

»Genau, die ganze Zeit seit der Oberschule. Schön, oder? Es gibt kaum jemanden, der so lange Gefühle für einen hegt. Und dann auch noch für dich.«

»Juchhu! Ich kann also auch bei Jungs was reißen!«

Hasegawa antwortete ganz unbekümmert. Vielleicht, um meine Anspannung zu lösen, aber ich wollte am liebsten mit *Nein, du bist weder bei Jungs noch bei Mädchen sonderlich beliebt!* antworten.

»Ich hab erst neulich gemerkt, dass ich schwul bin«, sagte ich. »Okay, ehrlich gesagt, ist mir das schon früher aufgefallen, aber ich hatte Angst, mir das einzugestehen, und hab mich erst vor Kurzem dazu durchringen können. Seit der Oberschulzeit war ich die ganze Zeit in dich verliebt, und als wir zusammen gewohnt haben auch noch. Ich glaube, du bist derjenige, den ich in meinem Leben bisher am meisten geliebt habe. Ich kann mir nicht vorstellen, dass ein Mensch in mein Leben tritt, den ich mehr mag als dich. Deswegen, und zu meinem eigenen Wohl, wollte ich dir das klipp und klar mitteilen. Damit ich meine bisherigen Gefühle läutern und nach vorne sehen kann.«

»Das kriegst du hin. Aber sag mal, hast du extra versucht, mich von Tsudachi abzuhalten, weil du in mich verliebt warst? Ist es deswegen so schlecht mit ihr gelaufen?«

»Nein, Tsudachi hatte einfach kein Interesse an dir. Jetzt kann ich es ja sagen, aber damals hat sie sogar deine Sprechweise imitiert und sich drüber lustig gemacht.«

»Das mag ich auch an ihr.«

»Du bist echt hartnäckig«, warf Yuki ein.

»Oh, aber als Ai in dich verliebt war, habe ich versucht, einen Keil zwischen euch zu treiben. Und als Mami dann mit dir zusammengekommen ist, konnte ich ihr das einfach nicht durchgehen lassen. Ich habe sie abgrundtief gehasst. Ich dachte, sie hätte dich mir weggeschnappt.«

»Dabei hat Mami gesagt, dass du ein korrekter Typ bist.«

»Echt? Das freut mich. Ich hab mir das noch mal durch den Kopf gehen lassen, und ich hätte Mami wirklich nicht so verachten sollen.«

»Du warst damals echt heftig drauf. Du hast jeden Tag gesagt ›Er soll sich schnell von dieser blöden Kuh trennen!‹ Jeden Tag! Ich dachte damals, du hättest echt einen starken Besitzanspruch gegenüber deinen Freunden«, sagte Yuki lachend und in Erinnerungen schwelgend. »Hättest du mir gesagt, dass du in Hasegawa verliebt bist, hätte ich das alles verstanden. Ich wünschte, du hättest das früher erzählt!«

»Hättest du das denn so akzeptieren können? Wenn ich dir das in der Oberschulzeit erzählt hätte?«

»Hm ... wer weiß. Wir waren da ja alle noch jung, und unsere Umstände waren total anders als jetzt, also kann ich das nicht klar sagen. Aber ich glaube nicht, dass ich dich gehasst hätte. Es ist schwer einzuschätzen ... Ich denke aber, der Oberschulalltag ist für schwule Menschen echt schwierig.«

»Dann war es ja auch ein Fehler, dich drum zu bitten, mir bei der Tsuda-Sache zu helfen!«, sagte Hasegawa. »Ich hab sie so sehr geliebt. Aber wenn sie nicht gewesen wäre, wären wir wahrscheinlich nicht so gut Freunde geworden.«

»Immer geht's nur um Tsudachi, es ist so ätzend, wie besessen du von ihr bist!«

»Aber wirklich. Du bist so nervig.«

Wir drei lachten.

An dem Abend wollten unsere Gespräche einfach nicht versiegen. Ich hatte mich gnadenlos betrunken und wir waren wohl noch Karaoke singen, bevor wir zu Dritt bei mir schliefen.

Am nächsten Morgen erwartete mich zwar ein heftiger Kater, aber trotzdem war ich unbekümmert. Dank meines Geständnisses an Hasegawa schien es mir, als hätte meine Liebe für ihn, die ich vier Jahre mit mir herumgetragen hatte, endlich ihren Sinn gefunden. Ich hatte mich selbst dafür gegeißelt, mich ins gleiche Geschlecht verliebt zu haben, aber nun hatte ich es geschafft, mich von diesen negativen Gefühlen zu befreien. Es gab mir ein unbeschreibliches Erfolgserlebnis.

Ich würde zwar nicht mit Hasegawa zusammenkommen, aber immerhin konnte ich ihm von meinen Gefühlen erzählen. Früher wäre das für mich undenkbar gewesen. Und dass sich meine Freunde durch mein Coming-out nicht von mir entfernten, machte mich überglücklich.

Dank Yuki und Hasegawa konnte ich das erste Mal in meinem Leben die Freude erfahren, seinem Schwarm seine Liebe zu gestehen.

Leute, bei denen man sich nicht outen darf

Als ich anfing, mich zu outen, war ich 20 Jahre alt. Damals lebte ich in Tokyo, aber ich erzählte auch einigen Freunden in meiner Heimat Hokkaido, dass ich schwul war.

Bei den Freunden dort hatte sich das im Nu verbreitet, aber es gab eine Person, bei der ich um jeden Preis verhindern wollte, dass sie davon erfuhr.

Das war Sho. Wir hatten uns direkt am Anfang der Oberschule kennengelernt, waren dann drei Jahre in derselben Klasse gewesen, hatten den gleichen Nebenjob gehabt und waren Verbündete im Prüfungen nachschreiben gewesen. Mein allerbester Freund. Er war Mannschaftskapitän des Basketballclubs gewesen, ein absolut schlechter Verlierer, und hatte sich immer mit mir abgewechselt, wenn es um das schlechteste Testergebnis ging.

Stand eine Prüfung an, sagten alle: »Ich hab überhaupt nicht gelernt, Mist!« Sie logen alle, nur Sho und ich meinten es ernst.

Ich hatte mir stets gedacht *Das wird schon. Ich kann mich auf Sho verlassen. Er wird bestimmt eine schlechtere Note kriegen als ich.* Deswegen beruhigte es mich, wenn er da war. Für Sho galt das sicher genauso. Und so erzielten wir beide schlechte Ergebnisse.

Als wir einmal nur acht Punkte bei einer Klausur bekommen hatten, sagte mir ein Lehrer mit Schaum vorm Mund: »Du solltest dich in Dumm-Ryo umtaufen lassen. Wenn ihr in der Nachprüfung nicht mehr als 60 Punkte erreicht, müsst ihr das Jahr wiederholen.« Ich wollte das auf keinen Fall, also büffelte ich mit Sho die ganze Nacht durch, und wir schafften es, die Nachprüfung zu bestehen.

Sho und ich verbrachten auch mal eine ganze Nacht im Park und sprachen über unsere Träume. Wir versprachen uns, dass er ein prominenter Friseur werden und dann mir, einem Filmstar, die Haare machen würde.

Was auch immer geschah, Sho und ich spornten uns gegenseitig in unserem Oberschulleben an. Auch als ich ein Abschiedsessen für meinen Umzug nach Tokyo schmiss, beteuerte Sho weinend, dass er mich immer unterstützen würde, und verabschiedete mich am Tag meiner Abreise am Flughafen. Für mich war er ein guter und unersetzlicher Freund. Aber ich wollte auf keinen Fall, dass er erfuhr, dass ich schwul war. Denn ich konnte mich glasklar daran erinnern, was Sho in der Oberschulzeit dazu gesagt hatte.

»Homosexualität und so, ich hasse so was tierisch. Ich kann das nicht tolerieren.«

Selbst nach meinem Abschluss musste ich noch häufig an seine Worte denken. Auch wenn ich mein Schwulsein auf jeden Fall vor Sho geheim halten wollte, hatte ich Angst, dass er durch das Stadtgespräch davon mitbekam.

Unentwegt verbreitete sich das Gerücht in meiner Heimat weiter. Wenn ich ihm nichts davon sagte, würde es trotzdem früher oder später zu ihm durchdringen. Und dann würde ich einen wichtigen Freund verlieren ...

Ich zerbrach mir einige Tage den Kopf darüber und kam zu folgendem Schluss: Wenn ich mir den Grund für Shos Hass aussuchen könnte, dann weil ich es ihm selbst sagte und nicht, weil er es von jemand anderem erfuhr. Ich entschied mich dafür, mich direkt bei ihm zu outen.

Er ging sofort ran, als ich anrief.

»Hallo, ist da Sho?«

»Oh, Ryousuke! Lang nicht gehört! Wie steht's?«

»Alles gut bei mir! Ich wollte dir heute etwas sagen, deswegen der Anruf.«

»Was ist denn los?«

Ich hatte mich schon auf alles gefasst gemacht und ratterte es in einem Zug runter.

»Ich will ehrlich sein: Ich bin schwul. Ich kann mich nur in Männer verlieben. Ich weiß noch, dass du früher gesagt hast, du würdest solche Leute hassen, deswegen konnte ich mich nicht dazu durchringen, dir davon zu erzählen. Aber jetzt ist es eh im Umlauf, und bevor du es von jemand anderem hörst, wollte ich dich anrufen und es dir selbst erklären. Äh, aber an der Oberschule war ich die ganze Zeit in Hasegawa verliebt, also hatte ich dir gegenüber keine fragwürdigen Gefühle oder so. Oh, aber natürlich siehst du auch auf deine Weise gut aus, auch wenn du für mich nur ein Freund bist ... Und ich fände es schön, wenn wir das auch weiter bleiben könnten ... Bitte verzeih ...«

Sho hörte mir stillschweigend zu, bis ich zu Ende gesprochen hatte. Ich hatte Angst vor seiner Antwort.

»Hm ... ich kann mich nicht daran erinnern, dass ich gesagt habe, ich würde Schwule hassen. Hab ich das echt gesagt?«

»Ja, hast du. Da ich das noch wusste, wollte ich dir nichts erzählen und habe es geheim gehalten. Sorry!«

»Nein, mir tut es leid, wenn ich so was gesagt hab. Ach ... Ich bin ehrlich überrascht, aber auch froh, dass du es mir erzählt hast. Nein, besser gesagt ... Ich bin erleichtert! Du warst die ganze Zeit in Hasegawa verliebt?«

»Ja.«

»Dann kommt jetzt von mir auch ein Geständnis, denn ich ... war tatsächlich die ganze Zeit eifersüchtig auf Hasegawa. Wir waren drei Jahre lang in derselben Klasse und ich hab dich als meinen besten Freund gesehen, aber sobald wir Pause hatten, bist du immer extra in die andere Klasse zu Hasegawa gegangen. Ich habe mich gefragt, ob er für dich dein bester Freund ist, und war deswegen eifersüchtig. Aber eigentlich warst du in Hasegawa verliebt, ja?«

»Ja, genau.«

»Das heißt, Hasegawa war für dich dein Schwarm, und ich war dein bester Freund?«

»Natürlich!«

»Oh, das tut gut! Ich war echt die ganze Zeit so frustriert deswegen! Vielen Dank, dass du es mir erzählt hast, wirklich! Wir bleiben auch weiter gute Freunde, ja?«

»Auf jeden Fall. Sorry, dass ich es dir nicht früher sagen konnte.«

Als ich aufgelegt hatte, war ich erfüllt von Dankbarkeit, weil Sho mein Geständnis so unkompliziert akzeptiert hatte, von der Reue, es so lang geheim gehalten zu haben, und dem Gefühl, dass ich mir selbst nicht verzeihen konnte.

Schließlich hatte ich eine mir so wichtige Person einfach als jemanden abgestempelt, vor dem ich mich nicht outen durfte.

Hatte ich Sho tief in meinem Inneren abschätzig als engstirnige Person betrachtet, die so was wie Homosexualität nicht nachvollziehen konnte? Dabei war ich hier derjenige, der Freundschaft nicht ernstnahm. Was für ein mickriger, eigenwilliger, kleingeistiger Mensch ich doch war.

Bis hierhin hatte ich die Menschen in zwei Kategorien unterteilt – diejenigen, bei denen ein Coming-out kein Problem wäre, und solche, die sicher Vorurteile hätten – und habe meine Gespräche danach ausgewählt. Aber die Menschen waren nicht so simple Lebewesen, als dass ich einfach so über sie urteilen durfte. *Und wenn dem so ist, möchte ich so frei und offen wie möglich leben! Ich werde mich nicht mehr verstecken!* Das schwor ich mir.

Dank Sho bin ich jetzt so, wie ich bin.

Ist es egoistisch, sich vor seinen Eltern outen zu wollen?

Ich war 20, als ich mich bei meiner Mutter outete.

Zu dem Zeitpunkt war ich schon längst nach Tokyo gezogen und lebte weit entfernt von meinen Eltern. Aber einmal im Jahr fuhr ich nach Hause nach Hokkaido, und die Gelegenheit wollte ich nutzen, um ihnen davon zu erzählen.

Ich zerbrach mir mein zartes Köpfchen darüber, ob ich mich wirklich bei meinen Eltern outen sollte oder nicht.

Ich kam zu dem Schluss, dass es unmöglich war, es mein ganzes Leben vor ihnen geheim zu halten. Und wenn ich mich irgendwann outen musste, wollte ich es möglichst dann tun, solange meine Eltern noch jung waren.

Aber die beiden waren schon immer richtige Sportskanonen gewesen. Sie hatten sogar vorgehabt, mich zu einem starken Sportler heranzuziehen. Und sie konnten es sicher nicht gutheißen, dass ihr Sohn schwul war.

In der Grundschule waren mir mein Pony und die Haare im Nacken lebenswichtig gewesen, aber meine Eltern (vor allen mein Vater) wollten meinen Pony nicht dulden. Er war zwar nicht lang, reichte mir aber immerhin bis zu den Augen.

»Warum trägst du die Haare so? Lass sie dir sofort schneiden!«

Mein Vater gab mir Geld dafür. Ich nahm es zwar an,

heulte aber und lehnte mich dagegen auf, weil ich meine Haare auf keinen Fall schneiden lassen wollte. »Nein! Ich will das nicht!«

»Wieso denn? Denkst du etwa, das sieht gut aus? Für Jungs ist ein Bürstenschnitt das einzig Wahre! Oder willst du, dass ich dir mit der Haarschneidemaschine eine Glatze verpasse?«

»Auf gar keinen Fall!«

»Du lässt dein Haar wachsen, um gut auszusehen, aber damit spielst du dich nur auf! Solche Typen können mir gestohlen bleiben!«

Aber ich ließ mich von seinen Worten nicht unterkriegen.

»Vater, du willst doch, dass Jungs einen Bürstenhaarschnitt tragen, weil es ihnen steht, oder? Das heißt doch, das machst du nur, um gut auszusehen!«

»Ich mach das nicht deswegen!«

»Leute, die sich nichts daraus machen, meckern aber nicht an Frisuren von anderen herum! Denn wem seine eigenen Haare egal sind, der interessiert sich sicher nicht für die von anderen Menschen!«

Kinder konnten sich nur durch ihre eigene Logik behaupten. Sie kamen nicht gegen das Allgemeinwissen der Erwachsenen an. Die Erwachsenen tadelten die Kinder dann mit *Keine Widerrede!*

»Keine Widerrede! Geh jetzt endlich deine Haare schneiden!«

»Na schön! Wenn ich sie schneide, beschwerst du dich dann nicht mehr?«

»Genau.«

»Schwörst du, dass du dich nicht mehr beschwerst, wenn ich sie schneiden lasse?«

»Ja! Ich schwöre es, also geh jetzt!«

Ich hielt die 2000 Yen, die ich von meinem Vater bekommen hatte, fest zwischen meinen Fingern und ging in den Friseurladen. Meine Augen waren vom Weinen gerötet und ich war verstimmt. Der Friseur sprach mich an:

»Wie kurz soll ich sie schneiden?«

»Bitte nur einen Millimeter von Pony und Nackenhaaren abschneiden.«

»Nur einen Millimeter?«

»Ja, bitte nur einen. Wenn das schwer machbar ist, sind auch fünf okay.«

Und so ging ich mit meinem nur fünf Millimeter kürzer geschnittenem Schopf nach Hause, und mein Vater sagte: »Gib das Geld zurück.« Eine größere Aufregung blieb aber aus. Wir stritten uns jedoch immer wieder über Haarschnitte.

Auch in der Mittelschule hatte ich mit ihm Auseinandersetzungen über die Definition von »Mann«.

Zu der Zeit war in meiner Generation ein Parfüm namens *CO2* sehr populär. Als mein Vater einmal sah, wie ich es auftrug, sagte er:

»So was benutzen Männer nicht! Das Parfüm von Männern ist ihr Schweiß! Wenn du bei Frauen gut ankommen willst, dann lass Schweiß fließen!«

Ich fand das ekelhaft.

Tatsächlich war mein Vater eine Sportskanone und kam sowohl in seiner Schulzeit als auch im Sportteam der Arbeit ins Schwitzen. Meine Tante hatte erzählt, dass er bei den Frauen gut angekommen sein soll, und das konnte ich mir auch gut vorstellen. Aber ich trug das Parfüm ja nicht, um bei Frauen gut anzukommen. Selbst wenn ich das gewollt hätte, wäre ich nicht der Typ gewesen, der seinen Schweiß als Verkaufsargument angebracht hätte. Da lernte ich auf die harte Tour, dass mein Vater und ich komplett verschieden waren.

Aber um diese Kluft zwischen unseren Unterschieden zu überbrücken, mussten wir lernen, unsere verschiedenen Denkweisen zu akzeptieren. Das versuchte ich ihm auch zu vermitteln.

»Wieso versuchst du, mir deine Meinung aufzudrücken?«, fragte ich meinen Vater. »Deine Denkweise und deine Wertvorstellung sind ganz anders als meine. Trotzdem habe ich dich und was du über Menschen sagst, die Sport treiben, nie infrage gestellt! Aber du lehnst das, was ich denke, ab. Wieso? Wieso sollte ich dann akzeptieren, was du behauptest?«

Dann tauchte meine drei Jahre jüngere Schwester Shi auf. Anders als ich hatte sie ein Talent für Sport und widmete sich ganz dem Badminton. In meiner Familie arbeiteten meine Schwester und mein Vater oft zusammen und bildeten ein Dream-Team. (Mein Vater war in meine Schwester vernarrt, und sie war genial darin, ihn um den Finger zu wickeln.)

»Wie das stinkt! Du trägst das doch bestimmt, um gut anzukommen, Brüderchen. Spiel dich nicht so auf.«

Meine Schwester sang: »Brüderchen, dein Parfüm stinkt«, und vollführte dabei sogar einen Tanz.

»Dein Bruder stinkt, was?«, kam mein Vater dazu.

»Er stinkt! Und will sich nur aufspielen.«

Gegen diese zwei Nervensägen konnte ich alleine nichts ausrichten. Aber dann tauchte eine Verbündete auf: Meine Mutter.

»Jetzt hört doch mal auf, ihr zwei. Ryousuke ist alt genug, da trägt man schon mal Parfüm.« Dann richtete sie sich an meinen Vater: »Du hast doch auch während der Schulzeit angefangen, Gitarre zu spielen, um bei Frauen gut dazustehen.

Und Shi, wenn du erwachsen bist, dann wirst du auch mal Parfüm tragen.«

»Was? Will ich nicht. Das stinkt doch.«

»Und du wirst eine Badminton-Spielerin, stimmt's?«, sagte Vater.

Ich schwor mir, mich total über meine Schwester lustig zu machen, wenn sie ihr sexuelles Erwachen hatte.

Ich wollte mich zuerst bei meiner Mutter outen. Sie hatte mich immer unterstützt und bei ihr war die Wahrscheinlichkeit, dass sie mich verstehen würde, am größten.

Aber ich zweifelte trotzdem noch daran, ob ich es ihr sagen sollte oder nicht. Ich war unfähig darüber zu urteilen, was die richtige Option war. Also setzte ich meine Vorstellungskraft in Gang.

Wie wird die Zukunft, wenn ich mich bei meinen Eltern oute und wie wird sie, wenn ich mich nicht oute? Was sind die jeweiligen Vor- und Nachteile?

Wenn ich mich outete, wäre meine Mutter auf jeden Fall deprimiert und würde sich Sorgen machen. Sie würde denken, es läge an ihrer Erziehungsweise und sich selbst dafür die Schuld geben. Mehrere Jahre oder gar Jahrzehnte. Nein, dabei müsste es nicht bleiben, vielleicht wäre sie sogar so niedergeschlagen, dass sie sich umbrachte. Das könnte ich nicht ertragen. Und selbst wenn es nicht so weit käme, würde sie mich vielleicht verstoßen.

Das Positive wäre, dass ich mich dann nicht mehr verstellen müsste. Und wenn sie mich akzeptierte, könnte ich ihr vielleicht auch mal einen Partner vorstellen.

Wenn ich mich nicht outete, würde ich meine Eltern nicht verletzen. Ich würde weiter von ihnen geliebt werden. Das Negative wäre, dass ich mich verstellen und es die ganze Zeit weiter geheim halten müsste. Wenn ich ihnen meine Partner nicht vorstellte, müsste ich mir vielleicht auf ewig anhören, wann ich denn heiraten würde. Und meine Eltern würden mit der Sorge sterben, dass ich alleinstehend blieb.

Beide Optionen waren gleich schlimm.

Als nächsten Schritt erwog ich, das Problem aus einer breiteren Perspektive zu betrachten.

Warum zögerte ich überhaupt, mich bei meinen Eltern zu outen? Es war ja nicht sonderlich schlimm, dass ich schwul war, und niemand konnte etwas dafür. Aber wenn ich mich outete, würde ich meine Eltern trotzdem verletzen. Darum haderte ich damit.

Also, warum wurden Eltern verletzt, wenn sich ihre Kinder outeten? Das lag an der Vorstellung, dass Homosexualität unnormal war. Dass sie nicht gut sei. Bemitleidenswert. Ekelerregend. Bestimmt, weil sie dieses negative Bild von Perversen mitbrachte. Dieses Bild wollte ich ändern. Ich wollte später als Schwuler eine glückliche Familie gründen.

Wenn ich diese vertrackten Probleme beiseitelegte, was könnte ich mir dann als die für mich allerschönste Zukunft vorstellen? In einer glücklichen Zukunft wäre ein wunderbarer Partner an meiner Seite. Gemeinsam würden wir beschließen, an Neujahr zu seiner Familie zu fahren und zu Allerseelen zu meiner. Bei Anlässen für die Familie (Hochzeiten und Beerdigungen) würde er auch ganz selbstverständlich an meiner Seite sein. Unsere Familien und Freunde würden uns unterstützen und ich könnte mit ihm zusammenleben. Das wäre meine Idealvorstellung.

Mit dieser klaren Vision gab es keinen Grund mehr zu zögern. Wenn ich meine Idealvorstellung zur Realität machen wollte, musste ich mich darum bemühen. Ich hatte meinen

Entschluss gefasst. Erst mal würde ich mich bei meiner Mutter outen!

Doch obwohl meine Sorgen mit diesem Entschluss zunächst verflogen sein sollten, ließ ich mich von den Meinungen aus meinem Umfeld leicht wieder ins Wanken bringen. Als ich davon erzählte, dass ich mich bei meiner nächsten Heimfahrt bei meinen Eltern outen wollte, sprachen sich viele Leute dagegen aus.

»Was hat es für einen Sinn, dich zu outen? Du würdest deine Eltern nur verletzen.« »Nur weil du aufhören willst, dich zu verstellen, kannst du doch nicht deine Eltern traurig machen. Das ist egoistisch.«

»Bestimmt wäre es besser, dich erst zu outen, wenn du einen tollen Partner gefunden hast und gleichgeschlechtliche Ehen in Japan anerkannt werden.«

»Es wäre viel zu erschütternd, wenn mein Sohn sich bei mir outen würde. Du bist ein Freund von mir, da finde ich das okay, aber ich möchte nicht daran denken, wie das bei dem eigenen Sohn wäre ...«

Ich wusste, dass sie das nur sagten, weil sie das Beste für mich wollten. Aber als ich ihnen zuhörte, kam ich nicht umhin, zu denken, ich sei ein schlechter Mensch, der sein eigenes Glück und ein einfacheres Leben über alles andere stellte, selbst wenn seine Eltern dabei verletzt würden. Dabei wollte ich lediglich, dass meine Eltern erfuhren, dass ich schwul war.

War ich egoistisch, weil ich mich bei meinen Eltern outen wollte? Wenn ich meine Eltern für meine eigene ideale Zukunft verletzte, konnte man das vielleicht tatsächlich nur so bezeichnen.

Obwohl ich schon einmal so fest entschlossen gewesen

war, mich bei meinen Eltern zu outen, war ich wieder unsicher, ob ich die richtige Entscheidung getroffen hatte. Ich brauchte mehr Informationen von mehr Leuten, also nahm ich an einer Veranstaltung für Schwule teil, von der ich im Internet erfahren hatte. Dort könnte ich mich auch bei älteren Schwulen nach ihren Erlebnissen erkundigen. Glücklicherweise lebte ich in einer Zeit, in der es viele solcher Communitys gab. So konnte ich ohne Schwierigkeiten zu einem dieser Treffen finden.

»Es ist naiv, zu denken, die Eltern würden das verstehen. Letztendlich sind sie auch nur Fremde, und du machst dein Ding. Deswegen finde ich nicht, dass man ihnen das überhaupt sagen muss.«

»Ich habe geschworen, ihnen mein ganzes Leben nichts davon zu erzählen. Aber dann sind sie gestorben und haben sich bis an ihr Lebensende Sorgen gemacht, dass ich alleine bleiben würde. Dabei habe ich eigentlich einen Partner. Ich bereue, es ihnen nicht gesagt zu haben, als wir noch jünger waren.«

Aber es gab auch Menschen, die so etwas erzählten:

»Bei mir war das so! Ich dachte, meine Eltern hätten es selbst gemerkt, und hab mich fix bei ihnen geoutet! Aber sie hatten überhaupt keine Ahnung und haben mich dann verstoßen.«

Es gab sowohl Menschen, die ihr Coming-out bei den Eltern bereuten, als auch solche, die bereuten, es nicht getan zu haben. Ich wurde immer ratloser und wusste nicht mehr, was ich überhaupt tun sollte. Doch dann war der Tag gekommen, an dem es für mich nach Hokkaido ging. Ich war nach wie vor zwiegespalten.

Am ersten Tag in der Heimat lud mich eine Freundin aus

der Oberschule zu sich nach Hause ein. Es war meine Liebesrivalin Ai. Freunde aus der Oberschule und Ais Familie holten mich ab und hießen mich willkommen. »Ryo, willkommen zurück!« An dem Abend hatten wir eine Party.

Ais Familie hatte Spieße mit ihren liebsten Zutaten vorbereitet, die man an Ort und Stelle frittieren konnte. Neben
den verschiedenen Spießen waren entsprechende Schildchen
drapiert.

Okura, Wachteleier, Schweinespieße ... Das Schildchen für
eine Zutat zog mich ganz besonders in seinen Bann. Dort
stand »Matsutake«, ein seltener Wildpilz.

Yuki und Sho war die Zutat auch aufgefallen, aber dieser
Pilz war einfach zu hochwertig, um ihn aufzuspießen und zu
frittieren, also ließen sie die Finger davon. Ais Vater bemerkte das und sprach uns an.

»Wollt ihr den Matsutake nicht essen? Der ist sehr lecker,
bedient euch!«

»Wirklich, dürfen wir?« Mit Freuden streckten wir die Finger nach den Matsutake-Spießen aus. Auch ich frittierte einen davon. Außen war er ganz knusprig, und von innen breitete sich der saftige Pilzsaft in meinem Mund aus.

»Und, wie schmeckt euch der Matsutake? Lecker, oder?«

»Köstlich!«, sagten wir, und aßen voller Dankbarkeit. Ais
Vater sah vergnügt aus.

»Nun, das waren aber Kräuterseitlinge!«, sagte er. »Hahaha, ich habe euch alle reingelegt!«

Da wir sonst keinen Matsutake aßen, hatte uns der Witz-
bold komplett an der Nase herumgeführt.

»So ist das Leben eben! Was man hat, genügt, um glücklich zu sein! Hahaha!«

Ais Vater war Geschäftsführer einer Firma und damit

aus gesellschaftlicher Sicht sehr erfolgreich, aber er konnte auch mit uns Jungspunden auf Augenhöhe reden, ohne dabei hämisch zu werden. Das war auch schon früher so gewesen. Meine Mitschüler aus der Oberschule waren oft zu Ais Vater gegangen, um sich bei Problemen von ihm Rat zu holen.

Ich redete mit ihm darüber, wie ich mit mir haderte, ob ich mich während meiner Zeit in der Heimat vor meinen Eltern outen sollte.

»Kannst du dich erinnern, dass du das abgestritten hast, als ich dich danach gefragt habe? Das war in der Oberschulzeit«, sagte Ais Vater.

»Huh? Nein, ich erinnere mich nicht!«

»Ich hab dich damals gefragt, ob du auf Männer stehst, aber du hast das verneint.«

»Ja, das hat er. Wir haben doch darüber geredet, dass Ryo es vielleicht noch geheim halten will«, sagte Ais Mutter.

»Mir war das damals schon klar, aber ich wollte es noch nicht einsehen.«

»Verstehe, das dachte ich mir. Und jetzt kannst du ganz offen damit leben! Das macht mich so glücklich.«

»Vielen Dank. Aber wenn ich es meinen Eltern erzähle, bereite ich ihnen sicher Sorgen. Deswegen bin ich mir noch unsicher, was ich tun soll.«

»Ist doch klar, dass sie sich Sorgen machen. Das ist schon okay. Es ist eine elterliche Pflicht, sich um die eigenen Kinder zu sorgen. Könnte glatt ihr Hobby sein. Egal, was mit den Kindern sein mag, sie werden sich immer um sie sorgen.«

»Aber wenn ich es ihnen nicht erzähle, müssten sie sich auch keine Sorgen machen. Ich möchte es ihnen ja sagen, aber ich will sie auch nicht verletzen. Wäre das nicht egoistisch? Vielleicht sollte ich es geheim halten, bis meine Eltern sterben. Im Grunde genommen sind sie auch nur Fremde ...«

Ich gab das, was mir erzählt worden war, als meine eigene Meinung wieder und legte sie Ais Vater einfach so dar. Er wirkte ein wenig erschüttert.

»Also, wenn ich dein Vater wäre, würde ich auf jeden Fall wollen, dass du mir das erzählst. Deine Eltern sind keine Fremden, sondern deine Eltern!«

Er wollte mir anscheinend näherbringen, wie Eltern sich dabei fühlten.

»Egal, ob es mir Sorgen oder Kummer bereitet, wenn es um meine Kinder geht, will ich alles verstehen können. Wenn so etwas Wichtiges vor mir geheim gehalten werden würde, bis ich gestorben bin, würde ich mich im Grab umdrehen! Ich würde mir Vorwürfe machen, warum mir das nicht aufgefallen ist.«

Es kam mir vor, als hätte er all das gesagt, was ich hören wollte. Es war nicht egoistisch, sich bei seinen Eltern zu outen. Es diente mir selbst, meinen Eltern, und einer besseren Zukunft. Ich musste nach vorne schauen.

In unserer Gesellschaft war das Wissen über Homosexualität immer noch mangelhaft. Und weil Wissen fehlte, konnte auch kein Verständnis folgen. Wegen des mangelnden Wissens gab es Vorurteile, und aus diesen Vorurteilen entstand Diskriminierung. Mussten wir wirklich in so einer Gesellschaft leben? Die Welt würde sich nie verändern, wenn ich mein Verhalten einschränkte.

Wir mussten damit aufhören, *sich vor den Eltern outen* mit *die Eltern traurig machen* gleichzusetzen. Vielleicht käme eine Zeit, in der sich Eltern darüber freuten, dass ihr Sohn sich bei ihnen outete. Meine Eltern könnten auch zu diesen Menschen gehören. Dass ich schwul war, war schließlich keine Tragödie. Ich war fest entschlossen, mich bei meiner Mutter zu outen.

Am zweiten Tag, an dem ich in Hokkaido war, ganz früh am Morgen, als meine Familie noch im Land der Träume weilte, trank ich mir Mut an, ohne dass ich die Nacht zuvor auch nur ein Auge zugetan hatte.

»Mutter, wach auf. Ich muss mit dir reden.«

»Was ist denn los? Können wir das nicht später machen ...?«

Meine Mutter wollte weiterschlafen. Aber vielleicht war das meine einzige Gelegenheit, mit ihr alleine zu reden.

»Es ist wichtig!«

Da schien sie eine böse Vorahnung zu bekommen. Abrupt stand sie auf und sah mich misstrauisch an.

»Was denn? Du machst mir Angst.«

Wir gingen ins Esszimmer und setzten uns auf gegenüberliegende Stühle.

»Ich will nur, dass es dir keinen zu großen Schreck einjagt ...«

»Huh, was denn? Hast du die Schule geschmissen?«

»Nein, hab ich nicht.«

»Was dann? Hast du jemanden geschwängert?«

»Ich habe niemanden geschwängert!«

»Was ist es dann? Sag es endlich. Mein Puls bringt mich noch um.«

»Ähm ... Ich ... Ich stehe auf Männer. Das war schon immer so und ich musste es dir endlich sagen. Ich bin jemand, den man ... als Schwulen bezeichnet. Ich kann mich nur in Männer verlieben. Es bringt nichts, mich deswegen ins Krankenhaus zu schleppen, davon kann ich nicht ›geheilt‹ werden, und das ist sowieso nichts, was man heilen müsste.«

152

Meine Mutter stieß einen großen Seufzer aus. Sie stützte beide Ellenbogen auf dem Tisch ab und hielt ihren Kopf mit beiden Händen fest.

Ich konnte nichts sagen. Ich wollte erst mal abwarten, was sie tat.

Meine Mutter hielt den Blick gesenkt und sagte, ohne mich anzusehen:

»Kann man das wirklich nicht heilen?«

»Das ist nichts, was man heilen muss. Und man kann auch nichts dagegen tun.«

Da seufzte sie wieder. Normalerweise seufzte meine Mutter nie. Sie schien ihre Gefühle ordnen zu wollen, während sie nach unten starrte.

»Aber kriegst du dann nicht Aids? Ich meine, wenn du ... es mit Männern treibst.«

Sie dachte also, dass Aids durch sexuelle Handlungen zwischen Männer entstand, nicht, dass es eine Infektionskrankheit war.

»Nur weil Männer was miteinander haben, wird dadurch nicht gleich HIV übertragen.«

»Ach so ...?«

Wieder breitete sich zwischen uns Stille aus. Sie schien sich an etwas zurückzuerinnern.

»Ich bin nicht wegen deiner Erziehung schwul geworden«, sagte ich.

»Daran denke ich gar nicht. Ich glaube nicht, dass das meine Schuld ist. Aber ... Mir ist grad wieder eingefallen, was deine verstorbene Oma meinte. Meine Mutter hat von dir gesagt, dass du schwul seist ... Als du noch klein warst ... Meine Mutter hat verstanden, was mit dir los war. Aber das machte mich sauer. Ich fragte sie, warum sie so was behauptet, und

und sagte ihr, ich ein anständiges Kind zur Welt gebracht habe. Ein anständiges Kind ...«

Sie fing an zu weinen. Es wirkte traurig und frustriert. Letzteres war ich natürlich auch. Ich war mit einer Sexualität auf die Welt gekommen, die meine Mutter zum Weinen brachte. Niemand trug hier die Schuld. Nicht meine Mutter. Nicht ich. Aber weder meine Tränen noch die meiner Mutter versiegten.

»Ich habe ein anständiges Kind auf die Welt gebracht. Also sag nicht, dass das meine Schuld ist!«

»Eben, ich sag doch, dass es nicht deine Schuld ist! Niemand ist daran schuld. Außerdem bin ich anständig, nur kann ich mich halt nur in das gleiche Geschlecht verlieben. Das ist alles! Ich will, dass du das verstehst und mich so akzeptierst.«

»Als könnte ich das akzeptieren! Sei nicht so naiv. Das ist unmöglich! Ich habe meinen Eltern auch nie von meinen sexuellen Eigenarten erzählt!«

»Das ist keine sexuelle Eigenart! Warum willst du das nicht verstehen?«

»Ich kann das einfach nicht. Ich will das nicht akzeptieren, und die Gesellschaft tut das erst recht nicht.«

»Ja, die Gesellschaft will es nicht akzeptieren! Deswegen würde es mir viel besser gehen, wenn zumindest du das könntest!«

»Tut mir leid, aber das kann ich nicht. Außerdem ist die Gesellschaft zu Menschen wie dir sehr harsch. Also erzähl niemandem davon und leb weiter wie gehabt. Du musst das Geheimnis mit ins Grab nehmen. Kapiert?«

»Das kann ich nicht tun! Wieso muss ich das wegen der Gesellschaft geheim halten?«

»Ich sag das nur, damit du nicht verletzt wirst! Du verstehst überhaupt nicht, wie hart die Gesellschaft mit dir ins Gericht gehen wird! Du wirst dabei verletzt werden!«

»Ich wurde schon unangenehm oft verletzt, ohne dass du etwas davon gemerkt hast! Und ich habe das die ganze Zeit ertragen! Aber die Beleidigungen und Gewalttaten waren nicht mal das Schlimmste! Ich habe mich selbst so sehr gehasst, dass ich mich umbringen wollte. Das war das Allerschlimmste! Aber jetzt habe ich endlich gelernt, mich selbst zu akzeptieren! Ich will doch nur, dass du mich auch akzeptierst! Bevor die Gesellschaft das tun kann, möchte ich, dass du es tust!«

»Ich werde das nicht akzeptieren, vergiss es. Warum hast du mir das überhaupt gesagt? So fühle ich mich doch nur schlecht! Niemand würde sich darüber freuen, so etwas zu hören. Wenn deine Freunde das erfahren, werden sie sich auch schlecht fühlen! Denk doch mal ein bisschen an die anderen!«

»Ich habe das bisher ganz allein mit mir rumgeschleppt und niemandem verraten. Zwanzig Jahre lang! Willst du etwa sagen, ich soll so weiterleben?«

»Du würdest damit alle nur belasten! Für mich ist das gerade auch unglaublich hart! Ich kann dir nicht befehlen, alles mit dir allein rumschleppen zu müssen, aber das ist nichts, was man anderen erzählen sollte!«

»Es soll anderen eine Last sein, wenn ich über mich selbst rede? Was bin ich denn dann bitte? Ich bin doch kein Monster!«

»Werd endlich erwachsen. Du denkst nur an dich selbst! Die Diskussion ist vorbei.« Inzwischen war der Tag angebrochen. Meine Mutter fing an, das Frühstück zuzubereiten und ich legte mich wieder auf den Futon in meinem Zimmer.

Ich wusste nicht, wie lange ich geschlafen hatte. Meine Mutter kam in mein Zimmer und weckte mich mit den Geräuschen, die sie dabei machte, und ich konnte meine Augen kaum öffnen, weil mein Gesicht vom Heulen dermaßen angeschwollen war. Meine Mutter war genauso verheult. Mein Vater und meine Schwester waren anscheinend außer Haus.

»Du ... Du hattest es schwer, nicht wahr?«

Wieder flossen Tränen aus ihren geröteten Augen. Und meine Tränen waren anscheinend auch noch nicht ausgetrocknet.

»Es war hart. Aber ... jetzt geht es mir gut. Sorry, dass du wegen mir so was durchmachen musstest.«

»Ich ... Ich denke, du hattest es viel schwerer als ich.«

»Mittlerweile bin ich glücklich. Aber es hat zwanzig Jahre gedauert, bis ich an den Punkt gekommen bin. Bis ich mich selbst akzeptiert habe. Deswegen glaube ich, bei dir wird es auch eine Weile dauern, bis du akzeptieren kannst, dass ich schwul bin.«

»Das kann sein. Ich möchte es ja nachvollziehen, aber es ist schwierig. Ich weiß nicht, wie viele Jahre es dauern wird, vielleicht brauch ich mein ganzes Leben dafür. Aber meine Gefühle für dich haben sich nicht verändert.«

»Danke. Das beruhigt mich. Sorry, dass ich dich da mit reingezogen hab. Aber mach dir nicht zu viele Sorgen, sonst macht es das für mich auch schwer.«

»Natürlich mache ich mir Sorgen. Aber da wir getrennt voneinander leben, ich in Hokkaido und du in Tokyo, kannst du dort eh tun und lassen, was du willst. Verzeih, aber bitte sprich dieses Thema bei mir nicht mehr an. Ich will nichts davon hören, mit wem du zusammen bist oder was da sonst passiert. Wir sind nach wie vor Mutter und Sohn, aber nur das. Mehr als das muss ich nicht über dich wissen.«

»Alles klar.«

»Aber ich werde immer für dich da sein.«

Trotz dieser Worte war das Outing bei meiner Mutter für mich gescheitert. Ich hatte gehofft, dass es entspannter würde, wenn ich es ihr sagte, aber so wie es war, bereute ich, es getan zu haben.

Es fühlte sich an, als wäre zwischen uns eine unangenehme Distanz entstanden. Meine Mutter überzeugte mich, auf ein Coming-out bei meinem Vater zu verzichten. Sie beteuerte, er würde die Beziehung zu mir abbrechen wollen. Ich hatte mich zwar eh darauf gefasst gemacht, dass das passieren könnte, aber das brächte mit sich, dass meine Mutter als Vermittlerin wieder leiden müsste. Daher gab ich den Plan auf, mich bei meinem Vater zu outen.

Die Kluft, die sich zwischen mir und meiner Mutter aufgetan hatte, würde sich erst nach sieben Jahren wieder schließen.

5. Kapitel – Eine Beziehung zu führen, bringt viel Schönes mit sich. Und viel Schmerzhaftes.

Liebe auf den ersten Blick

Seit ich akzeptiert hatte, dass ich schwul war, und mich bei meinen Freunden geoutet hatte, hatte sich mein Leben eigentlich nicht grundlegend verändert, und ich hatte auch nicht vor, etwas daran zu ändern.

Jetzt, da ich alleine lebte, konnte ich online zahlreiche Informationen finden, wie etwa zu dem Treffen, auf dem ich vorm Outing bei meiner Mutter gewesen war. Ich erfuhr, dass die schwule Community in verschiedensten Bereichen aktiv war, im Sport und in der Musik, oder bei Veranstaltungen zu Menschenrechten. In Shinjuku wurden Trinkgelage veranstaltet, die hauptsächlich dazu dienten, andere Leute kennenzulernen, aber ich hatte noch ein wenig Angst, daran teilzunehmen.

Ich hatte meine Träume und viele Freunde, die mich so akzeptierten wie ich war. Ich fand, damit konnte ich mich zufriedengeben. Aber für Menschen wie mich war es schwer, potenziellen Partnern zu begegnen, selbst wenn sie normal am gesellschaftlichen Leben teilnahmen.

Ich machte mir vor, ich würde erst mal nur recherchieren, welche Art von Treffen es so gab, und als ich auf dem Handy danach suchte, fand ich einen Schriftzug, der »Eine Party nur für attraktive Männer in den 20ern« vorstellte. Mein Herz klopfte plötzlich ganz aufgeregt.

Ich sah mir die Details an und stellte fest, dass das Event heute stattfinden würde. Ich fragte mich, ob es nicht anmaßend war, mich bei einer Veranstaltung anzumelden, die nur attraktiven Männern vorbehalten war. Aber ich redete mir ein, dass es ja von Person zu Person unterschiedlich war, was als attraktiv galt, und schickte nervös eine Mail mit Foto von mir an den Organisator.

»Ich wäre das erste Mal dabei, bin mir aber noch unsicher, ob ich dazu passe. Ich bin 21 Jahre alt und würde gerne teilnehmen.«

Rasch kam die Antwort des Organisators.

»Schön, dich kennenzulernen. Ich organisiere das Event. Du bist wirklich attraktiv! An dem Event werden viele Jungs wie du teilnehmen und wir würden uns freuen, wenn du dabei wärst. Es sind ca. dreißig Leute angemeldet. Wir treffen uns um 18 Uhr vor dem Shinjuku-Koma-Theater.«

Jungs wie ich ... und gleich 30 davon ... Gerade hatte ich noch mit der Teilnahme gehadert, und jetzt war ich schon dabei, mir nach dem Duschen die Haare mit Glätteisen und Haarwachs zu stylen.

Zwar hatte ich viel Zeit in mein Styling investiert, aber

mir gefiel die Frisur nicht. Also wusch ich meine Haare noch mal. Am Ende versteckte ich sie unter einer Strickmütze und erwischte gerade noch so den Zug, mit dem ich pünktlich am Treffpunkt in Shibuya war.

Ich kam dann doch ein bisschen zu spät und es hatten sich schon viele Leute versammelt.

»Tut mir leid, dass ich zu spät bin!«, sagte ich und rannte in den Kreis der Menschen hinein.

»Da bist du ja endlich. Wir haben auf dich gewartet«, sprach mich der Organisator, ein älterer Herr, an. (Obwohl das Event nur für attraktive Schwule in ihren Zwanzigern sein sollte, war der Organisator auf jeden Fall ein Herr um die vierzig.)

Jetzt, wo ich da war, wollten sie zum Veranstaltungsort weiterziehen, aber da rief eine Stimme von hinten:

»Entschuldigung, ich nehme auch teil!«

Es war eine sonore, etwas tiefe, aber schöne Stimme. Als ich mich umdrehte, um ihren Besitzer zu suchen, war ich erstaunt.

Das ist doch Zorro ..., dachte ich.

Der Besitzer der Stimme ähnelte Zorro aus einem bekannten Piraten-Anime ungemein.

Das lag wahrscheinlich vor allem an seinem harten Blick und seiner Frisur. Außerdem war er von der Sonne gebräunt und hatte einen guten Körperbau. Ich war erpicht darauf, ihn besser kennenzulernen.

Am Veranstaltungsort stand ein einzelner viereckiger Tisch, und wir konnten unsere Plätze frei wählen. Ich sah aus den Augenwinkeln, dass sich alle unsicher waren, wo sie sich hinsetzen sollten, und schnappte mir vor allen anderen einen Platz. Das hatte auch einen ganz bestimmten Grund.

Wenn ich mich als Erster hinsetzte, würden sich Leute an meine Seite setzen, die mich zumindest ein bisschen sympathisch fanden. So würden dann auch viel schneller Gespräche entstehen. Die anderen trödelten dagegen alle rum.

Ich will, dass sich Zorro neben mich setzt. Ich will, dass sich Zorro neben mich setzt, betete ich vor mich hin, aber neben mir landeten ein nerdig wirkender Typ mit kariertem Shirt und ein kleiner, niedlicher junger Mann mit braunen Haaren. Ich war enttäuscht, dass Zorro anscheinend kein Interesse an mir hatte, aber mein Glück im Unglück war, dass er sich auf den Platz direkt gegenüber setzte.

Hier, in der ersten Bar des Abends, trank Zorro auf sehr männliche und attraktive Weise sein Getränk und unser Gespräch nahm richtig Fahrt auf.

Zorros Name war Takuma. Ich dachte, er sei älter, aber er war jünger als ich, spielte Basketball, und kam wohl auch öfter bei einer Sporthalle in der Nähe meiner Wohnung vorbei. Er sagte mir, er würde mich gern demnächst mal besuchen.

Angeregt davon langte auch ich ordentlich zu und machte eine Flasche nach der nächsten auf. Nur wir zwei tranken gleich in der ersten Bar dermaßen viel.

Als nächster Veranstaltungsort für den Abend war eine Bar nur fünf Fußminuten entfernt reserviert. Natürlich wollte ich mit Takuma zusammen dorthin gehen, aber er sagte mir, dass ich kurz warten solle und lief zurück zu dem Organisator. Ich fragte mich, was los war, und sah ihm hinterher. Da nahm er dem Organisator die Sachen ab und sagte ihm, dass er sie für ihn tragen würde.

Mein Herz war tief berührt, als ich ihn so sah.

In der zweiten Bar setzte sich Takuma neben mich. Ich

war komplett auf ihn fixiert. Es gab noch zwei oder drei andere Leute, die es auf ihn abgesehen hatten, aber je mehr sich um ihn stritten, desto mehr brannte ich für ihn.

»Darf ich auf deinem Schoß sitzen?«, fragte ich.

»Klar, nur zu!«

So würde niemand mehr dazwischen grätschen. Ich setze mich auf seine Oberschenkel, Takuma legte seine Arme um meinen Bauch und zog mich näher zu sich heran.

»Du bist voll mein Typ, Ryousuke«, flüsterte er mir ins Ohr.

»Was, wirklich? Wieso hast du dich dann in der ersten Bar nicht neben mich gesetzt? Ich hab mir extra früh einen Platz ausgesucht, weil ich mir wünschte, dass du dich vielleicht daneben setzt.«

»Was? Aber wenn ich direkt neben dir sitze, kann ich dein Gesicht doch gar nicht sehen. Ich hab meinen ganzen Mut zusammengenommen und mich genau gegenüber hingesetzt. Und weißt du, warum ich noch später als du zum Treffpunkt gekommen bin?«

»Woher weißt du, dass ich zu spät war?«, fragte ich ihn.

»Ich hab den Treffpunkt die ganze Zeit im Blick gehabt. Ich bin das erste Mal bei so einem Event und hatte keine Ahnung, was für Männer da auftauchen würden. Weil bis zur verabredeten Zeit niemand gekommen ist, der mein Typ war, wollte ich wieder die Fliege machen. Aber dann kamst du angerannt, und ich wusste, ich muss dabei sein ...«

Wir küssten uns. Ganz oft, ganz zärtlich. Es war uns egal, wer uns dabei sah. Und so begann unsere Liebe.

Michael & Chip

Ich traf mich zwei Tage später wieder mit Takuma. Wir hatten uns auf der Kennenlern-Party auf den ersten Blick ineinander verliebt. Wir wollten uns in der Nähe meiner Wohnung treffen. Auf der Party hatte uns der Alkohol befeuert – ich saß auf ihm und wir hatten uns geküsst –, aber diesmal trafen wir uns in einem Café in meiner Nachbarschaft. Erst stand eine unangenehme Stille zwischen uns, aber auf dem Rückweg holten wir uns Dosenbier, das wir in meiner Wohnung tranken. Dort setzten wir da an, wo wir bei der Kennenlern-Party aufgehört hatten.

Ich gestand ihm meine Liebe als Erster. Takuma war glücklich und küsste mich ganz oft.

Wahrscheinlich war auch ich der Erste, der vorschlug, dass wir zusammen baden sollten. Aber sich dem anderen nackt zu zeigen, war uns beiden so peinlich, dass wir die Lampen ausmachten und bei Kerzenlicht in die Wanne stiegen. Unsere nackten Körper zeigten wir uns gleichzeitig. Ich war komplett überwältigt.

Er stand seinem muskulösen, schönen Körperbau in nichts nach! Alles an ihm war riesig! Bei der Größe von meinem Ding vergaß ich oft, dass da überhaupt noch was an mir hing, aber bei Takuma machte ich mir sogar Sorgen, wie schwer er sein musste, wenn er runterbaumelte.

»Woah, der ist ja riesig!«, schrie ich überrumpelt im Bad auf. Takuma war das etwas peinlich. »Echt ...? Dein Penis ist so wie du: niedlich!«, lobte er mich.

Dann gaben wir unseren Dingern gegenseitig Namen.

Takumas Penis hieß Michael und meiner Chip.

Michael und Chip kamen ebenfalls gut miteinander klar

und als wir einschliefen, sagte Takuma: »Mir macht es echt Angst, wie überglücklich ich gerade bin ...«

Tatsächlich ging es seit unserem ersten Treffen sehr schnell voran. Ich verstand, dass das beängstigend sein konnte. Wir waren noch nicht an dieses Glück gewöhnt.

»Versteh ich. Aber wenn man glücklich ist, sollte man das Glück voll auskosten, meinst du nicht? Wenn später etwas passiert, müssen wir beide nur unsere Kräfte vereinen, dann können wir alles überstehen.«

»Aber bei Paaren ist es doch so ... wenn sie sich am Anfang zu sehr reinstürzen, hält das nicht lange. Deswegen mache ich mir Sorgen, weil ich jetzt schon so glücklich bin ... Aber ich kann dir vertrauen, oder?«

»Natürlich! Lass uns eine schöne Zeit zusammen haben.«

Ich merkte, dass Takuma, obwohl er nicht danach aussah, jemand war, der sich oft vor Sorgen den Kopf zerbrach, aber ich machte mir nichts weiter daraus. An den meisten Tagen in der Woche übernachtete er bei mir. Es war so oft, dass wir quasi zusammenlebten.

Takumas Trauma

Es war kurz nachdem Takuma und ich unser Quasi-Zusammenleben begonnen hatten. Er ging auf eine Fachhochschule für Sport und an diesem Abend gab es eine Party mit seinen Schulfreunden. Er meinte, dass er erst spät heimkommen würde, also verbrachte ich seit Langem mal wieder einen Abend allein.

»Viel Spaß!«, wünschte ich Takuma, als er ging. Ich genoss auch die Zeit, die ich für mich allein hatte, sehr und bingewatchte eine meiner liebsten internationalen TV-Serien mit einem Bier in der Hand.

Ein paar Stunden später öffnete sich die Eingangstür plötzlich mit einem lauten *Bamm*. Davor stand Takuma, völlig außer Puste.

»Oh, willkommen zurück! Hat euer Treffen nicht gerade erst angefangen? Warum bist du so früh zurück?«

»Ryousuke ... Was machst du denn?! Wieso kann ich dich nicht erreichen? Check doch mal dein Handy!«

Ich öffnete es und mir wurden über 30 Mitteilungen und Anrufe von Takuma angezeigt.

»Sorry, ich war total in meine Serie vertieft. Wieso wolltest du mich erreichen?«

»Hatte keinen bestimmten Grund, aber ich hab mir heftig Sorgen gemacht, als ich dich nicht erreichen konnte ... Die Party hatte gerade erst angefangen, aber ich bin raus, um herzukommen.«

»Deswegen bist du hergekommen? Ist doch schade um die Party!«

»Aber ich hab so einen Film geschoben, dass du, während ich weg bin, einen anderen Typen abgeschleppt hast. Was, wenn du mich betrügst ...? Werde ich verrückt ...?«

Takuma klang, als würde er das bedauern.

»Du tendierst eben dazu, dir Sorgen zu machen. Klar finde ich das etwas komisch, aber ich glaub nicht, dass du verrückt wirst! Sorry, dass ich nicht auf mein Handy gesehen habe. Ich werde mir Mühe geben, dass du dir wegen mir nicht so einen Stress machen musst!«

»Echt? Voll gut. Also, dann hätte ich eine Bitte. Die Nummern von den anderen der Kennenlern-Party ... Ich möchte, dass du sie alle löschst. Vielleicht beruhigt mich das.«

»Die Kontaktdaten? Na, wenn dir das hilft, kann ich sie gerne löschen.«

»Wirklich? Sorry, dass ich dir so meinen Willen aufdrücke. Aber danke!«

Ich fand es schade, die Kontakte von den Schwulen, die ich endlich kennengelernt hatte, zu löschen, aber im Moment war Takuma, der hier bei mir war, am wichtigsten. Freunde konnte ich jederzeit wiederfinden, und sie veränderten sich je nach Lebensabschnitt. Aber nur Takuma liebte mich so sehr und war unentbehrlich. Daher vertraute ich ihm und schwor, dass ich mein Bestes tun würde, seine Anrufe so schnell wie möglich zu beantworten, um ihm Sicherheit zu geben.

Aber trotzdem hatten wir unzählige Streits. Die meisten entstanden, weil Takumas Eifersucht wegen irgendetwas geweckt wurde.

Ungefähr zu der Zeit schloss ich mit der Fachhochschule ab und fing einen normalen Job an. Ich versuchte, meinen Alltag so zu führen, dass sich Takuma möglichst wenig Sorgen machen musste, aber für ihn machten mich viele Dinge verdächtig.

Da gab es zum Beispiel diese Sache:

»Du bist am X. X. doch nach Shinjuku gegangen! Wieso warst du da? Warum hast du mir nichts davon erzählt?«, platzte es plötzlich aus ihm raus. Ich konnte mich nicht mal daran erinnern, in Shinjuku gewesen zu sein.

»Ich war da nicht! Wieso denkst du, ich soll da gewesen sein?«

Takuma wollte mir erst nicht antworten. Aber als ich ihn ausquetschte, rückte er endlich mit der Sprache raus. Er hatte meine IC-Karte, die ich zum Bahnfahren nutze, genommen und mein Fahrprotokoll an einem Bahnhof ausgedruckt. Ich wusste zu dem Zeitpunkt noch nicht, dass jedes Mal auf dem Protokoll der IC-Karte vermerkt wurde, wenn man irgendwo ein- und ausstieg.

Ich ließ mir das Protokoll zeigen und tatsächlich war vermerkt, dass ich an dem Tag in Shinjuku ausgestiegen war. Aber ich konnte mich nicht erinnern, dort gewesen zu sein! Der Grund wurde mir klar, als ich mir das Protokoll genauer ansah.

Ich musste oft für Meetings zur Meidaimae-Station, und von dort aus konnte ich mit einem Zug direkt zur Kudanshita-Station, wo ich dann umstieg. Aber ich hatte mich vertan und war in Meidaimae in einen Zug gestiegen, der nur bis Shinjuku fuhr. Deswegen musste ich in Shinjuku erst einmal durch die Ticketschleuse und dann ein ganzes Stück laufen, bis ich wieder in die richtige Linie umsteigen konnte.

Nur weil ich den Zug verwechselt hatte und umsteigen musste, zweifelte Takuma gleich an mir und hatte Angst, dass ich ihm mit jemandem aus Shinjuku fremdging.

Es regte mich auf, dass er mich deswegen so verdächtigte. Und dann hatte er auch noch ohne mich zu fragen meine IC-Karte genommen! Ich gab mir von meiner Seite aus wenigstens Mühe, dass Takuma mir vertrauen konnte, aber was war mit ihm? Konnte er nicht wenigstens ein bisschen versuchen, mir zu vertrauen? Es machte mich wütend und gleichzeitig war ich traurig, dass mir mein geliebter Freund einfach nicht vertraute. Streitereien deswegen standen auf der Tagesordnung.

Dass mir unterstellt wurde, ich würde fremdgehen, und dass ich mich beschränken musste, damit mein Schatz mir vertraute, war zwar schlimm für mich, aber ich wusste, dass Takuma das noch mehr fertig machte.

Als wir gerade erst zusammengekommen und vom Alkohol ordentlich beschwipst waren, hatte mir Takuma erzählt, was er für den Auslöser hielt, wieso er so eifersüchtig und besitzergreifend wurde.

Takumas Eltern hatten sich scheiden lassen, als er noch sehr klein gewesen war. Aber der junge Takuma hatte die Umstände der Erwachsenen und die Scheidung damals noch nicht verstehen können.

Nachdem er seinen Vater hatte gehen sehen, fragte er seine Mutter unter Tränen: »Wo geht Papa hin?«

»Weil du nicht darauf hörst, was man dir sagt«, hatte seine Mutter geantwortet, »geht Papa weg. Weil du kein braves Kind warst, kommt er nicht mehr zurück.«

Takuma erzählte mir, dass er sich seitdem jeden Tag Vorwürfe machte, und wegen seines Vaters von Gewissensbissen verfolgt wurde.

»Wegen der Erfahrung denke ich bei geliebten Menschen immer daran, dass sie mich verlassen könnten ... Wahrscheinlich mache ich mir bei dir deswegen so viele Sorgen. Ryousuke, es tut mir wirklich leid ... Ich will das auch nicht ...«, sagte er, während aus seinen Augen große Tränen kullerten.

Jetzt war Takuma natürlich erwachsen und konnte verstehen, warum man sich scheiden ließ. Er hatte auch verstanden, dass es nicht an ihm gelegen hatte. Seine Mutter war auch nur ein Mensch und damals ungefähr in unserem Alter, also konnte ich mir den Druck gut vorstellen, unter dem sie gestanden haben musste. Niemand hatte Schuld. Aber während ich Takumas Kopf streichelte, wurde mir auch bewusst, dass so ein Kindheitstrauma nichts war, was sich leicht aus der Welt schaffen ließ.

Wenn ich ihm dabei helfen könnte, sein Trauma zu überwinden und er wieder anderen Menschen vertrauen könnte, dann würde ich mich dem, so gut ich konnte, stellen. Und schon waren zwei Jahre vergangen.

Die Überraschungshochzeit

Ich war nun schon über zwei Jahre mit Takuma zusammen und mein Geburtstag stand vor der Tür. Da kontaktierte mich Eri, eine gute Freundin aus der Fachhochschule.

»Ich habe eine Location reserviert, damit wir deinen und Takumas Geburtstag zusammen feiern können! Es ist ein schicker Laden mit Dresscode, also zieht eure allerbesten Sachen an!«

An dem Tag trugen Takuma und ich Anzüge, und als wir am Treffpunkt ankamen, begrüßte uns Eri mit einer Videokamera in der Hand.

»Ehrlich gesagt habe ich heute eine Überraschungshochzeitsfeier für euch organisiert!«

»Dein Ernst?«, fragte Takuma.

»Was meinst du? Ich dachte, wir gehen wegen der Geburtstage essen ...«

»Ist halt eine Überraschung! Als du dich bei mir geoutet hast, hast du mir von deinem Traum erzählt, eines Tages eine Hochzeitsfeier zu haben! Und ich dachte die ganze Zeit daran, dass ich das gerne für dich verwirklichen würde. Kommt, alle warten schon auf euch!«

Zuerst wurden wir in ein Vorzimmer geführt. Hier sollten wir uns fertig machen. Eri war schon in den Hauptsaal vorgegangen. Nach einer Weile kam ein Mitarbeiter der Location und übernahm die Führung.

Als wir vor einer großen Saaltür stehenblieben, konnte ich die Stimme von Asami hören, bei der ich mich als Erstes geoutet hatte.

»Entschuldigt, dass ihr so lange warten musstet. Ryo und Takuma haben ihre Vorbereitungen abgeschlossen. Hier sind die beiden! Begrüßen wir sie mit einem gewaltigen Applaus!«

Ich hörte so viele Leute klatschen – ich hatte mir bereits ausgemalt, uns würden vielleicht fünf oder sechs Leute beglückwünschen, aber ich konnte nicht einschätzen, wie viele es tatsächlich sein mochten.

Der Hochzeitsmarsch erklang und der Mitarbeiter öffnete langsam die Tür. Der tosende Applaus drang zu uns. Ich versuchte im blendenden Licht etwas zu erkennen und sah, wie zahlreiche Freunde uns mit feiner Kleidung, Applaus und Lächeln empfingen. Einige vergossen sogar Tränen. Ich konnte unter ihnen auch Yuri und Tatsuya erkennen, Klassenkameraden aus meiner Fachhochschule und von anderen Schulen waren auch da. Insgesamt waren es an die dreißig Leute. Takuma hatte sich noch vor niemandem geoutet, deswegen waren nur meine Freunde da. Es war das erste Mal, dass wir von so vielen Menschen beglückwünscht wurden.

Ich hatte mich selbst dafür gegeißelt, dass ich schwul geboren worden war, und war immer davon ausgegangen, dass ich wegen meines Schwulseins niemals Glück finden würde. Und jetzt stand ich vor so vielen Leuten mit meinem geliebten Takuma, hielt seine Hand und nahm diesen überschwänglichen Segen an. Mein Blickfeld verschwamm vor Tränen. Mein erstes Coming-out hatte ich bei Asami. Nun trug sie ein Nonnenkostüm und ein Rosenkranz hing ihr um den Hals. Ich musste prusten, als sich unsere Blicke trafen. »Oh nein, ich kann das nicht ...« schniefte sie und trocknete ihre Tränen mit einem Taschentuch. Dann versuchte sie, sich zu beruhigen.

»Ich werde nun eure Trauungszeremonie durchführen. In Ordnung?«

Jetzt fiel auch Takuma auf, dass Asami die Nonne spielte, und er musste lachen. Ich nickte ihr zu.

»Wir haben uns alle hier versammelt, um der Vermählung von Ryo und Takuma beizuwohnen ...«

Asami schien den Tränen nahe. Ihre Freunde feuerten sie an. »Du schaffst das, Asami!«

Asami nickte heftig.

»Dann fange ich mit Takuma an. Schwörst du, Ryo in Gesundheit und Krankheit, in Reichtum und in Armut, in guten wie in schlechten Zeiten zu helfen und zu trösten, zu respektieren und zu lieben, egal, was passiert?«

»Ich schwöre es.«

»Gut. Dann zu Ryo. Schwörst du, Takuma in Gesundheit und Krankheit, in Reichtum und in Armut, in guten wie in schlechten Zeiten zu helfen und zu trösten, zu respektieren und zu lieben, egal, was passiert?«

»Ja, ich schwöre es!«

»Dann überreicht nun die Ringe! Takuma, bitte steck du zuerst Ryo den Ring an.«

Eri gab Takuma einen Ring, und er streifte ihn über meinen Ringfinger.

»Jetzt Ryo, bitte steck Takuma den Ring an.«

Nun nahm ich den Ring von Eri und streifte ihn über Takumas Ringfinger.

»Und nun besiegelt den Schwur mit einem Kuss!«

Takuma zögerte kurz, da er in der Öffentlichkeit noch nie einen Mann geküsst hatte, aber dann nahm er mein Kinn sanft in seine Hände und küsste mich auf den Mund. Wieder brach großer Applaus los und Schwester Asami ergriff das Wort.

»Ich erkläre euch hiermit zu Mann und Mann! Herzlichen Glückwunsch!«

Wir gingen über zum Hochzeitsempfang und ein Freund von der Fachhochschule rief zum Anstoßen auf. Der Abend ging weiter mit der Rede eines Freundes, der den Trauzeugen spielte, dem Anschneiden der Hochzeitstorte, einer Champagner-Pyramide und Spielen, an denen alle teilnehmen konnten.

Das war wohl der bisher glücklichste Tag in meinem Leben. Es war wirklich eine wunderbare Überraschung. Ich werde nie vergessen, was Eri gesagt hatte, als ich mich bei ihr geoutet hatte. Nachdem ich ihr eröffnet hatte, dass ich schwul war, hatte ich ihr erzählt:

»Ich wollte eigentlich irgendwann mal heiraten, aber da ich schwul bin, wird sich dieser Traum nie erfüllen. Ich kann allen anderen nur dabei zuschauen, wie sie das irgendwann tun. Und wenn dann alle meine Freunde verheiratet sind, bin ich immer noch allein. Ich werde ein einsames Leben führen, und dass ich alleine sterben werde, ist auch schon in Stein gemeißelt.«

Eri hatte mir mit zusammengebissenen Zähnen zugehört, aber als ich fertig war, sagte sie mir ihre Meinung:

»So was zu sagen, sieht dir überhaupt nicht ähnlich! Ich finde, du hast mehr als alle anderen ein glückliches Leben verdient. Wir machen dich so glücklich, dass die Leute, die nach dir geboren werden und so sind wie du, sich dich als Beispiel nehmen werden! Du darfst den Traum vom Glück nicht aufgeben!«

Eri hatte sich daran erinnert und diese Überraschungshochzeit für mich organisiert. Sie hatte meinen Traum komplett verwirklicht.

Danach gründete ich mit Eri eine kleine Hochzeitsagen-
tur namens *Juerias* (kurz für *Juerias LGBT Wedding*). Mit der
Firma wollten wir es jeder Art von Paar ermöglichen, eine
Hochzeit auf die Beine zu stellen. Natürlich gab uns diese
Überraschungshochzeit den Anstoß für dieses Vorhaben.

Wir kümmerten uns nicht nur um die Organisation von
Hochzeitsfeiern, sondern stellten den Paaren auch Rechts-
anwälte vor, die sich für die notarielle Beglaubigung der Ehe
einsetzten. Obwohl es rechtlich noch nicht anerkannt war,
wollten wir damit Ungerechtigkeiten so gut es ging vermeiden. Außerdem boten wir in Zusammenarbeit mit dement-
sprechenden Firmen Lebensversicherungen, Immobilien und
Beratung bei Todesfällen des Partners an. Daneben veranstalteten wir auch Events und Workshops.

Ursprünglich war ich in einer normalen Firma als Kauf-
mann angestellt. Dort war ich mit engstirnigen Einstellungen konfrontiert. Mir wurde oft gesagt, ich solle mich männlicher verhalten, obwohl das nichts mit meiner Arbeit zu
tun hatte. Wie ich meine Tasche trug, wie ich saß, wie ich
redete ... »Wenn du das nicht änderst, wirst du später eine
Menge Probleme bekommen«, hatte mir mein Klassenlehrer
in der Grundschule gesagt, und mir wurde schmerzlich bewusst, dass er das damit gemeint haben musste. Auch als Erwachsener setzte mir die Last, nicht ich selbst sein zu können,
schwer zu. Ich konnte nichts dagegen tun, und mir wurde das
Label des gesellschaftlichen Außenseiters aufgedrückt. Und
als solcher verließ ich die Firma dann auch.

Nachdem ich bei der Firma aufgehört hatte, war es für

mich noch härter als während meiner Anstellung. Obwohl ich mich dort nicht wohlgefühlt hatte, machte ich meinen Selbstwert davon abhängig. Mir fehlte diese Beständigkeit und ich machte mir lange Zeit Vorwürfe. Und genau in diese Zeit fiel die Überraschungshochzeit.

Zwar konnte ich nicht leugnen, dass es für mich nach wie vor schwierig war, in dieser Welt zu leben, und dass die glücklichen Momente, die entstanden, weil ich schwul geboren worden war, von den schmerzlichen Momenten überschattet wurden. Aber trotzdem durfte ich nicht aufhören, für mein Glück zu kämpfen. Das hatten mich viele Freunde durch diese Hochzeitsfeier gelehrt.

Deshalb musste ich hungrig nach meinem Glück streben. Dann würde ich gemeinsam mit anderen Homosexuellen, oder Leuten, die zu sexuellen Minderheiten gezählt wurden, versuchen, mein eigenes Glück zu finden, und die Gesellschaft würde dann bestimmt auch etwas toleranter werden.

Ich wollte jede Person unterstützen, die nach ihrem Glück strebte. Mit diesem Gedanken hatten wir *Juerias* gegründet, und das schlug sich auch in der Unternehmensphilosophie nieder. Eri war federführend und hatte mit der von ihr vorbereiteten Überraschungshochzeit nicht nur meine Lebensweise, sondern auch meinen weiteren Lebensweg verändert.

Nach wie vor eifersüchtig

Auch nach der Überraschungshochzeit lebten Takuma und ich wie gewohnt zusammen. Streitereien und harmonische Tage wechselten sich ab. Eines Tages schrieb mir Takuma eine Nachricht, während ich arbeiten war.

»Ich werde heute bei meinen Eltern übernachten.«

»Alles klar«, antwortete ich ihm und ging heim in die leere Wohnung. Nachdem ich die Tür aufgemacht hatte, zog ich meine Schuhe aus und machte das Licht an. Ich legte eine DVD mit einer internationalen Serie ein, holte mir ein Bier und sah eine Zeit lang fern.

Ungefähr 30 Minuten danach pausierte ich die Serie, weil ich aufs Klo musste.

Ich öffnete die Tür zum Bad, und als ich das Licht anmachte, stieß ich einen Schrei aus.

Auf der Toilette, wo eigentlich niemand sein sollte, saß ein Mann. Ich fiel vor Schreck zu Boden und es dauerte ein paar Sekunden, bis ich realisierte, dass es Takuma war. Ich brauchte einen Moment, bis ich wieder einen kühlen Kopf bekam.

»Was machst du da?«

»Das war ein Test«, sagte Takuma.

»Wofür denn?«

»Ein Test, ob du einen Typen herschleppst, wenn ich nicht da bin.«

»Und, hab ich bestanden?«

»Ja, hast du!«

Takuma versuchte nicht mal mir aufzuhelfen, obwohl ich auf dem Boden lag. Die Wut, die sich in mir angestaut hatte, brach aus mir hervor.

»Was soll der Mist mit dem Test? Hör auf, so einen Scheiß abzuziehen!«

Ich steckte meine ganze Kraft in mein Kreuz, um endlich wieder aufzustehen, und sprang auf Takuma zu. Ich schrie ihn an und schlug auf sein Gesicht und seinen Körper ein.

»Was soll (*Drisch*) dieser Test?! (*Watsch*) Hör auf (*Drisch*) so einen Scheiß (*Watsch*) abzuziehen! (*Watsch*) Du Arsch! (*Batsch*)«

Takuma bewegte sich nicht, als ich auf ihn einschlug. Ich konnte mich nicht beruhigen. Wieso verstand Takuma nicht, wie ich mich fühlte?

»Sie haben (*Drisch*) für dich (*Watsch*) eine Hochzeitsfeier (*Drisch*) veranstaltet! (*Watsch*) Denkst du (*Drisch*) denn nie (*Watsch*) an die anderen? (*Batsch*)«

Meine letzte Schelle traf Takumas Kopf und Kinn. Er bäumte sich plötzlich auf und schlug mir gegen die Schulter. Ich wusste nicht, ob er mich ernsthaft schlagen wollte, aber ich war total verängstigt. Schließlich hatte Takuma das doppelte meiner Körpermasse. Falls wir uns prügelten, würde ich klar den Kürzeren ziehen.

Ich lief in den Flur und griff nach den offenen Schnürsenkeln seiner Basketballschuhe. Ich wirbelte die Schuhe im Kreis und warf sie dem entgegenkommenden Takuma ins Gesicht. Sie trafen ihn am Mund, und ein wenig Blut tropfte von seinen Lippen.

»Aua ...«, sagte Takuma und wischte das Blut von seinem Mund ab. Dann starrte er mich feindselig an.

»Scheiße, der wird mich umbringen!«, dachte ich und riss die Tür auf. Mit nackten Füßen rannte ich nach draußen und floh in die Wohnung einer Arbeitskollegin, die in der Nähe wohnte. »Was ist denn passiert?«, fragte sie mich, und ich fasste die Situation kurz zusammen. An meiner Schulter, an der er mich erwischt hatte, hatte sich ein großer blauer Fleck gebildet. Als meine Kollegin das sah, meinte sie: »Egal, wer von euch schuld ist, du solltest dich telefonisch beraten lassen!« Sie wollte, dass ich mich bei der Beratungsstelle für häusliche Gewalt meldete, welche von einem Frauencenter betrieben wurde. Sie rief für mich dort an und gab mir das Telefon.

»Sie sind ein Mann, richtig?«, fragte die Frau von der Beratungsstelle.

»Genau.«

»Haben Sie von der Frau, mit der Sie zusammen sind, häusliche Gewalt erfahren?«

»Ich bin in einer schwulen Partnerschaft. Ich bin mir nicht sicher, ob das als häusliche Gewalt gilt, aber meine Freundin meinte, ich sollte mich zumindest beraten lassen.«

»Sie sind schwul ... Verstehe. Es tut mir wirklich leid, aber diese Beratungsstelle ist nur für Frauen.«

»Oh, ach so. Alles klar. Bitte entschuldigen Sie!«

Natürlich. In unserer Gesellschaft waren Menschen wie ich praktisch nicht existent.

Meine Kollegin wollte mich bei sich übernachten lassen, aber als ich an Takuma dachte, der alleine in der Wohnung war, tat er mir leid und ich machte mir Sorgen um ihn.

Ich lieh mir Sandalen von ihr und kehrte zu Takuma zurück. Als ich zu Hause ankam, saß er mit deprimierter Miene auf dem Bett.

»Sorry.« Takuma entschuldigte sich als Erster.

»Mir tut's auch leid ... Alles okay mit deinem Mund?«

»Ja, war nur eine kleine Wunde. Ist schon wieder gut.«

»An meiner Schulter ist auch nur ein blauer Fleck.«

»Echt, ein blauer Fleck? Tut mir leid.«

Wir umarmten uns und glaubten fest daran, dass wir einander wirklich liebten. Aber unser Zusammenleben wollte einfach nicht rund laufen.

Wir prallten schon wegen Kleinigkeiten einander und zerstörten uns, dann merkten wir, wie wichtig wir einander waren, bevor das Ganze wieder von vorne losging. Das wiederholte sich wieder und wieder. Wir liebten uns und wurden deswegen eifersüchtig oder regten uns über diese Eifersucht auf. Ich glaubte zu dem Zeitpunkt immer noch daran, dass wir so weiterleben könnten.

Übrigens leite ich momentan im gleichen Bezirk eine Organisation namens *LGBT Community Edogawa* mit meinem Mann zusammen. Dort kann man sich unabhängig des Geschlechts oder der sexuellen Orientierung Beratung einholen. Ich habe auch selbst einmal bei dem vom Bezirk betriebenen Beratungscenter zur Unterstützung für Gewalt vom Ehepartner angerufen.

»Entschuldigung, ich wollte fragen, ob Sie auch Beratungen für häusliche Gewalt bei gleichgeschlechtlichen Paaren durchführen?«

»Was meinen Sie mit gleichgeschlechtlich?«

»Menschen des gleichen Geschlechts. Es geht um ein schwules Paar.«

»Ja, das machen wir!«

Die Person von der Beratungsstelle war sich vermutlich unsicher, ob sie mich richtig verstanden hatte. Für sie war es offenbar eine schwere Aufgabe, die Situation richtig zu erfassen. Deswegen empfehle ich, direkt offen zu sagen, dass man schwul ist, um Missverständnisse zu vermeiden.

Liebe im Wandel

Ein Jahr nachdem meine Freunde die Überraschungshochzeit für Takuma und mich veranstaltet hatten, bemerkte ich, dass sich Takuma seltsam verhielt.

Er hatte schon immer ein Faible für Alkohol, aber nun trug er immer eine Flasche Whisky bei sich und nahm immer wieder Schlucke daraus. Ich vermutete, dass er den nicht trank, weil er ihn mochte, sondern um sich selbst zu quälen oder um irgendein unerwünschtes Gefühl gewaltsam mit Alkohol wegzuspülen. Er sah immer aus, als würde er sich in Gedanken verlieren, und es war für jeden sofort ersichtlich, dass es ihm nicht gut ging.

»Ist irgendwas passiert?«, fragte ich ihn, aber Takuma antwortete nur: »Ja, schon ... aber ich will nicht dran denken. Wenn ich drüber sprechen will, sag ich es.«

Ich nahm mir vor, ihn erst mal im Auge zu behalten, aber schon am Morgen veränderte sich die Situation.

Als ich aufwachte, starrte Takuma den Futon an, auf dem er geschlafen hatte.

»Was ist los?«, fragte ich, doch als ich seinem Blick folgte, sah ich, dass sein Futon nass war. Er hatte anscheinend nachts eingenässt. Ich war erst beunruhigt, aber dann fiel mir ein, dass es nicht in Takumas Sinne wäre, wenn ich die Sache gleich so ernst nähme. Ich beließ es bei einem »Du hast wohl über den Durst getrunken«. Ich verabschiedete Takuma zur Arbeit und bevor ich selbst losmusste, wusch ich den Futon und hängte ihn im Badezimmer auf. Was lag ihm wohl auf dem Herzen? Natürlich belastete ihn etwas, aber vielleicht hatte er wirklich nur ins Bett gemacht, weil er zu viel getrunken hatte. Aber auch am nächsten Tag und dem Tag danach nässte er wieder ein.

Was ging nur in ihm vor?

»Du hast wieder ins Bett gemacht. Ich weiß nicht, was vorgefallen ist, aber lass dich doch mal in einer psychosomatischen Klinik durchchecken. Ich komm auch mit.«

Ich wollte nicht an seinem Stolz kratzen, also sagte ich es so heiter und nonchalant wie möglich, aber er war davon trotzdem gekränkt.

»Behandle mich nicht wie einen Kranken!«

»Aber das muss doch bestimmt schlimm für dich sein, immer wieder ins Bett zu nässen.«

»Ich hab einfach zu viel gebechert.«

»Wenn ich zu viel trinke, kann es mal passieren, dass ich während des Schlafens kotze, aber ich mach mir da nicht in die Hose.«

»Ich weiß ja, dass es nicht normal ist!«

»Dann lass dich doch durchchecken.«

»Keinen Fuß setze ich in so eine Klinik!«

»Wieso? Ich glaub, du kannst einfach sagen, dass du Sorgen hast und ins Bett machst, also hättest du gerne Medizin dagegen.«

Ich wusste, wieso Takuma nicht in die Klinik wollte. Und es lag nicht daran, dass er solch eine Klinik für seltsam hielt. Er hatte Angst, dass dort rauskommen könnte, dass er schwul war. Und meistens war das für die Leute, die das geheim halten wollten, das Fürchterlichste, was sie sich vorstellen konnten.

Ich hatte mich genauso gefühlt, als mich Hasegawa zu meiner Oberschulzeit mit ins Krankenhaus nehmen wollte. Deshalb war mir schmerzlich bewusst, wie er sich fühlte.

Am nächsten Morgen war der Futon wieder nass. Ich überlegte, ihn selbst zur Klinik zu schleppen, wenn es sein musste, aber bei seiner Größe war mir das unmöglich. Wir landeten im Gespräch bei der Option, zur Urologie zu gehen, und so brachen wir dorthin auf.

Betrübt schleppte sich Takuma aus dem Sprechzimmer.

»Ich soll auch mal bei der Psychosomatik vorbeischauen. Aber ich will da nicht hin. Ich hab Medikamente bekommen und werd's erst mal damit probieren und gucken, wie's läuft.«

Auf dem Rückweg war Takuma viel stiller als sonst. Als wir zu Hause ankamen, rückte er endlich mit der Sprache raus.

»Würdest du dir anhören, was mir neulich passiert ist?«

»Ja, natürlich!«

»Da war eine Party von Klassenkameraden aus der Schule, zu der ich gegangen bin. Weißt du noch?«

»Ja, du meintest, du gehst mit Freunden was trinken.«

»Wir waren alle recht dicke miteinander. Insgesamt so zehn Leute. Wir sind danach auch noch zum Karaoke gegangen, und da bin ich kurz aufs Klo. Aber als ich zurückkam ...«

Takuma sah traurig aus und rang damit, die richtigen Worte zu finden.

»Als ich vom Klo zurückkam, hatten die sich mein Handy geschnappt und meinten: ›Takuma, du bist ja ein Homo!‹ Ich wollte das gleich abwenden und sagte: ›Nein, wie kommt ihr darauf?‹ Ich versuchte, es mit einem Lachen zu überspielen, aber sie blieben hartnäckig. ›Sag die Wahrheit. Du bist doch ein Homo!‹ Ich wollte wissen, was sie da auf meinem Handy gesehen hatten, und bin noch mal aufs Klo, um mir das anzusehen. Sie haben unsere Nachrichten gelesen ... Ich dachte echt, ich kann einpacken.«

»Wie schrecklich ...«

»Aber danach bin ich zurück zu unserem Karaoke-Raum und als ich ankam ... war niemand mehr da.«

»Was? Haben sie dich sitzen lassen und sind weitergezogen?«

»Ja. Ich hab dann bei denen durchgeklingelt, aber niemand ging ran. Als dann endlich mal wer abnahm, meinte der ›Was geht'n bei dir, Homo? Wir sind am Bahnhof, also sieh zu, dass du schnell herkommst!‹ Ich bin dann schnell zum Bahnhof, aber als ich ankam, war keiner mehr da.«

»Was soll denn das bitte? Hattet ihr danach noch mal Kontakt?«

»Nein, gar nicht mehr ... Ich weiß nicht, was ich tun soll. Wenn sich das Gerücht verbreitet, dass ich schwul bin, dann halt ich das nicht aus ... Ich komm gar nicht mehr klar ...«

Takuma ließ die Schultern hängen und leerte seinen Whisky.

Für Takuma, der bisher niemandem erzählt hatte, dass er schwul war, war dieser Zwischenfall ein heftiger Schock. Mein Herz schmerzte aus Mitleid für ihn.

Aber was für Freunde waren das, die ihn beleidigten und ihn verließen, während er auf der Toilette war? Wie im Kindergarten. Die zehn waren alle erwachsen und nicht einer hatte sich erbarmt zu sagen, dass sie auf Takuma warten sollten, dass sie ihn nicht sitzen lassen sollten, oder dass man so was nicht sagen sollte. Ich zweifelte am Verstand dieser Leute. Mir war nicht geheuer, dass Takuma solche Menschen Freunde nannte. Ich konnte es kaum fassen, und verzeihen konnte ich ihnen das auch nur schwer.

Und ihretwegen musste Takuma jetzt mit der Angst leben, dass sich rumsprach, dass er schwul war – gepaart mit der Trauer, dass ihn seine geliebten Freunde im Stich gelassen hatten.

Wenn Asami bei meinem Outing »Du bist ein Homo? Bah, ekelhaft!« gesagt und mich verlassen hätte, wäre es mir bestimmt leichtgefallen, meinem Leben ein Ende zu setzen.

Und diese Katastrophe war Takuma zugestoßen. Wenn es beim Bettnässen blieb, wäre das noch ein Erfolg.

Ich konnte mich kaum halten, wenn ich daran dachte, wie Takuma sich fühlen musste. Ich wollte alle, die dabei gewesen waren, zusammenpferchen und in einen Raum setzen. Ich wollte sie die Angst und Erniedrigung spüren lassen, die Takuma durchgemacht hatte. Und sie dazu bringen, sich anständig bei Takuma zu entschuldigen.

»Damit dürfen die nicht durchkommen ... Hältst du die immer noch für deine Freunde? Auf solche Freunde kannst du doch verzichten!«

»Für mich sind sie immer noch wichtig.«

»Dann ruf sie doch an und hol sie her. Wenn sie wirklich deine Freunde sind, lassen sie sich das doch erklären! Und wenn sie mich treffen, würde ich so etwas sagen wie: ›Ja, ich bin Takumas Freund, habt ihr ein Problem damit?‹ Und wenn sie trotzdem schlecht über dich reden, dann werde ich deren Leben auf den Kopf stellen, egal wie! Sie werden dafür bezahlen, dass sie dir so viel Leid angetan haben!«

»Ich bitte dich, Ryousuke, lass das ... Das macht alles nur noch komplizierter.«

Mit dieser Antwort hatte ich gerechnet. Und Takuma hatte recht. Es war keine gute Lösung für ihn, wenn ich da auch noch mitmischte. Dieses Problem betraf ihn selbst, ein Auftritt von mir war nicht vorgesehen. Ich konnte nur abwarten und Tee trinken. Es war überaus frustrierend.

»Okay, ich werde gar nichts tun. Ich rede auch nicht mehr schlecht über deine Freunde. Aber eine Sache muss ich noch loswerden. Selbst wenn der schlimmste Fall eintritt, selbst wenn du alle deine Freunde verlierst, ich werde an deiner Seite sein. Ich stehe hinter dir, und alle meine Freunde auch.«

Ich hoffte, das würde Takuma etwas Sicherheit geben. Ich wollte seinen Schmerz zumindest ein wenig lindern. Aber das, was er tatsächlich dachte, überstieg meine Vorstellungskraft. Er hielt seinen Kopf zwischen den Händen.

»Ich bin schuld, weil ich schwul bin ... Ich will normal sein ...«

Ich war erschüttert. Mir hatte es die Sprache verschlagen, aber Takuma redete weiter.

»Ich habe die ganze Zeit schon dran gedacht, dass ich versuchen sollte, mich in Frauen zu verlieben. Vielleicht kann ich dann normal sein ... So könnte ich sicher glücklich werden.«

Wollte er damit sagen, dass die Beziehung mit mir der Grund war, warum er verletzt worden war? Als hätte ich ihn unglücklich gemacht. Ja, seine Freunde hätten die Nachrichten zwischen uns nicht lesen können, wenn wir kein Paar gewesen wären – und dann wäre vielleicht auch nicht herausgekommen, dass er schwul war.

Musste ich mich jetzt von ihm trennen, damit Takuma versuchen konnte, sich in Frauen zu verlieben? Wofür hatte ich mir die ganze Zeit Arme und Beine ausgerissen? Ich wusste, dass es nichts mehr gab, womit ich ihn hätte umstimmen können. Egal, wie weh es tat, ich spürte, dass es darauf hinauslaufen würde, ihn zu verlassen.

»Es gibt keinen Schwulen, der sich antrainieren kann, Frauen zu lieben. Aber wenn du denkst, dass du damit glücklich wirst, meinetwegen. Ich glaube nicht, dass das was bringt, aber wenn du es versuchst, wer weiß, was dann passiert? Fein, trennen wir uns halt.«

»Ich hab das ernst gemeint, klar?«

»Ja, und ich mein das auch ernst! Wir haben beide unser Bestes gegeben. Und wir hatten eine unglaublich schöne Zeit.«

Ein paar Tage später hatte Takuma seine Sachen zusammengepackt, die sich in unseren drei Jahren des Quasi-Zusammenlebens angesammelt hatten. Seine Tasse von den zweien, die wir mit einer großen Portion Mut beim Disneyland gekauft hatten, wickelte er vorsichtig in Zeitungspapier ein, bevor er sie in seinen Rucksack steckte. Er blätterte durch das Pärchenbuch, dass wir während unserer Beziehung ausgefüllt hatten.

»Ich werde bestimmt einsam sein. Kann ich das Buch erst mal behalten?«

»Klar, aber gib es mir, wenn wir uns irgendwann wiedersehen.«

»Okay. Ich werde es sicher verwahren.«

Er stopfte das Buch als letztes in seinen Rucksack und zog den Reißverschluss zu. Es war Zeit für den Abschied.

»Das war es also wirklich. Ryousuke, danke für alles.«

Er stand auf, den Kopf gesenkt. Er verabschiedete sich so, wie ich ihn kennengelernt hatte. Aufrichtig und mit guten Manieren. Mein geliebter Takuma.

»Danke.«

Takuma ging aus dem Flur und schloss sachte die Tür hinter sich. Je kleiner der Türspalt wurde, desto weniger sah ich sein Gesicht. Doch wir sahen uns an, bis die Tür ins Schloss fiel. Er sah aus, als wäre er den Tränen nah. Es kamen bestimmt viele Gefühle in ihm hoch. In seinen Augen sah mein Gesicht sicher ähnlich aus.

Als die Tür zu war, lauschte ich seinen Fußstapfen, wie sie in der Ferne verschwanden. Die Schritte, an die ich mich so gewöhnt hatte.

»Wenn du jetzt rausrennst, erreichst du ihn noch!«, schien mein Herz zu schreien. Aber ich konnte es nicht. Es gab keinen Grund mehr, mit dem ich ihn vom Gehen abhalten konnte. Dabei gab es noch so vieles, was ich ihm sagen wollte. Aber alles blieb ungesagt. Wenn ich es doch noch sagte, würde ich nur an meinen Tränen vergehen und leiden. Daher brachte ich nicht mehr als »danke« hervor.

Die Realität traf mich mit voller Wucht

Nachdem Takuma mich verlassen hatte, war ich gefasster als erwartet. Ich hatte mir Sorgen gemacht, was aus mir werden würde, wenn er weg war, aber die Trauer darüber, dass er mich verlassen hatte, wollte einfach nicht einsetzen.

Auch jetzt noch dachte ich, dass er jederzeit wütend mit »Ryousuke! Mann, warum meldest du dich denn gar nicht?« die Tür zum Flur aufreißen könnte.

Allerdings gab es eine Sache, die ich nicht auf die lange Bank schieben konnte. Ich musste den Freunden, die unsere Überraschungshochzeit organisiert hatten, von der Trennung erzählen. Ich fühlte mich schlecht, als hätte ich die Menschen betrogen, die uns so beglückwünscht hatten. Eri und Asami machten sich Sorgen um mich, als ich ihnen Bescheid sagte, und kamen direkt angerannt.

»Ich hab Alkohol besorgt! In solchen Zeiten muss man einfach trinken. Jawohl!«, sagte Asami.

Nachdem Ishi sie verlassen hatte, war sie zur Säuferin geworden und hatte noch dazu mit Rauchen angefangen. Als wäre sie zu so einem alten Herren mutiert. Wir lachten viel darüber.

»Asami, du benimmst dich wie so 'n alter Mann.«

»Ach, sei still. Hier, trink das.«

»Danke.«

Eri trank ihr Glas in einem Zug aus. »Aber jetzt erzähl mal, Ryo. Kommst du klar?«

»Ja, ich steck das erstaunlich gut weg. Ich fühl mich sogar irgendwie befreit! Aber mir tut es leid, dass es jetzt so geendet ist, nachdem ihr extra die Überraschungshochzeit für uns organisiert habt.«

»Ich wusste, dass du damit kommen würdest, aber das ist echt nicht schlimm! Wir haben das ja durchgezogen, ohne dich zu fragen.«

»Schwester Asami, bitte sprich mich von meinen Sünden frei ...«

»Nur Gott kann darüber urteilen. Hoch die Tassen!«

Ich war so glücklich darüber, dass ich Freunde hatte, die sofort zusammenkamen, wenn jemandem etwas passierte. Aber wie war es für Takuma? Soweit ich wusste, hatte er niemanden. Ich erzählte den beiden davon, was seine Freunde bei ihm abgezogen hatten.

»Alter ... So benehmen sich doch keine Freunde!«

»Oh Mann, das war bestimmt hart für ihn ...«

Eri empörte sich und Asami fühlte mit Takuma mit.

»Und für dich, der das mitansehen musste, war es sicher auch schlimm!«

Sobald ich es den beiden erklärte, konnten sie meine Gefühle komplett nachvollziehen. Freunde waren wirklich wie Engel. Da fiel mir eine Sache auf – weder Asami noch Eri hatten eine Beziehung. Wir waren alle drei Single.

»Wer von uns wird zuerst einen Freund haben?«, fragte ich. »Asami, was sagst du?«

»Ich glaub, du wirst zuerst jemanden finden. Sobald du Lust hast, was Neues zu versuchen!«

»Ich glaub das auch«, stimmte Eri zu.

»Und ich«, sagte ich, »glaub das ehrlich gesagt auch!«

Der Abend mit Eri und Asami machte mächtig Spaß, aber nachdem die beiden weg waren, fühlte ich mich irgendwie einsam. Das gewohnte Zimmer, das gewohnte Bad, das gewohnte Bett – es fühlte sich an, als würde irgendetwas fehlen. Und es war kälter.

Ich fragte mich, ob Takuma es inzwischen bereute, sich von mir getrennt zu haben. Ob er in seiner Heimat immer noch ins Bett machte. Wenn ich daran dachte, machte ich mir Sorgen um ihn.

Die drei Monate nach Takumas Auszug vergingen wie im Flug. Aber obwohl so viel Zeit vergangen war, fühlte es sich für mich immer noch nicht real an. Was sich nicht real anfühlte? Dass Takuma mich verlassen hatte. Auch wenn angeblich drei Monate verstrichen waren, erinnerte ich mich nicht mal daran, was ich in der Zeit so gemacht hatte. Das Leben an sich fühlte sich für mich nicht real an. Und da ich die Trennung noch nicht richtig spürte, konnte ich weder Trauer und Schmerz noch Einsamkeit, aber irgendwie auch nichts anderes mehr fühlen.

Eines Tages wollte ich mit Freunden shoppen gehen und stieg in den Bus, der mich zu unserem Treffpunkt brachte. Trotz dieses Vorhabens war es für mich ein gewöhnlicher, leerer Tag, und auch dieser würde wieder an mir vorbeiziehen, als wäre an ihm gar nichts passiert. Ich hatte mich auf einen Platz hinten im Bus gesetzt und starrte verträumt aus dem Fenster.

In der Ferne konnte man das Schloss des Disneylands

sehen. Just in diesem Moment sprudelten Erinnerungen an Takuma in mir hervor. Gleichzeitig schmerzte mein Herz so sehr, als würde es jemand zerquetschen, und Tränen kullerten aus meinen Augen. Ich brauchte einen Moment, bis ich begriff, was gerade in mir vorging.

Es waren all die Erinnerungen daran, wie wir zusammen gelacht, uns gestritten, uns verletzt hatten ... Auch die an meinen Geburtstag, als wir endlich zusammen ins Disneyland gegangen waren, und Takuma Angst gehabt hatte, dass jemand merken könnte, dass er schwul war. Mein Traum, mit ihm händchenhaltend durch den Park zu spazieren, war unerfüllt geblieben – wir hatten einen Meter Abstand voneinander halten müssen.

War Takuma glücklich gewesen, als er mit mir zusammen war? Als Freund wollte ich ihm zwar Schutz bieten, habe ihn aber sicher auch oft verletzt.

»Es tut mir so leid. Ich habe dich wirklich geliebt.«

Ich saß im Bus und wischte mir Rotz und Tränen aus dem Gesicht. Oh, mein Herz tat so weh. Der Kummer meines gebrochenen Herzens traf mich mit dreimonatiger Verspätung. Ich wandte mich zum Märchenschloss um. *Ich glaube, bald bin ich bereit, weiterzugehen. Die Realität ist bestimmt gar nicht so schlimm ...*

Ja, ich hatte mich vor der Realität gedrückt! Vor der Wahrheit, dass Takuma mich verlassen hatte. Dass seitdem nichts mehr real wirkte und ich mich so seltsam fühlte, war vielleicht ein Abwehrmechanismus meines Herzens. Takuma würde nicht mehr zurückkehren. Auch wenn es hart war, musste ich diese Realität irgendwann akzeptieren – das lehrte mich das Schloss aus dem Märchenland. Und nun konnte ich es endlich akzeptieren.

Takuma. Ich werde nach vorne schauen! Ich glaube nicht, dass ich schon in den Vergnügungspark gehen kann, in dem noch so viele Erinnerungen mit dir stecken, aber irgendwann werde ich ein neues Glück finden, und mit meiner neuen Liebe dieses Schloss mit vielen Erinnerungen füllen! Und ich hoffe, du denkst nicht mehr daran, dass du mich verletzt hast ... Ich wünsche mir, dass auch du glücklich wirst. Wirklich ...

»Alles klar!«, sagte ich und blickte weiter mit triefender Nase zum Schloss. Dass ich weinte, störte die anderen Fahrgäste vielleicht, aber in dem Moment scherte ich mich überhaupt nicht darum.

Egal, was die anderen von mir halten mochten, ich fühlte mich seit Langem mal wieder lebendig!

Als ich aus dem Bus stieg, fühlte es sich so an, als hätte ein neues Leben begonnen. Ich war überrascht darüber, dass das schöne Wetter sich so gut anfühlte. Davon hatte ich überhaupt nichts gemerkt, als ich in den Bus gestiegen war. Nachdem Takuma mich verlassen hatte, hatte ich die Welt nur noch wie durch trübes Glas wahrgenommen.

Jetzt brach ich erneut auf und ging meinem Glück entgegen.

Der Harley-Davidson-Fan

Es war einige Monate her, dass ich vom Märchenschloss mit der Realität konfrontiert worden war. Nun machte ich mich auf die Suche nach einem neuen Freund. Ein halbes Jahr nach meiner Trennung mit Takuma. Ich war schon kurz davor aufzugeben, jemals einen Besseren als Takuma zu finden, doch dann tauchte er plötzlich auf: Yuta.

Wir hatten uns über das Internet kennengelernt. Er stammte aus der Kansai-Region, war genauso alt wie ich und 183 cm groß. Sein Gesicht erinnerte mich an Isao Kondo aus einem Science-Fiction-Anime, nur ein bisschen runder. Er hatte etwas Schelmisches an sich, und die Aura eines malerischen Helden. Seine Körpergröße war für mich mit 178 cm perfekt, um mich für Küsse auf Zehenspitzen stellen zu müssen. Meine vorherigen Beziehungen waren alle mit Männern gewesen, die kleiner waren als ich, und ich hatte mich immer danach gesehnt, mich nach einem Kuss recken zu müssen.

Als wir einmal nachts die Straße entlangliefen, war von Weitem ein Motorrad zu hören.

Für mich war es nicht mehr als Lärm, aber Yuta spitzte die Ohren, wenn ein Motorrad zu hören war, und erzählte mir begeistert davon.

»Das war der Motor einer Harley! Klang voll anders als der davor! Harleys klingen einfach besser!« Seine Augen glänzten vor Freude, wenn er mir davon erzählte. Ich hatte keinen Plan, aber ich fand Yuta so süß, wie er so leidenschaftlich versuchte, mir das zu erklären.

Draußen gingen wir mit etwas Abstand voneinander umher. Er wollte nicht, dass rauskam, dass er schwul war, und so hielten wir eine gewisse Distanz zwischen uns. Aber sobald wir in meine Wohnung kamen, brach seine unterdrückte Leidenschaft hervor.

Ich steckte den Schlüssel in die Tür, machte sie auf, und Yuta folgte mir in den Flur.

Kaum war die Tür mit einem *Klonk* ins Schloss gefallen, drückte mich Yuta gegen die Tür und küsste mich leidenschaftlich.

Während ich an die Tür wurde und Yutas Küsse erwiderte, zog ich mit einer Hand meine Schuhe aus, und der große Yuta legte seine Arme sanft um meinen Hals.

Er führte mich in dieser Haltung aufs Bett, beugte sich über mich, und küsste mich abermals.

Yutas sanfte, heiße Küsse schienen mich komplett zu umhüllen, als ob ich in seinen Armen schmelzen würde. Ich hatte keine Ahnung, dass sich Küsse dermaßen gut anfühlen konnten. Mehr als das brauchte ich nicht. Solange ich seine Küsse hatte, konnte ich weiterleben. Er zog meine Hose runter und streichelte meine Oberschenkel, während er mich weiter küsste.

»Deine Härchen sind so dünn. Wie weich und glatt sich das anfühlt, so niedlich ...«

»Danke. Küssen wir uns noch 100 Mal«, sagte ich zu Yuta, »dann können wir schlafen.«

»Passt. Das ist jetzt der 68. Kuss, also ... kommen noch 32.«

»Du könntest Mathelehrer werden. Aber die 100 zählen erst ab jetzt ... Also noch 99!«

»Tja, also dann ...«

Yuta stützte seine Hände links und rechts neben mein Gesicht und machte über mir Liegestütze. Jedes Mal, wenn er mich erreichte, küsste er mich.

»Eins! Zwei! Drei!«

»Nein! Nicht solche Küsse, sondern welche wie vorhin!«

»Okay ... Du bist ganz schön fordernd.«

Wir küssten uns wieder.

»Wann ... zählen wir es denn ... als einen Kuss ... ich komm nicht mit ...«

»Das zählt als ein Kuss!«, sagte ich.

»Das war nur einer? Ich dachte, das waren schon zehn.«

»Dann küssen wir uns halt, bis wir einschlafen!«

»Okay ...«

Ich war Yuta komplett verfallen. Er erzählte mir von seinen Träumen. Irgendwann wollte er ein eigenes Geschäft führen, spezialisiert auf Harleys und ihre Instandhaltung. Wenn er genug Geld gespart hatte, würde er seinen momentanen Job an den Nagel hängen und an eine Fachhochschule für Motorräder gehen. Als ich davon erfuhr, fantasierte ich mir meine Zukunft dazu. Ich wäre der Ehemann des Besitzers eines Harley-Spezialgeschäfts! Natürlich wäre dieser Besitzer Yuta. Im Erdgeschoss wäre der Betrieb, im ersten Stock unser Wohnraum. Er stellte ein paar Mechaniker an, und zur Mittagspause würde ich allen Essen machen und es hinunter in das Geschäft bringen.

»Gute Arbeit! Hier ist euer Mittagessen. Denkt dran, vorher eure Hände zu waschen!«, sagte ich in meiner Fantasie. Als ich Yuta davon erzählte, lachte er. »Du denkst schon viel zu weit!«

Mein Verhältnis mit Yuta blieb noch eine Weile so. Er schien jemand zu sein, der sich erst mal Zeit ließ, bevor er mit jemandem zusammenkam.

Als Yuta sagte, er würde mit seinen Bikerfreunden eine Reise machen, bastelte ich einen Talisman für ihn. Er war aus Filz und ich nähte Wünsche für eine sichere Fahrt ein.

Dass Yuta Motorräder mochte, war zwar attraktiv, aber ich hielt den Gedanken nicht aus, dass ihm etwas zustoßen könnte, und schwups hatte ich Nadel und Faden in der Hand.

Am nächsten Tag gingen wir in einem heruntergekommenen chinesischen Restaurant essen. Ich wollte ihm dort den Talisman überreichen, aber Yuta weigerte sich, ihn anzunehmen.

»Ich verlass mich nicht auf Glücksbringer. Und ich bau keinen Unfall, weil ich aufmerksam fahre!«

»Dass ich dir den Talisman gebe, ist für mein eigenes Seelenheil. Der trägt die Gefühle von dem, der sich verabschiedet, in sich.«

»Nein, ich will den nicht haben!«

»Wieso? Gehörst du einer Religion an, die das Tragen von selbstgemachten Glücksbringern verbietet?«

»Ne ... Aber ehrlich, Ryo, es ist so anstrengend, wie du an mir hängst. Dabei sind wir nicht mal zusammen ...«

»Dann sollten wir wohl zusammenkommen!«

»Ich möchte nicht mit so einer anstrengenden Person zusammenkommen!«

»Sorry.«

»Schon gut. Ich hab vor Kurzem 'ne Beziehung mit jemandem angefangen. Aber ich wusste nicht, wie ich das erzählen sollte, ich wollte dich ja nicht verletzen. Ich sollte mich entschuldigen.«

Er öffnete sein Klapphandy und zeigte mir den Bildschirm. Er hatte sich und seinen Freund schon als Sperrbildschirm eingestellt.

»Was, wie alt ist der?«

»Der ist Oberschüler.«

»Ein Oberschüler?«

»Er hat sich neulich zum ersten Mal aufs Schwulsein eingelassen und läuft echt jedem hinterher. Ich musste ihn einfach beschützen.«

»Ihn beschützen? Du willst doch nur mit einem Jüngeren zusammen sein! Hat der überhaupt schon Schamhaare? Aha, deswegen hast du mich gelobt, dass ich da unten so glatt bin!«

Yuta konnte darauf nichts antworten.

Ich hätte ihm am liebsten mein Glas Wasser ins Gesicht geschüttet und wäre hinausgestürmt, aber es hätte mich rasend gemacht, wenn ich wie ein Verlierer rüberkam. Stattdessen leerte ich mein Glas in einem Zug und knallte es auf den Tisch.

»Viel Glück euch beiden.«

Meine Worte trieften nur so vor Sarkasmus. Ich wünschte ihm kein Stück, dass er glücklich wurde.

Ich verließ das Restaurant, lief eine Zeitlang aufgebracht herum und dachte darüber nach, wie es für mich weitergehen würde.

Die Schwulen, die mit mir eine Liebesbeziehung eingegangen waren, standen meist eher auf Jüngere. Ich konnte das nicht so gut beschreiben, aber wenn mir ein Schwuler sagte, ich entspräche ganz seinem Typ, war damit gemeint, dass ich schlank war, einen Pony trug und niedlich wirkte. Deswegen kamen die jungen Schwulen so gut an. Aber davon sprossen jederzeit neue aus dem Boden. Ich war fast 25 und wurde in der schwulen Welt langsam in eine Ecke gedrängt. Vielleicht hatte ich mein Mindesthaltbarkeitsdatum schon überschritten. Das wurde mir sogar auch schon so ins Gesicht gesagt.

Ich wusste, dass es sinnlos war, mich zu hetzen – und trotzdem tat ich es. Vielleicht war es unvermeidlich, dass sich Yuta statt mir einen Oberschüler zum Partner genommen hatte. Wenn so junge Menschen mit mir im Ring standen, konnte ich nicht gewinnen.

Mir waren auch die schönen Dinge des Älterwerdens bewusst. Aber mir war genauso klar, dass Schwule, die auf mich standen, sich ausgesprochen oft eher Jüngere aussuchen würden. Deswegen fühlte ich mich so gehetzt.

Ich suchte einen Liebhaber, der irgendwann mal zum

Lebenspartner werden würde, aber viele Schwule wollten ihr Liebesleben eher ungezügelt genießen. Für Yuta galt das auch. Er dachte nie daran, aus einer Beziehung eine Familie zu machen, und fand mehr Spaß daran, sich mit Jüngeren zu vergnügen. Vielleicht weil er die Aussicht auf eine Heirat komplett aufgegeben hatte, als er merkte, dass er schwul war? Mir fiel kein anderer Grund ein, wieso man jüngere Schwule mir vorziehen würde. Die Jugend war eine Bedrohung für mich.

Aber ich würde einen Lebenspartner finden, koste es, was es wolle. In Japan wurde die gleichgeschlechtliche Ehe noch nicht anerkannt. Uns wurde nicht einmal die Wahl gegeben, ob wir heiraten wollten oder nicht. Die meisten führten ihren Alltag, ohne diese Prämisse zu hinterfragen. Aber wie viele andere Homosexuelle wünschte auch ich mir, die freie Wahl zu haben. Und dann wollte ich heiraten. Ich setzte eine Heirat nicht automatisch mit Glück gleich, aber ich beneidete die Vermählten sogar um ihre Problemchen mit der Verwandtschaft und den Schwiegermüttern. Ich wollte keine Ungerechtigkeiten ertragen müssen, nur weil ich schwul geboren worden war. Irgendwo musste er doch sein. *Mein Mann fürs Leben! Ich werde ihn finden!* Diese Gedanken tobten in mir, als ich herumlief.

Als ich meine Hand in die Hosentasche steckte, berührte etwas meine Finger. Es war der selbstgemachte Talisman, den Yuta verschmäht hatte. Mittlerweile konnte ich ihn mit kühlem Kopf betrachten. Der Talisman selbst hatte mir schließlich nichts getan. Eher widerte es mich an, dass ich mir die Mühe gemacht hatte, ihn zu basteln. Ich schmiss ihn in eine Mülltonne am Straßenrand und lief zum Bahnhof.

6. Kapitel – Gehetzt, gerannt, gestürzt, aufgestanden

Der Freund des Mitbewohners meines Freundes ...

Ich trauerte Yuta nicht hinterher. Als ich erfuhr, dass er etwas mit einem Oberschüler angefangen hatte, hatte sich meine Liebe für ihn auf einen Schlag in Abneigung verwandelt.

Ich konnte mir vorstellen, dass Yuta immer auf Jüngere stehen würde, egal, wie alt er wurde. Aber auch sein jetziger Freund wäre irgendwann kein Oberschüler mehr, sondern zwanzig und würde danach auf die dreißig zugehen. Und dann würde sich Yuta wieder jemand Jüngeren suchen. Wenn ich dieses Szenario so weiterdachte, wurde ich aus den Leuten nicht schlau, die jüngere Partner wollten. Yuta passte auf jeden Fall nicht in mein gewünschtes Bild einer gemeinsamen Familie. Es war mir gleich, was aus ihm wurde, meinetwegen konnte er so weiterleben wie gehabt.

Ich suchte jemanden, der für den Rest meines Lebens als Partner an meiner Seite blieb.

In der Schwulenszene wurde Leuten wie mir, die Ponyträger und Bottom waren, nachgesagt, dass unsere »Haltbarkeit« sehr kurz wäre. Ich hatte viele Schwule erlebt, die in ihren Zwanzigern zwanghaft versuchten, den Kurs zu wechseln und sich nicht mehr als Bottom, sondern als Top bezeichneten, weil sie nicht mehr so gefragt waren. Aber so wollte ich nicht enden.

Auch wenn der Weg zu einer rechtlich anerkannten Heirat in dem Moment noch nicht existierte, wollte ich einen Lebenspartner suchen, mit dem ich eine so tiefe Verbundenheit entwickelte, dass wir zusammen alt werden konnten. Deswegen hielt mich nichts mehr an Yuta. Nur eine Sache hatte er mir hinterlassen: Die Küsse mit ihm wollten mir nicht mehr aus dem Kopf gehen, also suchte ich im Internet nach Schwulen, die genau die gleiche Größe hatten.

Yuta hatte mich gelehrt, wie perfekt seine 183 cm dafür waren, dass ich mich auf die Zehenspitzen stellen musste, um ihn für die Küsse zu erreichen.

So kam ich mit Ryota zusammen.

Er war blond und Chefkoch in einem italienischen Restaurant. Mit 183 cm hatte er die gleiche Körpergröße wie Yuta, aber er wirkte nicht so groß. Vielleicht, weil er so schlank war. Er war auch ein wenig jünger als ich, aber weil er so eine sanfte Art hatte, fühlte ich mich bei ihm wohlbehütet, so als würde sich ein Älterer um mich kümmern.

Als wir am Anfang unserer Beziehung waren, war jeder Tag anders. Er lebte mit seinem Freund Koichi, der natürlich auch schwul war, in einer WG. In ihrer Wohnung sammelten sich immer viele schwule Freunde von ihnen. Wir gingen zusammen in Badehäuser, machten Übernachtungspartys, tranken Alkohol, spielten Spiele und stellten die Verlierer zur Strafe bloß. Es war, als würden wir unsere Jugend zurückerobern. Ich hatte noch nie so viel Spaß. Jeder Abend wurde zur Fete.

Koichi, der Mitbewohner, war genauso alt wie ich. Er hatte zwar einen Partner, Hiroki, aber die Beziehung war offen und Koichi hatte viele Fuckbuddys. Es dauerte nicht lange, bis er sich auch für mich interessierte.

Einmal, als wir zwei Pärchen – also Ryota und ich, und Koichi und Hiroki – zusammen aßen, merkte ich, dass Hiroki mich, selbst wenn Ryota dabei war, anmachte.

Die Zeit verging wie im Flug und schon war ich zwei Monate mit Ryota zusammen.

Hiroki wohnte in meiner Nähe, und so holte er mich eines Freitagabends mit dem Auto ab, damit wir zu Ryota und Koichi fahren konnten.

Er war sonst kein Mann vieler Worte, aber diesen Abend redete er auf der Fahrt viel mit mir.

»Ich finde dich wirklich niedlich, Ryousuke. Ich konnte meinen Augen nicht trauen, als ich dich das erste Mal sah. Ich konnte dich gar nicht direkt ansehen.«

»Koichi ist doch auch süß.«

»Koichi kann da nicht mithalten. Er treibt's mit so vielen Typen und geht mir so oft fremd, da hätte ich lieber dich.«

»Ich dachte, ihr führt eine offene Beziehung?«

»Nicht, wenn's nach mir ginge.«

»Echt? Hast du ihm auch gesagt, dass du das nicht willst?«

»Ist doch egal. Bist du denn mit Ryota glücklich?«

»Ich hadere da ehrlich gesagt gerade mit mir. Er ist ein guter Mensch und ich bin gerne mit ihm zusammen, aber ich kann mir keine Zukunft mit ihm vorstellen. In eurer Wohnung sammeln sich immer so viele Schwule, die ich mag und mit denen ich mich gut verstehe, aber ich weiß nicht – mag ich Ryota, oder sein Umfeld? Ich suche einen Partner fürs Leben. Ich habe jetzt zwar viel Spaß, aber ich will Liebe, die über zusammen Spaß haben hinausgeht. Sollte ich mich besser von Ryota trennen?«

»Ich fänd das gut.«

»Aber wenn ich mich von ihm trenne, werde ich dich, Koichi, und die anderen Freunde, die sich immer bei ihnen versammeln, nicht mehr treffen können. Das wäre so traurig. Ich weiß nicht, ob ich das schaffe ...«

»Ich werd mich von Koichi trennen. Ich mag dich sehr und werde dich glücklich machen, wenn du dich von Ryota trennst.«

»Aber wenn wir dann zusammenkommen, wirkt das doch so, als hätte ich Ryota betrogen und Koichi den Partner weggeschnappt. Das wäre übel, egal, wie man es dreht und wendet. Also du kannst dich natürlich gern von Koichi trennen, wenn du willst, aber ich muss mir die Sache noch durch den Kopf gehen lassen.«

Wir gingen in die WG, in der unsere Partner lebten, und dann in ihre jeweiligen Zimmer. Aber meine Aufmerksamkeit war nicht bei Ryota, sondern hing noch an Hiroki.

Am nächsten Tag wollte mich Hiroki wieder nach Hause fahren. In der Zeit, in der ich mit Ryota zusammen gewesen war, hatte ich nur an Hiroki gedacht, und ich war nervös, weil er mit Koichi vielleicht über eine Trennung geredet hatte.

Als ich am Morgen in das Wohnzimmer kam, sah es nicht danach aus, als ob sich Hiroki und Koichi getrennt hätten.

Am Abend brachte mich Hiroki wie versprochen nach Hause. Er kam mit zu mir und wir taten es. Ich hatte keine Ausrede dafür. Als ich geduscht hatte und zurück in das Zimmer kam, sagte Hiroki Folgendes:

»Wir sollten uns von Ryota und Koichi trennen und dann zusammenkommen. Ich werde mich anständig bei meinen Eltern outen und will ihnen dich als meinen Partner vorstellen. Ich denke, das mit dir würden meine Eltern akzeptieren.«

»Okay. Da es schon so weit gekommen ist, werde ich mit Ryota Schluss machen.«

»Alles klar. Lass uns zurück in die WG fahren und mit ihnen reden.«

Hiroki rief Koichi sofort an und sagte ihm, dass wir mit ihm und Ryota reden müssten und daher noch mal vorbeikommen würden. Mir wurde fast schlecht, so sehr taten mir Ryota und Koichi leid.

Als wir dann in der WG ankamen, redete ich erst mal mit Ryota. Ich eröffnete ihm, dass ich mich von ihm trennen wollte und dass ich was mit Hiroki angefangen hatte. Ich hatte mich nur wegen seiner Körpergröße für eine Beziehung mit Ryota entschieden.

»Mit Hiroki?« Ryota war zwar überrascht, sagte aber: »Wenn du dich in ihn verliebt hast, dann ist das halt so.« Ich war darauf vorbereitet, dass ich in eine Schlacht ziehen müsste, und sehr dankbar für seine Nachsicht.

Als ich von Ryotas Zimmer in Koichis Zimmer ging, war Hiroki aufgebracht. Er trat gegen eine Wand und schrie: »Du hast mich doch eh die ganze Zeit betrogen!« Ich wollte ihm sagen, dass er sich beruhigen solle, aber da ergriff er meinen Arm und zog mich mit. »Ryousuke, wir gehen! Schnell raus aus dieser Wohnung!«

Ich entschuldigte mich bei Koichi. »Koichi, es tut mir leid ...«

»Du musst dich nicht entschuldigen. War nur eine Frage der Zeit, bis wir uns trennen. Ich glaube auch nicht, dass du ihn mir weggeschnappt hast. Wenn Ryota dir verzeihen kann, dann passt das schon. Aber komm mal wieder vorbei und häng mit uns ab.«

Auch Koichi behielt einen kühlen Kopf. Hiroki war der Einzige, der dermaßen aufgewühlt war.

Und so endete meine kurze Beziehung mit Ryota und ich kam mit Hiroki zusammen, dem Ex seines Mitbewohners Koichi. Konnten wir unser Glück finden, auch wenn unsere Beziehung so einen holprigen Start gehabt hatte?

Wohnungssuche als schwules Paar

Der Anlass, der Hiroki und mich zusammengebracht hatte, war keineswegs ein guter. Ich hatte Ryota betrogen und Koichi seinen Freund Hiroki weggeschnappt. Und von Hiroki konnte man das Gleiche sagen.

Auch jetzt noch, wenn ich diesen Text schreibe, lese und neu schreibe, denke ich daran, was für ein Abschaum ich damals war. So viel literarisches Können kann man gar nicht haben, um meine Handlungen für die Leserschaft in einem guten Licht darzustellen. Ich kann nur noch einmal betonen, dass ich mich damals unmöglich verhalten habe, aber dass ich das mittlerweile reflektiert habe. Trotz allem begannen wir eine Beziehung.

Hiroki hatte ein freundliches und unbeholfenes Wesen. Ihm taten Ryota und Koichi auch leid, also sagte er nach einer Weile »Das, was man anderen getan hat, fällt irgendwann auf einen zurück.« Es nervte mich, wie er sich immer wieder davon die Zunge wund redete, also sagte ich ihm: »Bevor du dir darüber immer solche Sorgen machst, konzentriere deine Energie lieber auf mich! Das steht wenigstens in deiner Macht!«

Kurz nachdem wir zusammengekommen waren, outete sich Hiroki bei seinen Eltern. Sie waren zwar einen Moment überrascht, aber sie liebten ihren Sohn nach wie vor und konnten es schnell akzeptieren.

Als Hiroki aber auf den Tisch brachte, dass er ihnen seinen Partner vorstellen wollte, war seine Mutter die Einzige, die sagte »Ja, ich will ihn treffen!« Sein Vater hatte keine Lust darauf, den Partner seines Sohnes kennenzulernen.

So machten Hiroki und ich uns schnell auf den Weg nach Kansai und trafen seine Mutter in einem Hotelcafé in der Nähe seines Elternhauses. Wir gingen nicht direkt zu ihnen nach Hause, weil der Vater wohl dort war.

Es war das erste Mal, dass ich die Mutter eines Partners kennenlernte, und vor Nervosität hatte ich einen ganz trockenen Hals. Ich erinnere mich nicht mal daran, worüber wir sprachen.

Hirokis Mutter hatte eine schallende Stimme, redete viel und war sehr gut gelaunt. Die Kleider, die sie trug, waren gelb und grün, eine Farbwahl, die ein glückliches Händchen für Geld bringen sollte. Ich dachte mir, dass sie wohl eine typische Kansai-Mutti war.

Egal, was seine Mutter für ein Mensch war, allein ihr vorgestellt zu werden, machte mich schon unglaublich glücklich. Mit meinen bisherigen Partnern hatte ich die Beziehung immer geheim halten müssen. Da nicht vor ihren Eltern oder Freunden hatte herauskommen sollen, dass sie schwul waren, hatte ich mit ihnen nie öffentlich auf Dates gehen können, obwohl ich selbst offen schwul war. Dass Hiroki mich seiner Mutter vorgestellt hatte und dass wir ein von ihnen anerkanntes Paar wurden, war für mich ein weiterer Schritt in Richtung meines Traums.

Leider konnte ich meinen Eltern Hiroki nicht vorstellen. Als ich mich vor meiner Mutter outete, hatte sie verlangt, dass ich nie mit meinem Partner bei ihr ankommen würde. Hiroki verstand das.

Ein paar Monate, nachdem wir zusammengekommen waren, zogen wir zusammen. Hiroki hatte das vorgeschlagen. Er übernachtete jeden Abend bei mir. Da er in der Zeit einen Parkplatz bezahlen musste und die Miete für seine Wohnung natürlich auch anfiel, überlegten wir zusammenzuziehen. Und – auch wenn ich es Hiroki nicht verriet – in meiner Wohnung hingen noch zu viele Erinnerungen an Takuma. Ich hatte eh vor umzuziehen, um nach vorne blicken zu können, und so kam die Sache schnell ins Rollen.

Wir machten uns auf die Suche nach einer Wohnung und suchten einen Immobilienmakler auf. Allerdings waren wir ein gleichgeschlechtliches Paar. In der Gegend um den Bahnhof Kasai, in der wir wohnen wollten, gab es kaum Angebote, in die auch WGs einziehen durften, und so verlangte allein die Suche viel Mühe. Wir vertrauten uns komplett den Maklern an, aber sie fanden einfach keine Wohnung für uns, und unterbreiteten uns stattdessen einen Vorschlag.

»Bitte sagen Sie nicht, dass ich Ihnen das geraten habe, aber ich könnte mir vorstellen, dass es klappen könnte, wenn Sie unter dem Namen eines Partners ein Zimmer mieten und, ohne es dem Vermieter zu sagen, den anderen als Untermieter einziehen lassen.«

Mit diesem Plan in der Hinterhand suchten wir eine Wohnung, die nur unter Hirokis Namen laufen sollte, in der ich dann als unangemeldeter Untermieter galt. Ich war es leid, als Schmarotzer betitelt zu werden, aber wir hatten keine Wahl.

Mit diesem Kompromiss konnten wir dann irgendwie eine kleine Wohnung finden, die Hirokis und mein Zuhause wurde, und wir fingen an, zusammen darin zu leben.

Die Menge an Sex, die ich mit Hiroki hatte, war nicht von schlechten Eltern. Ich hatte nicht gedacht, dass seine Libido so groß war, war aber zufrieden damit. *Wenn mein Partner es tun will, versuche ich diesem Verlangen so gut wie möglich entgegenzukommen!* war mein Motto. Aber dass Hiroki damit noch nicht alles offenbart hatte und eine noch vor mir geheim gehaltene Welt der Sexualität in ihm lauerte, erfuhr ich erst, als wir schon länger zusammenlebten.

Es war ein paar Monate, nachdem wir zusammengezogen waren. Ich fand eine Riesenmenge sexy Badehosen in einer Schublade unter dem Bett. Die Badehosen waren alle kurz, im Slip-Style, dabei war Hiroki nicht ein einziges Mal schwimmen gegangen.

Da kam die Erleuchtung. Hiroki musste einen Badehosenfetisch haben und wollte, dass ich solche Hosen trug! Es war ihm bestimmt so peinlich, dass er es nicht über die Lippen brachte. Dabei brauchte er sich da doch nicht zurückzuhalten ...

Ich zog auf der Stelle meine Kleidung aus, zog eine rote Badehose an und wartete auf dem Bett, bis Hiroki heimkam.

Ein wenig später hörte ich, wie sich die Tür zum Flur öffnete. Hiroki war wieder da.

Ich ging auf dem Bett in eine Pose, die ich für sexy hielt, und wartete darauf, dass Hiroki ins Schlafzimmer kam.

Als sich die Tür mit einem Klicken öffnete, drang ein

stummer Schrei aus seinem Mund. Dann rief er: »Was tust du da?! Sofort ausziehen, die leiert sonst aus!«

Ich verstand die Welt nicht mehr. Hatte Hiroki etwa doch keinen Badehosenfetisch und wollte nicht, dass ich sie anzog? Ich hatte ihm eine Freude machen wollen. Und was meinte er überhaupt mit »ausleiern«? Langsam wurde mir peinlich, was ich da getan hatte, und ich zog die Hose verstimmt wieder aus und meine Sachen wieder an.

Hiroki erklärte mir, dass er die Badehosen nutzte, um sich bei der Selbstbefriedigung zu erregen und sie deshalb selbst anzog. Er hatte nicht gewollt, dass ich sie anzog, ich war nur zufällig über sie gestolpert.

Er legte sich bäuchlings auf das Bett und zeigte mir, wie der Akt tatsächlich bei ihm ablief. Seine Methode strotzte vor Originalität.

Danach glaubte Hiroki, dass ich Verständnis für seinen Fetisch zeigte, und unsere nächtlichen Aktivitäten änderten sich dramatisch. Ich konnte aber bei diesen Eigenarten nicht mithalten, und dann, ein paar Monate, nachdem wir zusammengezogen waren, herrschte Flaute im Schlafzimmer. Vielleicht fühlte er sich deswegen verlassen. Ich konnte nicht wissen, dass er sich zu der Zeit bereits auf dünnem Eis bewegte.

Körperlich lief nichts mehr zwischen uns und wir stritten uns oft. Hiroki war normalerweise sehr lieb, aber jetzt fuhr er wegen kleinsten Dingen aus der Haut und ich hatte zeitweise Angst vor ihm. Hiroki mochte es, mit dem Auto herumzufahren, also nahm er mich an freien Tagen oft an verschiedene Orte mit. Von allen Reisen blieb mir die am stärksten im Kopf, die wir jedes Jahr im Frühsommer machten. Zu einem Wald, in dem Glühwürmchen hausten.

Solange es noch hell war, fingen wir am Ufer Insekten und

Fische, beobachteten Vögel und warteten geruhsam auf die Nacht. Als die Sonne unterging und die Dunkelheit einbrach, gingen wir mit einem Tourguide zusammen zu dem Ort, wo die Glühwürmchen sein sollten. Wenn wir Taschenlampen verwendeten, würden sie sich erschrecken, also drangen wir nur mit kerzenerleuchteten Laternen ausgestattet in den Wald vor. Unsere Kette aus Laternen, die sich durch den dunklen Wald zog, brachte schon ihren eigenen Charme mit sich.

Als wir am Ort ankamen, wo sich die Glühwürmchen versammeln sollten, bliesen wir die Kerzen aus und sahen uns um. Da tanzte ein einzelnes Glühwürmchen zart im Himmel.

»Oh! Hast du das gesehen?« Als ich mich mit Hiroki darüber freute, kam noch eins, und dann wieder zwei Glühwürmchen dazu, und kaum hatten wir sie bemerkt, wurden wir plötzlich von unzähligen Lichtern umkreist.

Die Bäume wiegten sich sacht über dem sanften Rauschen des Flusses, zwischen den bunten Klängen der nicht leuchtenden Insekten. Wenn ich die Ohren spitzte, konnte ich ab und an das ulkige Quaken eines Frosches hören. Sah ich in den Himmel hinauf, war da der blütenweiße Mond mit seinen in die Unendlichkeit verstreuten Sternen an der Seite, der auf uns herabschien, als würde er über uns wachen.

Als ich mit der Natur in Berührung kam, wurde mir bewusst, wie ungewöhnlich das war, was ich für alltäglich hielt. Nur drei Minuten Fußweg entfernt, leuchtete die Nacht neonfarben und man konnte zahlreiche Mini-Marts sehen. Gleichzeitig dachte ich, dass diese von Menschen geschaffene alltägliche Umgebung noch vergänglicher, noch zerbrechlicher war als das Licht der Glühwürmchen. In ihrem Streben nach Bequemlichkeit schnürten sich Menschen den Hals zu, und wenn ihnen das irgendwann auffiel, würde ihnen vielleicht klar werden, wie einmalig ein einfacher Lebensstil war. An all das dachte ich, als ich von dieser prächtigen Natur umhüllt war.

Bevor wir in den Wald gegangen waren, hatte der Tourguide uns etwas erklärt.

Und zwar, dass Genji-Leuchtkäfer (Luciola cruciata) und Heike-Glühwürmchen (Aquatica lateralis) am Ufer koexistierten und sich ihr Leuchten unterschied. Er erzählte, dass sie mit dem Leuchten Partner anlockten und sie anhand der feinen Leuchtunterschiede die Spezies erkennen konnten, sodass sie nicht zu falschen Partnern flogen.

Ich zweifelte an der Geschichte. Die Menschen nahmen einfach so an, dass sich die Glühwürmchen nie irrten. Ich war als Mann auf die Welt gekommen und verliebte mich in Männer. Das wurde von der Welt tendenziell immer noch als Fehler oder als abnormal angesehen. Sie hatte festgelegt, dass es ›normal‹ sei, wenn sich Männer in Frauen verlieben und andersherum, aber tatsächlich gab es viele Menschen wie mich, die sich nur in das gleiche Geschlecht verlieben konnten.

Also war es ebenso komisch, einfach so festzulegen, dass sich Genji-Leuchtkäfer nur in Genji-Leuchtkäfer und sich Heike-Glühwürmchen nur in Heike-Glühwürmchen verliebten. Ich fand, man könnte nicht komplett ausschließen, dass Liebe zwischen Genji-Leuchtkäfer und Heike-Glühwürmchen entstand, also fragte ich den Tourguide danach.

»Vorhin haben Sie gesagt, dass Genji-Leuchtkäfer und Heike-Glühwürmchen ihre eigene Spezies nie mit der anderen verwechseln würden, aber ist das wirklich der Fall?

Wäre es nicht wunderbar, wenn Genji-Leuchtkäfer und Heike-Glühwürmchen sich ineinander verlieben könnten?«

»Nein, kommt so nicht vor.«

In der Welt der Glühwürmchen konnte man sich anscheinend nicht in den falschen Partner verlieben.

Es wurde Herbst. Als Kind hatte ich Asthma, aber als Erwachsener stabilisierten sich die Symptome. Nur im Herbst gab es eine Zeit, in der ich schlecht atmen konnte, und in diesem Jahr litt ich unter starken Anfällen.

Am allerschlimmsten war die Einschlafphase. Wenn ich mich hinlegte, konnte ich nicht aufhören zu husten, und fing an zu schluchzen. Auch ohne Husten bekam ich nur schwer Luft, und jetzt, mit Husten, war schon das Einatmen ein Problem. Wenn er nicht aufhörte, musste ich mich übergeben, hatte wieder keine Chance einzuatmen und Tränen überströmten mein Gesicht. Während ich im Bett mit diesen Qualen kämpfte, sagte Hiroki zu mir:

»Klappe! Ich muss morgen früh raus! Wenn du so hustest, kann ich nicht schlafen!«

Ich konnte verstehen, dass der Husten nervig sein musste, und brachte meinen Futon ins Wohnzimmer. Aber dort gab es keine Heizung und selbst als ich versuchte, die Kälte mit einer Windjacke abzuhalten, war es viel zu kalt. Ich zündete den Gasherd in der Küche an und hielt meine Hände darüber, um mich aufzuwärmen, aber mein Husten wurde kein bisschen besser.

Da flog die Tür des Schlafzimmers auf, und Hiroki warf mir entgegen, ich sollte nach draußen gehen.

»Das ist so laut, ich kann nicht einschlafen! Huste doch draußen!« Und dann verschwand er wieder im Schlafzimmer.

Es musste wohl so kommen. Ich konnte endlich wieder

atmen, also ging ich raus, bis sich mein Husten beruhigt hatte. Wenn es besser wurde, würde ich zurück in die Wohnung gehen und mich ins Bett legen. Aber sobald ich mich hinlegte, würde mein Husten wieder anfangen, also müsste ich wieder draußen warten, bis er sich beruhigte. Ich hockte draußen und fror, und letztendlich blieb ich bis zum Morgen dort. Ich musste an die Glühwürmchen denken.

Glühwürmchen können sich nicht in die falschen Partner verlieben ...

Aber ich habe mich schon so oft in meinen Partnern geirrt ...

Angefangen mit meiner ersten Liebe, Tsukasa, habe ich mich so oft in die Falschen verliebt ...

Glühwürmchen quengeln nicht herum. Aber es soll so laufen, wie ich es will ...

Ich möchte eine glückliche Familie gründen, obwohl ich schwul bin. Das mag egoistisch sein ...

Kann ich glücklich werden, wenn ich weiter mit Hiroki zusammenbleibe?

Oder war es ein Fehler, Hiroki gewählt zu haben ...?

In wie viele Männer habe ich mich schon verliebt?

Und jedes Mal war es ein Fehler ...

Ich will ein Glühwürmchen werden, dass sich nie in den falschen verliebt ...

Ich liebe Hiroki. Aber Liebe allein reicht nicht ...

Ich werde mich irgendwann von Hiroki trennen, vermutlich schon bald ...

Und dann werde ich auch zu seinem Wohl die Beziehung beenden ...

Inmitten dieser qualvollen Nacht fasste ich einen Entschluss.

Perverser Speedo-Bursche

Eine Zeit lang wurden über einen Internethändler jeden Monat mehr als vier Flaschen Druckluftspray in die Wohnung geliefert. Für einen Augenblick fand ich das seltsam, aber da er Autos so liebte, ging ich davon aus, dass er es benutzte, um irgendetwas damit zu reinigen, und dachte nicht weiter darüber nach.

Aber auch davon abgesehen war Hiroki in letzter Zeit irgendwie merkwürdig. Das stellte ich nicht durch einen sechsten Sinn oder so was fest, sondern leitete es davon ab, dass ich immer wieder Zeuge seltsamer Handlungen wurde. Aber ich tat es als Ausdruck davon ab, dass Hiroki seine Fetische immer gewagter auslebte.

Wenn ich zum Beispiel ins Schlafzimmer kam, während er sich gerade selbst befriedigte, versuchte er nicht, das zu verstecken, sondern flehte mich schamlos an: »Bitte schlag auf meinen Hintern!« Die Art, wie er das sagte, wirkte auf mich wie besessen, sodass mir das Ganze nicht geheuer war. Ich schlug auf seinen Hintern und ging aus dem Schlafzimmer. In solchen Momenten floh ich in eine Shisha-Bar in der Nähe.

Ich verstand mich mit allen Stammgästen in der Bar gut und konnte mich immer an sie wenden. Auch in dieser Nacht erzählte ich einem Gast, mit dem ich mich gut verstand, von dem Vorfall mit dem Hinternversohlen, und dass in letzter Zeit Druckluftspray in die Wohnung geliefert wurde.

»Na, der wird wohl das ganze Druckluftspray inhalieren.«

»Druckluftspray inhalieren?« Ich verstand nicht, was er meinte. Das inhalierte man doch nicht. Ich hatte überhaupt keinen Plan, wie sich das anfühlte, das zu inhalieren, also dachte ich mir »Probieren geht über Studieren!« und entschloss mich, es mal selbst auszuprobieren.

Am nächsten Tag fand ich einen Moment, in dem ich alleine war, und inhalierte das Druckluftspray, so wie es mir beigebracht worden war. Kurz wurde mir schwarz vor Augen, meine Sinneswahrnehmungen fühlten sich ganz weit weg an und meine sowieso schon geringe Vernunft entglitt mir. Und irgendwie fühlte sich mein ganzer Körper erregt an ... Als ich nach einer Weile wieder zur Besinnung kam, hatte ich mich komplett ausgezogen und mich selbst befriedigt. Mein ganzer Körper kribbelte noch. Durch dieses Experiment konnte ich mir ein klares Bild davon machen, dass Hiroki das seit ein paar Monaten so machte und auch beim Hintern-Zwischenfall high vom Druckluftspray gewesen sein musste.

Ich überlegte, ihn zur Rede zu stellen, wenn er nach Hause kam, aber bevor ich das tat, wollte ich weiter feste Beweise sammeln. Daher stellte ich einen Plan auf, wie ich sein Smartphone durchsehen konnte, während er schlief. Schließlich war er ganz bestimmt nicht von selbst darauf gekommen, das Druckluftspray zu inhalieren.

Als er eingeschlafen war, machte ich vorsichtig das Ladekabel seines Smartphones ab und öffnete Twitter. Natürlich folgten wir unseren Accounts gegenseitig, aber als ich die App bei ihm öffnete, tauchte die Timeline eines Accounts auf dem Bildschirm auf, den ich noch nie gesehen hatte.

»Perverser Speedo-Bursche«

Es war der Name seines geheimen Zweitaccounts. Perverser Speedo-Bursche hatte neben Bildern von unseren vergangenen Akten seine Kommentare dazu getwittert.

Mir wurde zur Strafe der Hintern versohlt, stand es mit Foto in einem Tweet, der einen Datumsstempel von gestern hatte.

Als ich einen Blick in seine Nachrichten warf, fiel mir eine Unterhaltung mit dem Veranstalter einer fragwürdigen Party auf. Hiroki hatte wohl daran teilgenommen. Aus den Nachrichten konnte ich ableiten, dass bei der Party Drogen im Umlauf gewesen waren.

Am nächsten Tag stöberte ich durch die vielen Badehosen in der Schublade und entdeckte einen braunen Umschlag mit verdächtigem Inhalt. Ich rang mit mir, aber dann spülte ich ihn doch, ohne Hiroki davon zu erzählen, die Toilette runter.

Es war nur eine Frage der Zeit, bis ihm auffallen würde, dass er verschwunden war, und dann würde sofort rauskommen, dass ich ihn weggeworfen hatte. Ich rechnete damit, dass er vielleicht sauer auf mich sein würde, aber für eine Weile sagte Hiroki nichts dazu, und auch ich tat so, als wäre nichts geschehen.

Nicht einmal einen Monat später kam eine Sendung per Nachnahme an. Sie war an Hiroki adressiert.

Der Absender war eine Firma, von der ich noch nie gehört hatte, und als Beschreibung des Artikels war *Inneneinrichtung* vermerkt.

Hiroki würde niemals Geld für Inneneinrichtung ausgeben. Ich dachte, es könnte ein Geschenk für mich sein, und stellte mir den Inhalt vor.

Die Sendung war ein kleiner, gepolsterter Brief, darin war nicht genug Platz für Inneneinrichtungsartikel. Und auch der Preis der Nachnahme-Gebühr war für diese Größe viel zu hoch. (Ich hätte es verstehen können, wenn Diamanten drin gewesen wären.)

Eine üble Vorahnung wuchs in mir.

Ich hatte noch nie die Post eines anderen Menschen aufgemacht, auch nicht die meiner Partner, und als ich meinen Mut zusammennahm und den Brief öffnete, war darin das Gleiche, was ich die Toilette runtergespült hatte. Ich war ratlos, was ich tun sollte.

Danach ging es mit Hirokis Zustand zusehends bergab.

Finsternis

Sein erstes Symptom war Schlaflosigkeit. Er ging deswegen zu einer psychosomatischen Klinik und ließ sich dort Schlafmittel verschreiben. Er erzählte mir nicht, was bei ihm diagnostiziert worden war, aber eine Weile gab es unserem Alltag mehr Sicherheit, weil die Schlafmittel ihm beim Einschlafen halfen. Aber diese Sicherheit hielt nicht lange an.

»Die Schlafmittel wirken nicht mehr«, sagte er, und es schien auch die Wahrheit zu sein. Eine Nacht, nachdem er wie immer das Schlafmittel genommen hatte, schlug er mit einem lauten Seufzer die Augen auf. Auch ich wurde durch den Laut geweckt.

Er schlich sich zum Fenster des Schlafzimmers, sodass man seine Schritte nicht hören konnte, und blickte durch einen Spalt in den Vorhängen nach draußen. Ich wusste nicht, was da vor sich ging.

»Was ist los?«, fragte ich sacht, und Hiroki antwortete leise »Jemand beobachtet uns ...«

Ich dachte erst daran, wie unangenehm das war, wenn jemand unser Schlafzimmer ausspähte, aber als ich sah, wie Hiroki jede halbe Stunde aufstand und diese Handlung wiederholte, befürchtete ich, dass er sich das nur einbildete.

In dieser Nacht machten wir kein Auge zu. Und als sich

das viele weitere Tage fortsetzte, brachte es unsere physischen und psychischen Kräfte an ihre Grenzen. Dann gab es einen weiteren Zwischenfall.

An dem Tag kam ich spät von der Arbeit heim. Ich hatte mehrere Tage kaum geschlafen und war körperlich schon längst am Ende. Aber der menschliche Körper ist rätselhaft und ich konnte trotz Ausschöpfung all meiner Kräfte noch arbeiten. So als hätte er noch die Notstromversorgung angestellt. Anders als bei einem Auto, das plötzlich stehenblieb, wenn das Benzin leer war. Vielleicht war es das, was man »Lebenskraft« nannte.

An dem Tag hatte ich vor, mich unverzüglich nach der Arbeit schlafen zu legen. Als ich zu Hause ankam und die Tür aufschloss, stand Hiroki stockstill vor mir.

»Du hast mich erschreckt! Was ist denn los?«

»Ich hab die ganze Zeit durch den Türspion geguckt«, flüsterte er.

»Du hast durchgeguckt? Seit wann denn?«

»Die ganze Zeit.«

»Wieso?«

Er sah mich mit einer Mischung aus Angst und Verwunderung an und flüsterte weiter.

»Wir werden überwacht ... die ganze Zeit. Der Typ, der nebenan eingezogen ist, ist ein Geheimagent aus Nordkorea und versucht, mich zu verschleppen ...«

Er war kreidebleich.

»Hiroki, du hast Drogen genommen, stimmt's? Ich weiß davon. Ich hab sie immer wieder weggeworfen, aber könnte es nicht sein, dass du deswegen halluzinierst?«

»Nein! Ich nehme grad keine, weil sie immer weg waren! Glaub mir!«

»Wenn es nicht an irgendwelchen Drogen liegt, solltest du ins Krankenhaus gehen. Erzähl den Ärzten, was du genommen hast, und lass dich untersuchen!«

»Okay.«

Danach war Hiroki lange krankgeschrieben. Ich selbst hatte meine Arbeit ja geschmissen und fand, dass das Leben lang genug war, um ordentlich freizunehmen. Deswegen wäre es für mich auch nicht schlimm gewesen, wenn es darauf hinausliefe, dass er kündigte. Aber so gewissenhaft, wie er war, kam es ihm so vor, als würde er die Arbeit schwänzen. Obwohl er krankgeschrieben war und gesund werden sollte, schienen ihn die Schuldgefühle zu plagen.

»Ich will sterben«, sagte er. Die Worte lasteten auch auf mir schwer und schmerzten. *Warum sagt er so was? Bin ich schuld ...? Wenn er nicht mit mir zusammengekommen wäre, wenn er nicht mit mir zusammenleben würde, dann würde es ihm vielleicht noch gut gehen. Ich muss liebevoller zu ihm sein ...*

Hirokis Wunsch zu sterben, wurde jeden Tag stärker. Wenn das so weiterging, konnte das gefährlich werden. Ich musste arbeiten, also konnte ich nicht den ganzen Tag bei ihm sein, aber ich hatte Angst, ihn aus den Augen zu lassen.

Ich wollte ihm das nicht antun, aber mir blieb nichts übrig, als mit seinen Eltern darüber zu sprechen. Ich dachte, wenn ich ihnen alles erzählte, was ich wusste, würden sie sicher helfen, damit es Hiroki wieder gut ging. So sagte ich ihm, dass ich einkaufen gehen würde und ging in einen Park in der Nähe, wo ich seine Mutter anrief.

»Hiroki ist seit kurzem psychisch völlig am Ende. Er kann nicht schlafen und nimmt sogar Schlafmittel. Ich weiß nicht, worüber er mit seinem Arzt gesprochen hat, aber er scheint zu halluzinieren und erzählt, dass er überwacht und verfolgt wird, dass jemand ihn verschleppen will. Er hat komische Drogen genommen, vielleicht kommen die Halluzinationen davon. Ihn belastet beides sehr – ob er zur Arbeit geht oder zu Hause bleibt. Und er redet davon, dass er sterben will. Könntest du vorbeikommen, um dir selbst ein Bild zu machen und uns unter die Arme zu greifen? Ihn vielleicht sogar bei euch wohnen lassen, bis er genesen ist?«

Hirokis Mutter weinte am anderen Ende der Leitung. Verständlich – wie schwer musste es sein, wenn das Kind, das man selbst geboren und aufgezogen hatte, sagte, dass es sterben wollte! Ihr das zu sagen war auch für mich schwer, aber es war besser, ihr die Wahrheit zu erzählen. Während ich darauf wartete, dass sich seine Mutter beruhigte, ging mir durch den Kopf, dass Personen, die sonst eine schallende Stimme hatten, auch schallend laut weinten.

»Ich werde das mit meinem Mann besprechen. Das müssen wir erst mal als Ehepaar klären. Sobald er zu Hause ist, werde ich so schnell wie möglich mit ihm darüber reden und mich zurückmelden. Tut mir leid, bitte kümmere dich gut um ihn.«

Nach dem Telefonat machte ich mir Sorgen, ob ich ihr die Situation richtig vermittelt hatte. Denn meine Mutter hätte in so einem Fall alles stehen und liegen lassen und wäre, so schnell es geht, hergeeilt. Ich dachte, das hätten Mütter so an sich. Ihr Sohn sprach davon, dass er sterben wollte. Wenn ich in Ruhe darüber nachdachte, könnten sie sich da überhaupt nicht leisten, zu trauern und zu weinen. Ihr Weinen nützte niemandem etwas. Woher kam dieser Spielraum, zu warten, bis ihr Mann wieder da war, um das erst mal mit ihm zu besprechen? Und was gab es da überhaupt zu besprechen? Vor Wut zitterte ich sogar etwas, aber meine Vorstellung davon, wie eine Mutter wohl sein musste, war vielleicht einfach sonderbar.

Am nächsten Tag musste Hiroki in die Firma, also brachte ich ihn hin. Als ich später den Anruf von seiner Mutter entgegennahm, klang sie etwas verunsichert.

»Mein Mann hat gesagt, in Tokyo würden doch alle Drogen nehmen ...«

»Quatsch. Ist er so geschockt, dass er den Verstand verloren hat?«

»Also ... Ihr Schwulen, nehmt ihr nicht alle solche Drogen, damit ihr's tun könnt? Also, damit ihr ... erregt werdet und so ...?«

Eine Mutter, die mich mehr und mehr zum Kochen brachte.

»Das hat nichts damit zu tun, dass er schwul ist. Ich bin schwul und habe nicht solche Drogen genommen, dabei lebe ich auch in Tokyo. Was hältst du denn von Schwulen? Und es ist doch absurd, zu denken, dass die Leute, die in Tokyo, dem Herzen Japans, leben, alle Drogen nehmen. Ich verstehe, dass das ein Schock war, aber dein Mann hat sie auch nicht mehr alle.«

»Aber wie hat er dann davon erfahren ...«

»Hiroki hat einen Fetisch. Er mag es, Badehosen zu tragen, und als er seinen Freundeskreis um Leute mit den gleichen Interessen erweitern wollte, hat er wohl zwielichtige Personen kennengelernt und sich dann auf dieses Zeug eingelassen.«

Jetzt war es auch egal. Ich hatte nichts zu verlieren, dachte ich.

»Mein Sohn mag also enge Hosen. Oder ziehen sich Schwule oft solche Hosen an?«

»Bitte hör auf, zu sagen, das hätte etwas mit seinem Schwulsein zu tun! Sex unter Schwulen unterscheidet sich nicht groß von dem zwischen Männern und Frauen. Da gibt es Menschen mit den verschiedensten Fetischen, und unter Schwulen eben auch. Dein Mann hat doch sicher auch irgendeinen Fetisch? Er ist schließlich Hirokis Vater!«

»Mein Mann steht eher auf Boxershorts.«

»Das ist völlig egal!« Ich hatte Hirokis Mutter langsam satt. »Es tut mir weh, dir das sagen zu müssen, aber Hiroki sagt jeden Tag, dass er sterben will. Aber ich kann eben nicht den ganzen Tag lang ein Auge auf ihn haben. Ich bekomm nicht aus dem Kopf, dass ihm wirklich etwas zustoßen könnte, und finde kaum Schlaf. Aber Hiroki hat es am härtesten von allen. Deswegen bitte ich dich, ihm zu helfen.«

»Ich kann auch nicht mehr schlafen, seit ich das von meinem Sohn gehört hab! Als könnte ich da ein Auge zutun! So viele Sorgen mache ich mir um ihn. Aber mein Mann ist Beamter. Unsere Tochter hat alles gegeben, um es an die Universität in Kyoto zu schaffen und studiert dort. Wenn Hiroki in seiner jetzigen Verfassung zu uns zurückkäme, würde sich das hier auf dem Land schnell herumsprechen. Es würde meinem Mann bei seiner Arbeit, und auch seiner so fleißigen Schwester, Probleme bereiten. Deswegen frage ich dich, ob du nicht an Hirokis Seite bleiben könntest.«

Ich traute meinen Ohren nicht. Und dann fiel es mir wie Schuppen von den Augen. Es gab nichts, womit ich sie umstimmen konnte. Seit wann hatten ein Beamtenstatus, das Prestige, an eine Eliteuni zu gehen, und lokale Sitten und Gebräuche etwas damit zu tun, einer Person in Not zu helfen? Und die Person in Not war auch noch der eigene Sohn. Ich würde auf Hiroki achten müssen.

Nachdem ich aufgelegt hatte, ordnete ich in meinem Kopf, was Hirokis Mutter gesagt hatte. Meine Wut wallte immer mehr auf, aber ich hatte nichts, woran ich sie auslassen konnte.

An dem Abend klingelte Hirokis Smartphone. Ich konnte die Stimme seiner Mutter durchhören und spitzte die Ohren. Endlich tat sie mal was. Ich hoffte, dass sich dadurch irgendetwas ändern würde. Eine Weile redeten sie ganz normal miteinander, doch dann brach Hiroki plötzlich in Tränen aus und schrie seine Mutter durch das Telefon an.

»Du Lügnerin! Wegen dir bin ich zu so einem Menschen geworden! Ist mir doch egal! Dann sterb ich eben! Ich werde sterben, und das ist alles deine Schuld! Du wirst das dein Leben lang bereuen!«

Bestimmt hatte ihm seine Mutter gesagt, dass er mit den komischen Drogen aufhören sollte. Dann drang bis zu mir, was seine Mutter am anderen Ende der Leitung schrie.

»Wenn du stirbst, dann werde ich auch sterben! Bring mich zusammen mit dir um!«

Wieso musste das so kommen? Wieso sagte eine Mutter ihrem psychisch labilen Sohn, der sterben wollte, dass er sie gemeinsam mit sich umbringen sollte? Es wollte mir nicht in den Kopf gehen.

»Verreck doch allein!«, schrie Hiroki zurück. Ich stimmte ihm innerlich zu.

Das Gespräch zwischen Mutter und Sohn war damit beendet. Es war nicht die friedliche Lösung, die ich mir vorgestellt hatte, aber wie geplant schien Hiroki die Sache mit den Drogen zu reflektieren. Denn er machte keine Anstalten, mir so was wie »Du hast mich bei meinen Eltern verpetzt!« an den Kopf zu werfen und die Schuld auf mich zu schieben. Je mehr Zeit verging, desto mehr schien er sich zu beruhigen.

Später schauten wir Fernsehen und es lief eine Werbung fürs Disneyland. Hiroki stieß einen tiefen Seufzer aus.

»Weißt du, warum ich nicht ins Disneyland gehen will?«

»Nein, wieso denn?«

»Da gehen so viele Familien mit ihren Kindern hin. Das sind richtige Familien. Und dann werde ich traurig, wenn ich das sehe, weil ich keine Familie haben werde.«

»Warum wirst du keine haben?«

»Menschen wie wir sind Reinfälle. Müll, der keine Familie haben kann, Abschaum!«

»Das stimmt doch gar nicht.«

»Ich sag es mal klipp und klar, besonders Menschen wie du, die nicht mal merken, dass sie das sind, sind blanke Reinfälle. Für die Gesellschaft nur nervige, lästige Mangelware.«

»Als ich akzeptierte, dass ich schwul bin, dachte ich auch eine Zeit lang, dass ich ein Reinfall bin. Aber liegt es nicht an der schlechten Gesellschaft, dass wir die Vorstellung haben, Schwule könnten keine Familien gründen? Nicht wir sind die Reinfälle. Die Gesellschaft ist einfach noch unvollkommen.«

»Du hast die japanische Gesellschaft überhaupt nicht verstanden! In deinem Umfeld magst du schwule Freunde haben, und wenn du unter deinen Leuten bist, habt ihr eine gute Zeit, aber es gibt kaum Schwule, die offen in der Gesellschaft leben. Und weißt du auch, warum? Weil das in Japan tabuisiert wird! Du nimmst nicht am normalen Arbeitsleben teil, also weißt du das wahrscheinlich nicht, aber in der japanischen Gesellschaft – egal, in welcher Firma du anfängst – sind denen Leute wie wir egal. Und selbst wenn wir LGBT-Rechte einfordern, werden wir nur als ›lästiges Pack‹

abgetan. Schwule, die das nicht verstehen und sagen, dass sie heiraten wollen, sind nur minderwertige Reinfälle.«

»Es sind doch nicht die Menschen schuld, die von der Gesellschaft tabuisiert werden! Diese Minderheiten tabuisierende Gesellschaft ist schuld!«

»Das redest du dir nur schön. Deine Aktivitäten mit *Juerias* werden auf keinen Fall fortbestehen. Verschwende nicht dein Geld und deine Energie dafür, sondern geh noch mal auf Jobsuche und pass dich den Regeln unserer Gesellschaft an! Du bist doch alt genug dafür.«

»Du hast doch überhaupt keine Ahnung von *Juerias*! Ich finde, jeder Mensch hat die gleichen Rechte zu heiraten und eine Familie zu gründen. Was ist falsch daran?«

»Falsch ist es nicht, aber ganz klar unmöglich. Egal, wie laut die Betroffenen werden, für Unternehmen und gewöhnliche Leute ist das ein lästiges Thema. Unsere Welt hat noch haufenweise andere Probleme. Und egal, wie viele Jahre vergehen, keines davon lässt sich einfach lösen!«

»Ja, so was Großes wie die Gesellschaft zu verändern mag ich nicht alleine stemmen können. Aber egal, in welcher Welt ich lebe, ich will als Schwuler mein Glück finden. Anders als du mache ich nicht unser Zeitalter, meine Sexualität oder meine Eltern für mein Unglück verantwortlich! Ich werde der glücklichste Schwule, den es gibt, und werde damit beweisen: ›Egal in welchem Zeitalter ihr lebt oder welche Sexualität ihr habt, ihr könnt glücklich werden!‹ Es ist zwar schade, dass du nicht mein Partner sein wirst, aber ich werde glücklich sein!«

»Mach doch, was du willst! Ich will davon nichts wissen. Ich werde eine Frau heiraten, selbst wenn ich mich zwingen muss.«

»Ihr werdet bestimmt eine ganz tolle Ehe haben!«

»Du hast wahrscheinlich keine Ahnung davon, aber genauso wird's sein!«

»Ich will auch keine Ahnung davon haben! Wenn du an so was denkst, ist es kein Wunder, dass du sterben willst!«

»Ich dachte eh schon länger daran, dass ich nicht mehr in Tokyo sein kann. Ich werde meinen Job kündigen und zurück in die Heimat gehen. Und dann dort in der Nähe nach Arbeit suchen.«

»Verstehe ... Dann trennen wir uns also.«

»Ich werde mich nicht von dir trennen, Ryousuke.«

»Warum muss ich mit einer Person zusammen sein, die irgendwann eine Frau heiraten will? Behalt deine Witze für dich. Wir trennen uns!«

Am nächsten Morgen wachte ich auf, weil ich Hiroki mit jemandem reden hörte. Es war erst ein paar Stunden her, dass ich eingeschlafen war.

Ich dachte, dass er mit jemandem im Wohnzimmer telefonierte, und spitzte vom Futon aus die Ohren, um herauszufinden, wer es war. Anscheinend war seine Oma am Apparat ...

Seine Oma?

Da wurde ich hellwach. Hirokis beide Großmütter waren bereits verstorben. Ich machte vorsichtig die Tür zum Wohnzimmer auf und sah, dass er nicht telefonierte, sondern in eine Richtung sprach, in der niemand stand.

»Hiroki, mit wem redest du?«

»Meine Oma ist gekommen.«

»Du meinst, der Geist deiner Oma?«

»Ihr Geist? Ist sie ein Geist ...?«

»Soll ich Tee machen?«

»Sie will keinen. Sie hat gesagt, du seist ein ›komischer Kauz‹ und hat gelacht.«

»Oh, okay. Könntest du deiner Oma dann vielleicht sagen, dass das hier auch meine Wohnung ist? Wenn sie vorbeikommt, sollte sie mich auch begrüßen. Das gehört sich so, nicht? Die alte Schachtel hat mich aufgeweckt.«

»Lass das ... Sie regt sich über dein Verhalten auf ... Sie ist eine sehr beherzte Frau, also gibt es großen Ärger, wenn du sie wütend machst. Ich bitte dich, Ryousuke, entschuldige dich bei ihr!«

»Kein Bock. Sorry, aber meine verstorbene Oma ist ein viel ansehnlicherer Mensch als deine. Soll ich meine Oma aus dem Himmel rufen, damit sie gegen deine Alte kämpft?«

Wie Hiroki mit seiner Oma redete, wirkte dermaßen real, dass ich überhaupt keinen Schimmer hatte, ob es eine Halluzination von ihm war oder ob tatsächlich ihr Geist hier war. Ich konnte mir eher vorstellen, dass es wirklich ihr Geist war.

»Ich werd noch etwas schlafen, also redet leise miteinander. Sag deiner Alten, sie kann sich gerne Zeit lassen.«

Damit schlüpfte ich ins Bett, aber ich konnte nicht einschlafen. Ich lauschte ihrem Gespräch noch etwas länger (auch wenn ich natürlich nur Hirokis Stimme hören konnte).

Er redete noch etwas weiter, doch dann wandelte sich plötzlich etwas. Ich brauchte nicht lang, um zu begreifen, was es war.

Bisher hatte er mit dem Geist (?) seiner Oma gesprochen, doch jetzt war Hiroki aus irgendeinem Grund selbst zu seiner Großmutter geworden.

Oh Scheiße!, dachte ich. Ich hatte seiner Oma vorhin an den Kopf geworfen, sie wäre eine alte Schachtel. Wenn sie jetzt seinen Körper übernommen hatte, würde sie sich vielleicht an mir rächen. Ich beschloss, mich im Schlafzimmer zu

verschanzen und von dort aus den in seine Oma verwandel-
ten Hiroki zu beobachten.

Das Erste, was die Oma, die von Hiroki Besitz ergriffen
hatte, tat, war das Smartphone (von Hiroki) zu nehmen und
Hirokis Vater anzurufen. (Nicht schlecht, die Alte.)

Hiroki rief also seinen Vater an, aber da er gerade seine
Oma war, rief nicht er seinen Vater an, sondern vielmehr seine Oma ihren Sohn.

Anscheinend nahm er ab.

»Kazuki.« Das war der Vorname von Hirokis Vater. »Ich
hab dir recht viel Kummer bereitet ... Wie ist es dir ergan-
gen?«

Ich hatte Hirokis Eltern bis dahin schon so oft um Hilfe
gebeten.

Wie musste es sich gerade für Hirokis Vater anfühlen, mit
seinem Sohn zu reden, der zu seiner Mutter geworden war?
Sicher war er erschüttert.

Ich wollte Hirokis Situation und auch über seine Eltern
etwas mehr erfahren, aber plötzlich wurde ich von Schlaf
übermannt. Wegen des Telefonates forderte Hirokis Vater –
der schwurbelnde Beamte, der behauptet hatte, alle in Tokyo
würden Drogen nehmen – Hirokis Mutter auf, ihn abzuho-
len.

Seine Mutter kam ein paar Stunden später mit dem Shin-
kansen in Tokyo an.

Zuvor hatte Hiroki am Telefon gegenüber seiner Mutter
seinen Ärger mit Sätzen wie »Ich bin nur wegen deiner Erziehung so geworden!« oder »Das ist alles deine Schuld, weil
du so eine Lügnerin bist!« abgelassen, aber in dem Moment,
als er seine Mutter in Tokyo sah, schwand auf gute Weise die
Spannung aus seinem Körper, so als würde er sich beruhigen.

Und verglichen mit dem Hiroki von vor ein paar Stunden war er ein komplett anderer Mensch. Seine Schwester, die sich ebenfalls Sorgen gemacht hatte, war auch hergeeilt.

Als sie in unsere Wohnung kam, sagte Hirokis Mutter mit ihrer gewohnt schallenden Stimme: »Wie unangenehm diese Wohnung ist. Natürlich leidet die Seele gesundheitlich darunter, wenn man an so einem Ort wohnt.« Ich tat so, als hätte ich es nicht gehört. Ich war nämlich derjenige, der die Wohnung sauber hielt.

Seine Mutter schlug vor, dass Hiroki mit ihr nach Hause kommen sollte, aber er lehnte höflich ab.

Er erzählte, dass er erst anständig bei seiner Firma kündigen und sich in der Nähe seiner Heimat nach einem neuen Job umsehen wollte. Deswegen bat er sie, noch ein wenig zu warten, bis er mit nach Hause käme.

Noch ein paar Monate. Ich schwor, bis dahin die Verantwortung für Hiroki zu übernehmen und über ihn zu wachen.

Wenn Hiroki in seine Heimat zurückkehrte, bedeutete das auch einen Umzug für mich. Der Mietvertrag lief nur auf Hirokis Namen, und ich war nur ein Schmarotzer. Es war unmöglich, allein weiterhin dort zu wohnen.

Ein paar Monate später. Wir lebten zwar immer noch zusammen in der gleichen Wohnung, aber unser Verhältnis war nicht mehr wie früher. Wir hielten Abstand und ließen die Tage still verstreichen.

Am Tag des Umzugs brachten wir alle Möbel in meine neue Wohnung.

Nachdem wir die Möbel hereingebracht hatten, kehrte Hiroki noch mal in die alte Wohnung zurück. Am nächsten Tag würde er dem Vermieter die Schlüssel zurückgeben und zurück nach Kansai gehen.

In dem großen leeren Raum saß Hiroki einsam auf dem Futon, der am nächsten Tag weggeworfen werden würde. Ich ließ mich neben ihm nieder.

»Hiroki. Beim Umzug ist alles glattgelaufen. Danke. Wirklich, danke für alles bisher. Bitte gib morgen die Schlüssel ab und wirf noch den Futon weg, ja?«

»Ich werde mich nicht von dir trennen ...«

»Doch, wir sind schon getrennt. Ich bin zwar traurig, aber es ist vorbei.«

»Du bist echt so ein Abschaum, Ryousuke! Menschlicher Abfall!«

»Mag sein. Danke für alles.«

Ich ließ Hiroki im Zimmer zurück und schloss die Tür. Drehte mich nicht mehr um. *Nach vorne schauen.* Ich dachte an nichts anderes.

7. Kapitel – Auf dass es die letzte Liebe ist

Ryosuke, der Mann mit demselben Namen

Nachdem ich mich von Hiroki getrennt hatte und wieder allein lebte, meldete ich mich bei einer bestimmten Person.

»Ich hab mich von dem Freund getrennt, mit dem ich zusammengelebt habe, und wohne jetzt wieder allein. Hast du Lust, dieses Wochenende mal vorbeizukommen?«

Ich war ihm das erste Mal vor ungefähr einem Jahr an Neujahr begegnet.

Hiroki war zu der Zeit in seine Heimat nach Kansai gefahren, und ich hatte in Tokyo allein einen einsamen Jahreswechsel verbracht. Der Alltag mit Hiroki hatte an mir gezehrt, und ich hatte ihn in einem Schwulenforum gefunden.

Unser erstes Gespräch war eindrücklich.

»Ist Ryousuke dein echter Name?«

»Ja, ist er. Wieso?«

»In Foren ist es ungewöhnlich, dass Leute ihre echten Namen benutzen. Mein Name ist auch Ryosuke. Allerdings wird er etwas anders geschrieben.«

Wir zeigten uns gegenseitig unsere Führerscheine, und da es der Neujahrstag war, stießen wir mit Bier an.

Obwohl ich ihn zum ersten Mal traf, fühlte es sich an, als würde ich ihn schon ewig kennen. Ich erzählte ihm von meinem Alltag mit Hiroki. Die Worte sprudelten nur so aus mir heraus.

Ryosuke war kein Mann vieler Worte, aber er hörte mir aufmerksam zu. Ich musste fast heulen, als es Zeit war zu gehen. Vielleicht, weil mein Herz schon so viel mitgemacht hatte.

Ryosuke kam mir sofort in den Sinn, als ich mich von Hiroki getrennt hatte, und ich meldete mich umgehend bei ihm.

»Ich hab mich von dem Freund getrennt, mit dem ich zusammengelebt habe, und wohne jetzt wieder allein. Hast du Lust, dieses Wochenende mal vorbeizukommen?«

Die Antwort kam schnell.

»Ich bin dieses Wochenende schon mit meinem Freund unterwegs.«

Als ich ihn an Neujahr getroffen hatte, war er noch Single gewesen. Inzwischen war er also in einer Beziehung.

Was für Nächte verbringen sie wohl miteinander? Leichte Eifersucht stieg in mir auf, als ich daran dachte. Ich war selbst überrascht darüber.

Dabei war ich bisher derjenige gewesen, der gebunden gewesen war. Jemand wie Ryosuke hatte sicher keine besondere Verbindung zu jemandem wie mir. Das redete ich mir so ein.

Doch ein paar Monate später meldete er sich wieder bei mir.

»Ich hab mich von meinem Freund getrennt. Kann ich bei dir vorbeikommen?«

»Wieso habt ihr euch denn getrennt?«, wollte ich wissen.

»Ich kam mit seinen Macken nicht klar. Wie er aß und

so was. Und als ich darauf aufmerksam wurde, fand ich sie immer schlimmer, und dachte mir, ich könnte das nicht mehr aushalten, also hab ich mich von ihm getrennt.«

Ich war überrascht. Als ich erfahren hatte, dass Ryosuke einen Freund hatte, dachte ich mir *Ryosuke geben wir besser ganz schnell auf!* und war mit einem Sushi-Chef zusammengekommen. Aber dieser Typ hatte die Angewohnheit, immer mit Alkohol in der Hand rumzulaufen und andauernd Body Percussion zu machen, was mich schon die ganze Zeit nervte. Aber er konnte es sicher nicht ab, wenn ich ihn immer wieder darauf hinwies, und ich wollte so nachsichtig wie möglich sein. Aber dass ich nichts sagte, sorgte stattdessen dafür, dass sich der Stress in mir anstaute.

Bei Ryosuke sprudelte jedoch einfach alles offen heraus.

»Ich bin in der gleichen Situation. Ehrlich gesagt ... Als ich gehört habe, dass du einen Freund hast, wollte ich da mithalten und bin auch mit jemandem zusammengekommen. Ich wurde auf seine Macken aufmerksam und jetzt stören sie mich. Aber ich dachte, ich müsste das aushalten. Ich will schließlich irgendwann heiraten. Und es heißt doch, dass man für die Ehe beharrlich sein muss.«

»Bist du mit ihm zusammen, weil du mal heiraten willst? Oder willst du heiraten, weil er der Richtige ist? Ich glaube, du solltest dir erst Gedanken um eine Heirat machen, wenn du mit deinem Geliebten eine Beziehung führst und du merkst, dass du mit ihm zusammen sein willst, bis der Tod euch scheidet.«

»Ist heiraten denn so eine simple Sache? Und wird mir so jemand je über den Weg laufen?«

»Bei dir mache ich mir da keine Sorgen. So jemand wird in dein Leben treten.«

»Meinst du?«

»Keine Sorge! Das klappt ganz sicher.«

»Danke. Kann ich mit dir reden, wenn mir was auf dem Herzen liegt?«

»Na klar. Wenn es etwas ist, wobei ich helfen kann, melde dich einfach.«

Danach ergab es sich ganz natürlich so, dass ich mich von dem Sushi-Chef trennte und mit Ryosuke zusammenkam.

Seine Haut war leicht gebräunt und er hatte einen muskulösen Körper. Ich konnte mich ihm sowohl mental als auch körperlich komplett hingeben.

Aber das war noch nicht alles. Wenn wir miteinander schliefen, verhielt er sich nicht so zurückhaltend wie gewohnt, sondern war unnachgiebig. Und mindestens genauso empfing er Liebe und Leidenschaft auch.

Das Bett erzitterte so heftig, dass die Schiebetür zum Schlafzimmer mit lautem Klackern wackelte.

Der Sex mit Ryosuke war unglaublich. Es war so, als wäre alles, was ich zuvor erlebt hatte, nur Spielereien oder Übungen gewesen, um mich auf diesen Tag vorzubereiten.

Als ich Ryosuke von diesen Gefühlen erzählte, sagte er etwas verlegen: »Ich glaube, das liegt daran, dass ich es eben mit dir getan habe.«

Ryosuke war ein sehr penibler Mensch – das genaue Gegenteil von mir. Aber das passte ganz wunderbar.

In meiner Wohnung, die ich nachlässig behandelte, lebte ich allein vor mich hin. Die Leitung für meinen Internetanschluss verlief durch die Luft bis zu einer Steckdose an der Wand. Wenn man auf Toilette wollte, musste man mit einem großen Schritt darübersteigen. Ryosuke schien sich einfach nicht damit anfreunden zu können, kaufte ein längeres

Kabel, und führte es so nah an der Wand entlang, dass man es nicht mehr sehen konnte. Vielleicht störte ihn auch, wie laut die Türen waren, denn er klebte Polster daran, sodass sie nicht mehr so laut schlossen. Er brachte so viel mit, was ich nicht hatte, und ich fühlte mich immer mehr zu ihm hingezogen.

Und dann ...

Als wir erst frisch zusammengekommen waren, passierte etwas so Frustrierendes, das ich sicher mein ganzes Leben lang nicht vergessen werde.

Im Kasai-Polizeirevier

Ich war bereits ein paar Monate mit Ryosuke zusammen. Ich hatte schwule Freunde und deren Freunde zu mir eingeladen, um eine Hot-Pot-Party zu veranstalten. Währenddessen verlor ich mein Portemonnaie.

Komisch, es hätte eigentlich in der Wohnung sein sollen. Aber da ich mich kannte, dachte ich mir, ich hatte es nur irgendwo verlegt, und machte mir nichts daraus. Ein paar Tage später jedoch kam der Verbleib des Portemonnaies auf ganz unerwartete Weise ans Licht.

Mich kontaktierte H, eine mir bis dahin unbekannte Person. Ihm war die Handheld-Konsole gestohlen worden. Er hatte den Täter verfolgt und es geschafft, die Konsole wiederzukriegen, und den Täter aufgefordert, sich auszuweisen. Dann hatte der Täter die Krankenversicherungskarte von *Ryousuke Nanasaki* – also meine Karte – hervorgeholt und sie H gezeigt.

H hatte ein Foto von der Karte gemacht und vorgehabt,

vor mir als *Gefährliche Person* in sozialen Netzwerken zu warnen, aber als er nach dem Namen Ryousuke Nanasaki suchte, fand er Bilder, auf denen ich selbst zu sehen war. Dann hatte er mich über ein soziales Netzwerk kontaktiert.

»Wurde dir in letzter Zeit vielleicht dein Portemonnaie geklaut?«

»Ja, ich habe es verloren! Warum fragst du?«

»Ein Typ namens K hat meine Konsole geklaut, und als ich zu ihm sagte, er solle sich ausweisen, hat er deine Krankenversicherungskarte gezeigt. Ich habe sie abfotografiert und wollte in sozialen Medien darüber aufklären, aber dann habe ich zum Glück gemerkt, dass das nicht seine war. Das dunkelblaue Portemonnaie, das du verloren hast, hat dieser K.«

Ich schrieb mit H hin und her, und als er mir ein Foto vom Täter zeigte, wurde mir klar, dass der Typ, der ihm die Handheld-Konsole gestohlen hatte, der gleiche K war, der auf meiner Hot-Pot-Party gewesen war.

Die Person, die K zur Party mitgenommen hatte, hatte ihn selbst gerade erst kennengelernt und konnte ihn zu dem Zeitpunkt schon nicht mehr erreichen.

Etwas später erhielt ich von K einen an mich adressierten Umschlag. Er war direkt in den Briefkasten eingeworfen worden.

Neben einem Brief, in dem *Ich hatte meine Gründe. Tut mir leid* stand, war mein leeres Portemonnaie drin. Ich erklärte Ryosuke, was passiert war, und wir brachen zusammen zum Polizeirevier auf.

Nachdem ich dem Kommissar auf dem Revier alles erklärt hatte, fragte er Ryosuke: »Und wer sind Sie?«

»Ich bin sein Partner, Ryosuke. Allein ist das so entmutigend, daher wollte ich mitkommen.«

»Ach ja? Dann warten Sie bitte hier«, sagte er.

Ich wurde von Ryosuke getrennt und in einen Raum weiter hinten gebracht. Dort waren mit dem Kommissar und anderen Polizisten ungefähr sechs Personen. Sie umzingelten mich. Es war extrem einschüchternd.

»Was für Personen sind denn auf dieser Party zusammengekommen?«

»Hauptsächlich Schwule.«

»Heißt das, der Täter K ist ebenfalls schwul?«

»Genau.«

»Verstehe ... Hm ... Was machen wir denn da ...?«

»Bitte schnappen Sie K. Er hat meine Papiere für dubiose Dinge missbraucht und das wäre fast so in den sozialen Netzwerken gelandet. Wenn das passiert, kann das für mich doch sehr böse ausgehen, nicht? Außerdem habe ich das Portemonnaie zurück und dazu einen Brief, davon könnten Sie doch die Fingerabdrücke nehmen, oder?«

Ich bat den Kommissar darum, nach dem Täter zu suchen.

»Nun ja ... Aber stellen wir uns mal Folgendes vor: Sie erstatten Anzeige und wir würden natürlich alles tun, um den Täter ausfindig zu machen.«

»Ja? Dann bitte ich Sie darum. Ich werde Anzeige erstatten.«

»Aber Sie sind schwul ... und der Täter ist es auch, richtig?«

»Ja, aber was hat das eine mit dem anderen zu tun?«

Ich verstand überhaupt nicht, worauf er hinauswollte.

»Nun ja, was ich damit sagen will, ist, dass ich nicht unnötige Ressourcen verbrauchen möchte. Wenn nicht ganz sicher ist, dass Sie diesen Mann auch wirklich anzeigen wollen. Sie sind beide schwul. Das Risiko, dass Sie sich in den Täter verlieben, ist relativ hoch, nicht wahr? Dann wäre unsere ganze Arbeit umsonst. Und weil das so unsicher ist, ob Sie ihn verklagen oder nicht, sollten Sie keine Anzeige wegen Diebstahl erstatten, sondern lieber den Verlust Ihrer Unterlagen melden. Das passiert doch oft, stimmt's? Dass da Liebe draus wird und so was. Ihr seid ja beide schwul.«

»Ähm ...«

»Wenn Sie eine Verlustanzeige machen, werden Sie keinen Schaden davontragen, wenn Ihre Papiere missbraucht werden.«

Mir war ein Rätsel, wovon er redete.

»Herr Kommissar. Selbst wenn Sie K fangen, glaube ich nicht, dass ich mich in ihn verliebe. Vorhin war doch mein Freund bei mir, wissen Sie noch? Der Mann, der mit mir hergekommen ist.«

»Aber das kann man doch nicht genau wissen. Ist halt so 'ne Sache.«

»Als könnte ich mich in den Kerl verlieben, der mir das Portemonnaie gestohlen hat! Sind Sie nicht ganz richtig im Kopf? Wenn das Opfer eine Frau wäre und der Täter ein Mann, würden Sie dann dasselbe sagen? Würden Sie ihr dann sagen, sie könnte sich in den Täter verlieben, wenn Sie ihn fangen? Das wäre doch viel zu abwegig!« Ich blickte den Kommissar so abschätzig an wie möglich.

»Tja, so ganz ausschließen kann man das bei euch ja nicht, stimmt's? War diese Party denn wirklich nur eine Party?«

»Jetzt mal halblang. Wollen Sie damit sagen, ich hätte bei mir zu Hause eine Orgie veranstaltet?«

»So explizit hab ich das aber nicht gesagt, hm?«

»Mann ... Ach. Was soll ich tun ...? Sie sind wirklich dreist, wissen Sie das?«

»Aber das gibt es bei euch doch oft, oder? In euren ... nun ja ..., Kreisen. Könnte es nicht auch sein, dass da Drogen mit im Spiel waren?«

Dieses Hin und Her ging noch fast eine Stunde so weiter. Ich dachte daran, dem Kommissar in die Fresse zu schlagen, aber mit meinem Geist wurde auch mein Körper immer schwächer und ich hatte keine Energie mehr, mich aufzuregen.

»Herr Kommissar, sind Sie verheiratet?«

»Das bin ich, ja.«

»Mir tut Ihre Frau leid. Denn Sie sind ein absolut niederträchtiger Mensch. Finden Sie das denn nicht furchtbar? Ich habe Sie lediglich darum gebeten, die Person zu fassen, die mein Portemonnaie gestohlen hat. Glauben Sie, man sollte so einen Umgang dulden? Das ist doch grausam!«

Ich erhoffte mir Zustimmung von den Polizisten, die mich eingekreist hatten, aber sie wandten allesamt ihren Blick von mir ab.

»Also das, was ich hier mache, davon hält meine Familie sehr viel.«

»Das können Sie sich gerne weismachen. Ich habe nur darum gebeten, dass der Täter gefasst wird, aber Sie scheinen kein Interesse daran zu haben, Ihren Job zu machen und sind diskriminierend gegenüber Schwulen ... Ach ... das bringt doch nichts.«

»Behaupten Sie, ich würde meinen Job nicht machen wollen? Wie respektlos ...«

»Respektlos sind Sie! Aber ist mir jetzt auch egal. Kann ich die Verlustanzeige machen?«

Als ich die Verlustanzeige schrieb, war ich frustriert, so dermaßen frustriert, dass meine Hand zitterte. Während ich sie ausfüllte, hielt er die ganze Zeit Predigten à la »Das wurde dir gestohlen, weil du so unaufmerksam warst!«, obwohl mir das schon längst klar war. Ich konnte nur noch daran denken, wie schnell ich dort raus wollte.

Als ich endlich gehen durfte, wartete Ryosuke auf mich. Ich konnte ihm nicht erzählen, was für einer Behandlung ich gerade unterzogen worden war. Ich war so dermaßen frustriert und wollte nicht, dass die Sache auch noch ihn verletzte.

Auf dem Heimweg sprach er mich an. »Du wirkst so betrübt. Ist was auf dem Revier passiert?«

Ryosuke sah mich besorgt an. Da musste ich ihm einfach alles gestehen.

»Ehrlich gesagt ... Man hat mir gesagt, dass, weil der Täter und ich beide schwul sind, wir uns ineinander verlieben könnten. Und selbst wenn er gefasst wird, würde ich ihn dann ja nicht verklagen, deswegen sollte ich keinen Diebstahl anzeigen, sondern lieber eine Verlustanzeige aufgeben.«

Ich war so gekränkt und versuchte, nicht loszuheulen, sodass ich alles in einem Zug erzählte.

»Wie gemein, dabei hab ich doch gesagt, dass ich dein Freund bin. Aber so wie ich dich kenne, Ryo, hast du dich nicht unterkriegen lassen und den Diebstahl angezeigt, stimmt's?«

»Ich hab mich ... unterkriegen lassen.« Ich weinte. Es war so frustrierend. »Ich wurde von so vielen Polizisten umzingelt ... Es war so einschüchternd, und der Kommissar hatte beim Reden die Hände in den Hosentaschen. Ich hasse die Polizei jetzt so sehr!«

»Du hast gut durchgehalten, Ryo! Wollen wir dann heute Yakiniku essen gehen?«

»Juchhuuu! Yakiniku!«

Ich war jemand, der schnell über Dinge hinwegkam.

Am nächsten Tag riefen wir bei der Beratungsstelle für Menschenrechte des Justizministeriums an und erzählten alles darüber, was im Kasai-Polizeirevier vorgefallen war. Die Person von der Beratungsstelle schien ein alter Anwalt zu sein.

»Leute wie ihr müsst euch bei solchen Sachen noch mehr wehren. Ihr müsst euch mit anderen zusammenschließen und für eure Rechte laut werden. Gebt euer Bestes!«, war sein Rat. Ich war dankbar für seine Worte. Und deswegen schwor ich mir, dass ich irgendwann die Welt darüber in Kenntnis setzen würde.

Ein Jahr später bekam ich einen Anruf von der Polizei der Präfektur Yamaguchi.

»Wir haben einen Mann namens K wegen einer Straftat verhaftet und haben ihn gerade bei der Polizei der Präfektur Yamaguchi in Gewahrsam. Ich habe Sie angerufen, weil er Ausweispapiere von Ihnen bei sich trägt. Sie haben ja eine Verlustanzeige für ein Portemonnaie aufgegeben, wo haben Sie das denn verloren?«

Ich musste ihm sagen, dass mein Portemonnaie von K gestohlen worden war. »Ehrlich gesagt, hat dieser K mein Portemonnaie geklaut.«

»Warum haben Sie dann nicht einen Diebstahl, sondern einen Verlust angezeigt? Wir werden den jetzigen Fall als erste Straftat von K bewerten, daher werden wir ihn nur wenige Tage in Gewahrsam behalten können.«

»Das ist eine lange Geschichte, aber der Kommissar vom Kasai-Polizeirevier hat gesagt, ich könne mich verlieben, weil ich schwul bin, und ich solle deswegen keine Diebstahlanzeige, sondern eine Verlustanzeige erstattten.«

»Ich verstehe nicht recht, was das sollte.«

»Natürlich nicht. Das, was er gesagt hat, ergibt überhaupt keinen Sinn. Ich hab das selbst auch nicht verstanden. Ich will eigentlich nicht mehr daran denken, aber ja, ich werde noch mal zum Kasai-Polizeirevier gehen und es als Diebstahl anzeigen!«

»Wir werden uns auch noch mal an das Kasai-Polizeirevier wenden.«

Ich wartete darauf, dass Ryosuke heimkam, und wir eilten zusammen zum Polizeirevier, um den Vorfall vom letzten Jahr erneut durchzugehen. Ryosuke war noch wütender als ich. Ich hätte dem Kommissar von damals gerne noch etwas an den Kopf geworfen, aber er war nicht mehr dort. Die Unterlagen waren noch vorhanden und ein junger Kommissar übernahm die Sache.

»Sie kriegen mich hier nicht raus, es ist zwecklos«, sagte Ryosuke. »Ich werde nicht zulassen, dass das so abläuft wie letztes Mal. Ist Ihnen klar, was für einen Schock dieser Junge letztes Mal bekommen hat?«

»Ja. Tatsächlich war ich damals einer der Anwesenden. Ich erinnere mich noch an das ganze Gespräch«, sagte der junge Kommissar, und er sah aus, als täte es ihm leid.

»Aha! Was haben Sie sich damals gedacht, als Sie da waren? Der Kommissar hat mir damals so viel Gemeines vorgeworfen und mich nachhaltig traumatisiert. Ich konnte es einfach nicht vergessen.«

Ich wollte dem jungen Kommissar so viel wie möglich von dem Leid zeigen, das ich erfahren hatte.

»Ich bin untröstlich. Ich finde auch, er hätte all das nicht sagen sollen, und fand es wirklich auch grausam.«

Er sah aus, als ob er das bedauerte, aber mir fiel die Last

dadurch nicht vom Herzen. Wenn es so grausam war, warum hatte er den Kommissar dann nicht aufgehalten? Den Mobbern nur tatenlos zuzusehen, macht einen zum Mittäter. Wir brachten das Kindern so bei, aber die Erwachsenen selbst kriegten überhaupt nichts auf die Reihe. Außerdem hatte ich mir damals von den anderen Polizisten Zustimmung erhofft und sie gefragt, ob sie das nicht auch schlimm fänden. Trotzdem wandten alle ihren Blick ab und beließen es bei einer Miene, die danach aussah, als wäre ihnen die Sache zu heikel.

»Ihr habt ihm gesagt, er solle statt eines Diebstahls einen Verlust anzeigen, und habt seine Sexualität als Ausrede genommen, weil ihr euren Job nicht machen wolltet, und jetzt wurde der Täter von der Polizei der Präfektur Yamaguchi gefasst. Findet ihr das nicht peinlich? Zuerst sollten Sie sich bei ihm entschuldigen!«, sagte Ryosuke.

»Es tut uns leid.«

Auch wenn er sich entschuldigte, würden die bitteren Erinnerungen nicht schwinden, aber daran konnte er nichts ändern. Der junge Kommissar war nicht derjenige, der mir diese Grausamkeiten an den Kopf geworfen hatte. Der, der es getan hatte, war nicht da.

»War es ein hochrangiger Kommissar?«

»Ja, er wurde sehr respektiert.«

»Verstehe. Aber ich werde diese Sache irgendwann öffentlich machen. Mir wurde von der Menschenrechtsberatungsstelle des Justizministeriums dazu geraten. Es sei die einzige Möglichkeit, das Wesen der Polizei zu berichtigen. Weil einzelne Polizeibeamte nicht verklagt werden können.«

»Sehr wohl, ich selbst möchte auch darauf achten, dass in Zukunft nichts Diskriminierendes mehr vorfällt.«

Letztendlich war schon zu viel Zeit vergangen, und selbst

wenn ich den Diebstahl anzeigte, würde es keine Beweise mehr geben. »Wenn die Anzeige vor einem Jahr gemacht worden wäre, hätten wir noch die Fingerabdrücke des Täters vom Portemonnaie und Umschlag gehabt, aber ihr habt diese Beweise vergeudet«, ließ Ryosuke den Kommissar zum Schluss noch einmal wissen.

»Sie haben vollkommen recht. Es tut uns wirklich leid.«

Nun war der Vorhang gefallen, ohne dass der Vorfall mit dem gestohlenen Portemonnaie aufgeklärt worden wäre. Wenn ich mich daran zurückerinnere, was damals passiert ist, zittere ich noch heute vor Wut.

Als ich noch Angst davor gehabt hatte, als schwul erkannt zu werden, hatte ich darauf verzichtet mir bei der Polizei Rat einzuholen, obwohl ich es gewollt hätte, weil ich fürchtete, dass es dann aufflog.

Schwulen Freunden in meinem Umfeld waren von Menschen, die sie für Liebhaber hielten, große Mengen an Geld gestohlen worden, und auch sie waren nicht zur Polizei gegangen, weil sie befürchteten, es könnte rauskommen, dass sie schwul waren. Es ist sowieso schon mühselig, alles offenzulegen, und wenn sie dann auch noch ihren Mut zusammennehmen und sich an die Polizei wenden, aber als Reaktion diskriminiert werden, ist das ein dreifacher Schlag für die Betroffenen (sie wurden bestohlen oder in etwas verwickelt; es kommt raus, dass sie schwul sind; sie werden diskriminiert). So etwas darf nicht sein.

Ich war froh, dass ich als Einziger bei diesem Fall Schaden davon getragen hatte (auch wenn es hart für mich war). Wenn das jemandem widerfährt, der sich eh schon schuldig fühlt, weil er einer Minderheit angehört — wie bei mir, als ich jung war —, kann es dabei um Leben oder Tod gehen.

Dazu kam, dass Zwischenfälle wie dieser überall passierten. Ich hoffte aus tiefstem Herzen, dass nicht nur an öffentlichen Plätzen wie im Polizeirevier, im Amt und in Schulen, sondern auch in Arztpraxen und bei Immobilienmaklern, in religiösen Institutionen wie Schreinen und Kirchen, in allen Wirtschaftszweigen diese bestehenden Diskriminierungen und Vorurteile verschwänden. Und nach wie vor halte ich es für sehr wichtig, dass jeder Einzelne darüber nachdenkt.

Die Ehemänner Ryosuke und Ryousuke

Im April 2015 besuchten wir die Tokyo Rainbow Pride im Yoyogi Park. Dort machte mir Ryosuke einen Heiratsantrag.

Die Tokyo Rainbow Pride ist ein Fest, auf dem die Diversität von Sexualitäten und Geschlechtern zelebriert wird. Mit 150 000 Menschen ist es Japans größtes Event dieser Art.

Die Hauptattraktion dieser Veranstaltung ist die Parade, und auch meine Firma *Juerias* schickt jedes Jahr einen geschmückten Lastwagen, einen sogenannten Paradewagen. Hinter einem Paradewagen reihen sich jeweils 250 Leute auf und zelebrieren die Vielfalt von Sexualitäten und Geschlechtern, während sie durch die Straßen Shibuyas ziehen.

2015 war ich komplett für den *Juerias*-Wagen verantwortlich, von der Vorbereitung bis zum Abbau.

Als die Parade zu Ende war und der Wagen auf dem Parkplatz stand, wo er abgebaut werden sollte, sagte jemand: »Ich möchte ein Erinnerungsfoto auf dem Paradewagen machen!«

Es war kaum noch Zeit bis zum Abbau, deswegen war ich ungeduldig: »Dann beeilt euch! Wir müssen gleich abbauen!

Die Leute, die gerade keine Fotos schießen, haben bis dahin Pause!«

Ich sah mir die Menschen an, die auf dem Paradewagen Fotos schossen. An der Parade hatten viele meiner Freunde, Asami eingeschlossen, sowie Bekannte aus der Nachbarschaft teilgenommen.

»Ryo und Ryosuke, ich mache ein Foto von euch beiden!«, sagte Asami.

»Ich brauch keins, wir haben eh keine Zeit!«, sagte ich.

»Komm schon! Als Andenken!«

»Na schön! Dann aber zackig!«

Ryosuke und ich stiegen auf die prächtig ausgeschmückte Tragfläche des Wagens.

Da gab mir Ryosuke eine weiße Blume und begann seinen Antrag. Anscheinend wussten alle außer mir davon.

Ryosuke war plötzlich nervös geworden, und sagte leise: »Bestimmt werde ich dir noch viel Ärger bereiten ...«

»Wir können dich nicht hööören!«, kam von den Leuten, die den geschmückten Wagen umgaben.

»Du musst es lauter sagen!«, rief jemand.

»Ich bin so nervös ...«, sagte Ryosuke, ein kleines bisschen lauter als vorher. »Ich liebe dich über alles. Ich will mein ganzes Leben lang mit dir zusammen sein. Willst du mich heiraten?«

Unter den Blicken der vielen Zuschauer nahm ich einen mit einem kleinen Diamanten besetzten Verlobungsring entgegen.

Die notarielle Urkunde und das Geständnis beim Vater

Es ist der 30. September 2015. Ryosuke und ich wurden von einem Paar zu einer Familie. Seit diesem Tag nennen wir uns Ehemänner.

Am selben Tag, an dem wir unsere Eheschließungsunterlagen beim Bezirksamt von Edogawa einreichen, setzten wir in einem Notarbüro einen »notariell beglaubigten Partnerschaftsvertrag« auf.

Der Vertrag ist ein offizielles Dokument, das von einem Notarbüro verfasst wurde, ein Vertrag zwischen Ehemännern, in dem wir uns für Dinge wie die eheliche Treue und andere Rechten und Pflichten aussprechen, die auch bei einer Heirat zwischen Mann und Frau zur Sprache kommen. (Genaueres könnt ihr unter *Juerias LGBT Wedding* im Internet finden.) Das war noch bevor in Shibuya die Verordnung bezüglich eingetragener Partnerschaften in Kraft trat, also lehnten viele Notarbüros es ab, uns einen notariell beglaubigten Partnerschaftsvertrag auszustellen.

Sie wiesen uns meistens mit Gründen wie »Ich habe die Befürchtung, dass so ein Vertrag zwischen gleichgeschlechtlichen Partnern gegen die öffentliche Ordnung und Moral verstoßen würde, Davon hab ich noch nie was gehört« oder einer angewiderten Miene entschieden ab. Wie oft ich mit einem gebrochenen Herzen von diesen Treffen nach Hause kam ...

Wir hatten die notarielle Beglaubigung eines solchen Vertrages schon aufgegeben und lediglich einen zwischen uns beiden aufgesetzt.

Wenige Tage danach wurden wir durch eine glückliche

Fügung von einem befreundeten Anwalt mit einem Notar bekanntgemacht, der tolerant gegenüber Menschen wie uns war. Am selben Tag, an dem wir die Unterlagen für die standesamtliche Eheschließung einreichten, konnten wir unseren Ehevertrag erfolgreich aufsetzen.

Der Grund, aus dem wir unbedingt eine notarielle Beglaubigung wollten, war, dass gleichgeschlechtliche Paare wie wir, egal wie viele Jahre wir zusammenlebten und wie sehr wir uns liebten, in der japanischen Gesellschaft noch als Fremde galten. Mir wurde oft gesagt, dass es doch reichte, wenn man sich liebte, oder dass es auch genug heterosexuelle Paare gab, die sich nicht an diese Zettelchen binden ließen und trotzdem quasi eine Ehe hatten. Aber ich war anderer Meinung.

Wenn da Liebe war, brauchte man umso mehr das System der Ehe, sowohl für seinen Partner, als auch für sich selbst. In einer Zeit, in der Eheschließungen als nicht bearbeitbar zurückgewiesen wurden, waren dafür eben diese notariellen Urkunden nötig.

Wenn diese Gesellschaft eine Utopie wäre, dann wäre Liebe allein schon das Größte, und man bräuchte wahrscheinlich nichts anderes mehr. Aber unser Gesellschaftssystem ist nicht auf diese Weise aufgebaut.

War es nicht unverantwortlich davon zu sprechen, dass Liebe alles sei, was man brauchte, wenn es doch zahlreiche Beispiele gleichgeschlechtlicher Paare gab, bei denen im Todesfall des einen der Partner nicht ins Krankenhaus oder auf die Beerdigung durfte, auch wenn sie Jahrzehnte fest verpartnert waren?

In der jetzigen Lage wird bei einer Frau und einem Mann eine eheähnliche Gemeinschaft schon akzeptiert, sobald sie ein paar einfache Punkte erfüllen, aber bei gleichgeschlechtlichen Paaren wird nicht einmal so etwas anerkannt. Ich hatte sogar versucht, mich in Ryosukes Familienregister mit ›Ehemann (noch nicht gemeldet)‹ eintragen zu lassen. Ähnlich, wie es bei unverheirateten Paaren gehandhabt wurde, aber mir wurde gesagt, dass das nur genutzt werden konnte, wenn es als Verhältnis mit einer standesamtlichen Eheschließung anerkannt wurde.

Wenn ich das einmal ansprach, fand ich kein Ende, und weil ich mich die ganze Zeit nur beschwerte, beließ ich es dabei – jedenfalls ist das System der Ehe unabdingbar, und da es mir in dieser Lage verwehrt wurde, fand ich es ziemlich wichtig, mit einer notariellen Beglaubigung einen Vertrag mit meinem Partner abschließen zu können. Vor allem in Gemeinden, in denen noch keine eingetragenen Partnerschaften existierten.

In unseren notariell beglaubigten Papieren hatten Ryosuke und ich auch Informationen zu ärztlichen Behandlungen und Geldsachen mit aufgenommen. Wenn ich zum Beispiel einen Unfall hätte oder wegen Krankheit nicht mehr eigenständig meine Wünsche äußern könnte, würden die Entscheidungen zu Operationen oder lebensverlängernden Maßnahmen Ryosuke überlassen werden.

Darüber musste ich natürlich auch meine Eltern in Kenntnis setzen. Denn wenn Ryosuke sich entscheiden sollte, dass ich eine Operation bekam, sie misslang und ich dann starb, konnten meine Eltern Ryosuke beschuldigen und ihn sogar verklagen.

Als ich mich bei meiner Mutter geoutet hatte, hatte sie mir entgegnet, dass das Thema nicht mehr angesprochen werden sollte. Bisher hatte ich mich auch daran gehalten, aber damit war es nun vorbei.

Ich rief meine Mutter an, um ihr die Lage am Telefon zu erklären.

»Wenn ihr schon so weit gedacht habt«, sagte sie, »dann ist es gut so! Ich werde mit deinem Vater reden. Länger dürfen wir ihm das nicht vorenthalten, wenn ihr schon an diesem Punkt seid.«

Während der folgenden Tage saß ich wie auf glühenden Kohlen. Vielleicht stritten sie sich, weil mein Vater meiner Mutter sowas wie »Der ist wegen deiner Erziehung schwul!« vorgeworfen hatte. Aber als mich meine Mutter anrief, war ihre Stimme seltsam ruhig.

»Ich habe es deinem Vater verraten. Was war ich aufgeregt! So fühlt sich also ein Coming-out an.«

»Und, hat er was gesagt?«

»Er hat nur gesagt ›Mensch, der steht also auf Männer! Ich wusste doch, dass da was seltsam ist. Hahaha!‹ und gelacht.«

»Was, dein Ernst?«

»Ja, ich war auch überrascht.«

War mein Vater mit dem Alter friedfertiger geworden?

Er machte sich keinerlei Sorgen um Reaktionen seines Umfeldes und schien auch keinen Schaden davongetragen zu haben. Meine Mutter hatte sieben Jahre dafür gebraucht, um zu verarbeiten, dass ihr Sohn schwul war, aber mein Vater hatte es mit einem Mal weggelacht.

Das lag nicht daran, dass er im Vergleich zu meiner Mutter weniger Liebe für mich empfand. Es war nur ein Unterschied in ihrem Charakter − in der Art, wie sie die Dinge annehmen konnten.

Wenn ich mir die Schwulen in meinem Umfeld ansah, gab es solche, die schon in ihrer Kindheit problemlos akzeptieren konnten, dass sie schwul waren, und solche wie Takuma oder Hiroki, die es akzeptierten, aber trotzdem sehr damit zu kämpfen hatten. Über Eltern konnte man wohl dasselbe sagen.

Mein Vater war unerwartet tolerant, und ich fuhr alsbald mit Ryosuke nach Hokkaido, um ihn meinen Eltern vorzustellen. Ryosuke war die ganze Zeit nervös, aber dadurch kam er bei meinen Eltern als ein sehr gewissenhafter junger Herr rüber, und das schien sie zu beruhigen.

Die Hochzeitsfeier fand ein Jahr danach, am 10. Oktober 2016, dem Tag des Sports und der Gesundheit, im historischen Tempel Tsukiji Hongan-ji statt.

Es war das erste Mal in der Geschichte, dass in der Schule der Jodo-Shinshu-Hongwanji-Gemeinde (zu der der Tsukiji Hongan-Ji gehörte) eine Hochzeit zwischen zwei Männern anerkannt wurde. Da die Hochzeit noch nicht rechtlich bindend war, wurde die Zeremonie öffentlich als *Buddhistische Partnerschaftsverkündungsfeier* anstatt als *Buddhistische Hochzeit* beschrieben, aber der Inhalt unterschied sich nicht von einer Hochzeitsfeier zwischen Frau und Mann.

Viele Menschen sahen das sicherlich nicht gern, dass wir als Ehemänner in einem solch historischen, angesehenen, großen Tempel unsere Feier abhielten. In jeder Organisation existierten konservative und progressive Lager nebeneinander, da war es nicht leicht, eine Veränderung ins Rollen zu bringen. So etwas braucht Zeit, aber ich war ausgesprochen glücklich, dass wir unsere Hochzeitsfeier im Tsukiji Hongan-ji abhalten konnten.

Der Grund, weshalb ich unbedingt eine Feier in einem buddhistischen Tempel wollte, war, dass ich der älteste Sohn war und ansonsten nur noch eine kleine Schwester hatte.

Wenn ich daran dachte, dass die Nanasaki-Familie mit meiner Generation aussterben könnte, fühlte ich mich meinen Vorfahren gegenüber schuldig. Meine Großeltern waren ins Jenseits gegangen, ohne dass ich mich je bei ihnen geoutet hatte. Meine Feier vor einem buddhistischen Altar zu veranstalten, hatte also auch etwas von einem Coming-out bei meinen Großeltern, und ich unterrichtete sie gleichzeitig von meiner Hochzeit mit Ryosuke. Nachdem ich es ihnen mitgeteilt hatte, fühlte ich mich so befreit wie noch nie zuvor.

Bei Hochzeitsfeiern im Tsukiji Hongan-ji konnten auch normale Tempelbesucher die Zeremonie von Nahem beobachten. Bis unsere Feier begann, machte ich mir Sorgen, dass jemand vielleicht während der Zeremonie Steine auf uns werfen würde. Aber tatsächlich kamen viele Tempelbesucher, und sogar Touristen aus dem Ausland, um uns Ehemänner zu beglückwünschen. (Natürlich gab es auch viele, die große Augen machten, als sie sahen, dass wir Bräutigam und Bräutigam waren, aber das war auch auf gewisse Weise unterhaltsam.)

Ich war von Herzen dankbar, dass so viele Verwandte aus unseren beiden Familien zu der Feier gekommen waren. Meine Schwester und ihr Mann waren diejenigen, die meine Mutter überzeugt hatten, doch mitzukommen, als sie zunächst die Teilnahme ablehnte. Die gleiche Schwester, die »Das stinkt!« gesungen hatte und herumgetanzt war, als ich in meiner Pubertät Parfüm aufgetragen hatte. Vielleicht hatte sie schon bemerkt, dass ihr Bruder schwul war. Denn als ich mich bei ihr outete, war ihre Reaktion lediglich: »Oh. Sag mal, hast du schon mal XY (ein Prominenter, dem nachgesagt wurde, er sei schwul) getroffen?« Damals war sie im späten Teenageralter. Ich musste mich besonders bei ihr und ihrem Mann bedanken, dass sie meine Eltern mit zur Hochzeitsfeier geschleppt hatten.

Die LGBT Community Edogawa, die Ryosuke und ich 2015 gegründet hatten, bekam immer mehr Mitglieder und weitete Jahr für Jahr ihre Tätigkeitsfelder aus. Wir veranstalteten regelmäßig Events für Einwohner des Bezirks und übten Druck auf Verwaltung und Parlament aus. Und der im Jahr 2018 von der LGBT Community Edogawa eingereichte »Antrag auf Ermöglichung zur Nutzung städtischer Wohneinheiten in Edogawa für gleichgeschlechtliche Partner« wurde vom ganzen Bezirksausschuss einstimmig angenommen.

Und dann, am letzten 1. April der Heisei-Zeit (2019), wurde das »Partnerschaftssystem« (landläufige Bezeichnung) im Edogawa-Bezirk eingeführt. Ryosuke und ich waren der erste Eintrag in diesem System.

Lange Zeit hatte ich verachtet, dass ich schwul war, und es war schmerzhaft, mich so oft einseitig zu verlieben, aber ich bin den Weg, an den ich glaubte, entlangmarschiert. Auch wenn ich viele Umwege nahm, fand ich mein großes Glück. Damit will ich nicht sagen, dass ich groß triumphierte − ich will in die Welt hinausschreien, dass sogar Menschen wie ich so weit kommen können, und dass ich überaus glücklich bin!

Der erste Schwule, den ich getroffen hatte, der alte Mann, hatte mir viele Erfahrungen und gebratenes Hühnchen gebracht, aber Hoffnung hatte er mir nicht geben können. Ich würde mich sehr freuen, wenn die Menschen, die dieses Buch lesen, zumindest etwas Selbstbewusstsein, Sicherheit und Hoffnung dadurch fänden.

Bestimmt gibt es auch Menschen, die glauben, dass sie niemals glücklich werden können.

Ich selbst glaubte fest daran, dass schwul geboren worden zu sein irgendeine Bestrafung sei und dass ich niemals glücklich werden dürfte. Ich sah auch keinen einzigen Weg, um glücklich zu werden. Aber mein Leben wurde von den Worten einer bestimmten Person gerettet.

»Ich finde, dass Leute wie du mehr als alle anderen verdienen, glücklich zu werden!«

Das waren die Worte einer guten Freundin und gemeinsamen Vorstandsvorsitzenden bei *Juerias*, Eri Nozaki. Als sie mir das sagte, dachte ich wirklich: *Da hat sie recht!* Die Worte gaben mir den Anstoß, frech, willensstark und gierig nach meinem Glück zu sein.

Ich bin mit guten Freunden gesegnet. Die Worte meiner Freunde, die mich ermutigten und unterstützten, haben mich am Leben gehalten. Meine Freunde sind mein größter Schatz. Da es auch Leute gibt, die nicht solche Freunde haben, möchte ich denjenigen, die dieses Buch lesen, Folgendes mitteilen:

Du verdienst mehr als alle anderen, glücklich zu werden!

Egal wie tief dein Abgrund ist. Selbst wenn dich niemand versteht, wenn sich alle Menschen auf der Welt gegen dich stellen – wenigstens du selbst musst dein eigener Verbündeter sein. Die härteste Zeit meines Lebens war nicht die, in der niemand mir Verständnis entgegenbrachte. Nicht, als ich Mobbing ertragen musste. Am härtesten war es, als ich mich selbst hasste. Und besonders in den harten Zeiten möchte ich, dass du daran glaubst, dass du irgendwann glücklich wirst. Es wird ganz sicher der Tag kommen, an dem du froh darüber bist, am Leben zu sein.

Wenn es ohnehin schwer und mühsam wird, musst du daran glauben.

Und – da kommt wieder raus, wie gierig ich bin – das, was ich mir am allermeisten wünsche, ist, dass es Gleichberechtigung für die Ehe gibt. Es ist kein Luxus, sich so etwas zu wünschen. Lediglich ein selbstverständlicher Wunsch jedes Einzelnen.

Im Moment arbeiten viele Juristen, Gruppierungen und Einzelpersonen hauptsächlich ehrenamtlich daran, die Gleichberechtigung der Ehe umzusetzen. Außerdem steigt auch die Anzahl der Leute, die sich öffentlich dazu bekennen, zum LGBT-Spektrum zu gehören. Aber wir können diese Aufgabe nicht nur Betroffenen überlassen. Wir müssen uns alle Gedanken darum machen. Also wenn du dir auch die Gleichberechtigung der Ehe wünschst, so bitte ich dich, uns auf irgendeine Weise zu unterstützen. Fang einfach mit dem an, was du tun kannst.

Das System der Ehe wird gleichberechtigt auch auf gleichgeschlechtliche Partner angewandt werden – ich glaube daran, dass dieser Tag in naher Zukunft kommen wird. Bis dahin möchte ich mit Ryosuke möglichst ohne viel Streit und in Harmonie zusammenleben.

Ryosuke ist ein so wunderbarer Mensch, eigentlich schon viel zu gut für mich. Aber er wird oft wütend auf mich. Am meisten ärgert es ihn, wenn ich mit meinen Freunden trinken gehe und dann den letzten Zug verpasse. Es zeigt, wie sehr er sich um mich sorgt. Wenn Ryosuke sauer ist, macht er mir Angst. Gleichzeitig bin ich aber auch darüber verstimmt. Wenn es heikel zwischen uns wird, besuchen wir den Tsukiji Hongan-ji, wo unsere Hochzeitsfeier stattfand. Von außen ist es ein wunderbares Gebäude, das wirkt, als käme es aus einem fremden Land, und besonders eindrucksvoll ist die goldglänzende Haupthalle, wenn man den Tempel betritt.

Dann erinnern wir uns an unsere Hochzeitsfeier zurück und können unser Leben mit neu erweckten Gefühlen fortführen. Er wird uns sicher noch hundert- oder tausendmal dabei helfen, wenn wir uns gestritten haben.

Nachwort

Ich bin vor kurzem 31 geworden. Ich habe angefangen, dieses Buch zu schreiben, weil ich die Erinnerungen an meine Vergangenheit festhalten wollte, solange sie noch deutlich sind.

Mir war das zwar schon bewusst, als ich anfing zu schreiben, aber ich bin doch überrascht, wie reif ich nach und nach geworden bin. Ich erinnerte mich klar an meine absurde Grundschulzeit, in der mir die Erwachsenen sagten, ich solle Freundschaften mit Jungs schließen, und als ich weiterschrieb, bekam ich Lust, Herrn Fukushi zu treffen. Ich hasste ihn damals, weil er mir sagte, dass ich Schwuchtel genannt wurde, weil ich mich so feminin gab, und dass ich es als Erwachsener schwer haben würde. Wenn ich ihn jetzt treffen würde, wäre klar, was ich ihm sagen würde: »Dank Ihnen bin ich ein wundervoller Erwachsener geworden!«

Als ich 30 wurde, gab mir Asami das Geschenk, das ich mir als Kind zu Weihnachten nicht von meinen Eltern wünschen konnte, aber um das ich den Weihnachtsmann gebeten hatte: den Mika-Zauberstab. Sie hatte als Kind damit gespielt und die Abdeckung des Batteriefachs fehlte, aber das war genauso, als hätte ich es damals besessen. Nach 24 Jahren erhielt ich dank meiner Freunde endlich das Geschenk, das ich mir so gewünscht hatte. Ich nahm es als Beweis, dass Wünsche wahr werden können, solange man nur daran glaubt, und stellte ihn zu Hause in meine Vitrine.

In der Mittelschule verliebte ich mich zum ersten Mal. Es gab nicht viele Gelegenheiten, Tsukasa wiederzutreffen, aber mittlerweile wohnt er auch in Tokyo. Auch ihm gestand ich, dass ich früher in ihn verliebt war. Er war ein wenig überrascht, entschuldigte sich aber dafür, dass ihm das nicht aufgefallen war. Ich war ein wenig stolz, dass ich mich in diesen wunderbaren Menschen verliebt hatte. Er hat inzwischen einen Abschluss von der Universität Hokkaido und ist in die Elite vorgeprescht, aber anscheinend noch immer auf Partnersuche.

Dann war da Hasegawa, der mein Herz ab der Oberschule vier Jahre lang gefangen hielt und es nicht mehr losließ. Wenn ich jetzt auf ihn zurückblicke, denke ich, dass ich in meinem Leben nur Hasegawa so bedingungslos geliebt habe. Ich liebte ihn damals so sehr, aber heute frage ich mich, was ich überhaupt so toll an ihm fand. Während ich das Buch schrieb, dachte ich mir schon, dass Hasegawas Sinn für Liebe etwas seltsam war. Er rief seine Freundin jeden Tag an und kicherte, als er ihr sagte, dass er sie liebe. Damals war ich neidisch und eifersüchtig auf seine Freundin Hochi, die von ihm diese Liebesbekundungen zu hören bekam. Wenn eine Zeitmaschine erfunden wird, würde ich damit in meine Vergangenheit reisen und mir sagen, dass ich das mit Hasegawa lassen soll. Auch wenn ich damals von niemandem einen Rat dazu angenommen hätte.

Vor einigen Jahren heiratete Hasegawa Hochi und sie bekamen eine Tochter. Jetzt stand eine eventuelle Scheidung im Raum. Als ich in Hasegawa verliebt war, wurden meine Gefühle komplett von ihm durcheinandergewirbelt, aber wenn ich jetzt als Außenstehender und mit kühlem Kopf auf ihn blicke, finde ich, dass auch er es nicht so leicht hatte. Vier Jahre unerwiderte Liebe sind lang und zugleich kurz. Wenn ich 80 Jahre lang leben sollte, werde ich nur fünf Prozent meines Lebens unglücklich in Hasegawa verliebt gewesen sein. Aber die Liebe in der Pubertät ist ein ganz anderes Kaliber und ich werde sicher mein ganzes Leben lang nicht vergessen, wie ich gelitten, geweint und gelacht habe. In meinem Herzen werden diese besonderen Erinnerungen weiterfunkeln.

Bestimmt haben die meisten Erwachsenen ein oder zwei solcher Lieben erlebt, aber wenn sie erwachsen werden, vergessen sie schnell, was sie für Kinder oder pubertäre Bengel gewesen sind. Während des Schreibprozesses versuchte ich, die Sachen gemeinsam mit meinem damaligen Ich zu durchleben. Ich konnte erneut fühlen, wie sehr ich damals litt, und denke, das war eine gute Erfahrung.

Auch jetzt noch treffe ich mich oft mit meinen Freunden aus der Oberschulzeit, wenn ich nach Hokkaido fahre. Die Erste, die immer mitkriegt, dass ich nach Hokkaido komme, dann alle informiert und ein Treffen plant, ist meine Liebesrivalin aus der Oberschule, Ai.

Ai kam zu meiner Hochzeit mit Ryosuke aus Hokkaido und übernahm sogar die Rezeption. Als ich ihr erzählte, dass ich dieses Buch schreibe und dass sie auch vorkommen würde, meinte sie: »So wie ich dich kenne, beschreibst du mich eh als hässlich oder so. Ich freu mich schon drauf!«

Als ich heimlich in Hasegawa verliebt war und mir Ai mit ihrer Liebesbekundung zuvorkam, dachte ich tatsächlich: *Diese hässliche Kuh! Gegen die werd ich sicher nicht anstinken können!* Aber Ai ist nicht hässlich. Und jetzt halte ich sie aus tiefstem Herzen für eine meiner besten Freundinnen. Man sagt ja, Feinde von gestern sind die Freunde von heute, und das kann auch wirklich passieren.

Einer aus der Gruppe, den ich immer treffe, wenn ich nach Hause fahre, ist Sho, mein Verbündeter, wenn wir wegen schlechter Noten Nachprüfungen hatten schreiben müssen. Weil er damals meine Sexualität so akzeptierte, bin ich heute, wie ich bin. Das habe ich schon im Abschnitt *Leute, bei denen man sich nicht outen darf* im 4. Kapitel beschrieben, aber ich bin ihm wirklich sehr dankbar.

Jedes Mal, wenn ich nach Hokkaido fahre und meine Freunde aus der Oberschulzeit wiedertreffe, bin ich ein wenig angespannt. Normalerweise mache ich mir nie einen großen Kopf, aber dann überlege ich sogar, welche Kleidung ich tragen soll. Ich will nicht wie ein unangenehmer Kerl rüberkommen, der vom Leben in Tokyo so geprägt wurde, dass er immer schicke Kleidung trägt (auch wenn ich gar nicht viel davon habe). Und weil ich sie so lange nicht mehr gesehen habe, bin ich nicht sicher, worüber wir uns unterhalten sollen. Deswegen gehe ich jedes Mal in eine Abwehrhaltung. Aber sobald ich in die Gesichter von Sho, Ai oder meinen anderen Freunden aus der Oberschulzeit blicke, verschwinden diese Gefühle auf einen Schlag. Und kaum sind wir dabei, lache ich schamlos und aus vollem Herzen. Es ist echt schön, Freunde aus der Heimat zu haben.

Azu, mit der ich drei Jahre zusammen den Schulweg teilte, habe ich nach dem Abschluss kaum noch getroffen. Sie wohnt in der Mitte Hokkaidos und von meiner Heimat Sapporo aus ist es zu weit, um sich spontan zu treffen. Als wir neulich seit Langem mal wieder telefonierten, fragte ich sie, ob sie sich noch daran erinnere, wie sie vom Schneehaufen begraben wurde. »Weiß ich noch«, sagte sie. Sie dachte zurück an die Oberschulzeit und schwelgte in Erinnerungen. »Das war echt lustig damals.« Mittlerweile ist sie Mutter. Sie liebt ihre Tochter innig und zieht sie alleine groß. Neben der Arbeit geht sie noch zur Schule, um Krankenpflegerin zu werden. Ihr Leben führt sie, wie man es von ihr gewohnt ist – gewaltig.

Nachdem ich von Hokkaido nach Tokyo gezogen war, lebte ich ein Jahr in einem Jungswohnheim. Keine Ahnung, was die Typen, mit denen ich damals was hatte, jetzt treiben oder wo sie leben. Ich kann mich nicht mal an ihre Namen erinnern. Ich will hier noch einmal darum bitten, dass nicht die Vorstellung entsteht, Schwule würden doch sofort mit jedem in die Kiste steigen. Ja, ich habe ganz schön die Sau rausgelassen, aber wahrscheinlich nur, weil ich meine Gelüste die ganze Zeit so unterdrückt hatte. Das heißt jedoch nicht, dass alle Schwulen so drauf sind. Wie stark die Libido ist, hat nichts mit der Sexualität zu tun, sondern ist eine individuelle Sache, und es gibt Leute, bei denen das so stark ist wie bei mir, und solche, bei denen das eben nicht der Fall ist. Bitte zieht mich nicht für die Fehltritte in meiner Jugend zur Rechenschaft. Gut, meinetwegen könnt ihr das machen, aber vergesst dabei nicht, dass ich auch Hexerei beherrsche!

Mein erstes Mal mit einem Mann war sehr einschneidend. Er hat mich sogar dabei gefilmt. Ich bin niemand, der sich viel aus Vergangenem macht, und ich würde es, egal, mit wem ich mein erstes Mal gehabt hätte, nicht bereuen. Aber ich glaube, wenn ich es mit einem Mann, den ich liebte, erlebt hätte, wäre mein Leben ganz schön anders verlaufen.

Ich weiß nicht, ob das auch für den alten Mann gilt, der mir meine Jungfräulichkeit genommen hat, aber ich will, dass Baby Gays (Schwule, die gerade ihre ersten Schritte in der Szene machen und noch gar keinen Plan von nichts haben) wissen, dass es solche Schufte gibt, die es nur auf sie abgesehen haben. Es mag meine übertriebene Besorgnis oder Aufdringlichkeit sein, aber ihr solltet euren Wert nicht unter den Scheffel stellen.

Auch wenn ich das jetzt so sage, bin ich mir sicher, dass ich das Angebot des alten Mannes damals niemals abgelehnt hätte. Das lag nicht daran, dass ich Angst vor ihm hatte oder er mir leidtat, sondern dass ich wissen wollte, wie es weitergeht – meine Neugier war einfach zu groß.

Man sollte das, was man selbst nicht geschafft hat, nicht den Jüngeren aufdrängen, also vergesst meinen Rat von gerade eben. Aber wenn ihr meine auch noch so kleinen Fehltritte zur Kenntnis nehmen könntet, wäre ich froh. Weise lernen aus der Geschichte, Dumme aus eigenen Erfahrungen. Ich möchte, dass ihr das Beste aus meinen Erfahrungen macht.

Und wenn der alte Mann, mit dem ich mein erstes Mal hatte, dieses Buch lesen sollte, dann bitte: Lösch dieses Video! Lade es auf keinen Fall auf irgendeiner billigen Seite hoch! Selbst wenn Videos von mir von früher geleakt werden, werde ich behaupten, dass ich das nicht bin.

Der Erste, in den ich mich in Tokyo verliebte, Tatsuya, war bei der Feier im Anschluss an meine Hochzeit mit Ryosuke dabei. Tatsuya war etwas anders als meine vorherigen Schwärme Tsukasa und Hasegawa. Der größte Unterschied war, dass Tsukasa und Hasegawa mich komplett freundschaftlich behandelten, aber Tatsuya hatte Händchen mit mir gehalten und mich verhätschelt. Für mich, der damals in ihn verliebt war, hatten diese Handlungen eine tiefere Bedeutung. Natürlich dachte er selbst sich nichts weiter dabei, aber dass er so etwas wahrscheinlich mit jedem tat, war für mich damals unverzeihlich. Aus Tatsuyas Sicht war da keine große Zuneigung im Spiel, und als er mit Yuri zusammenkam, ignorierte ich ihn plötzlich und warf ihm aggressive Sachen an den Kopf. Da wusste er sicher nicht mehr, wo oben und unten war. Nicht einmal ein Jahr später erzählte ich Tatsuya, dass ich ihn geliebt und dass es mich aufgeregt hatte, dass er mit Yuri zusammen war. Er meinte darauf »Wär ich mal besser nicht mit ihr zusammengekommen. War eh nichts Schönes dabei.« Ich kann mich noch erinnern, wie mich diese Worte dann wieder zur Weißglut trieben. Wir haben kaum noch Kontakt, aber wenn ich sehe, dass er mal wieder sein Messenger-Profilbild geändert hat, denke ich mir, dass es ihm wohl ganz gut geht.

Angetrieben von dieser Situation hatte ich mein erstes Coming-out, und zwar bei Asami. Als ich dieses Buch schrieb, dachte ich mir wieder, wie gut es war, dass ich mich als erstes bei ihr outete.

»Das war bestimmt unglaublich hart für dich.« – dieser Satz, den mir Asami damals sagte, wurde zum Schlüssel für die fest verschlossene Tür zu meinem Herzen. Als sie geöffnet wurde, schwamm gemeinsam mit den Tränen der Schmerz, die Frustration und die Trauer heraus, dessen ich mir selbst gar nicht bewusst gewesen war.

Asami erzählt heute so von dieser Situation:

»Ich war echt baff. Klar war ich überrascht darüber, dass du schwul bist, aber vor allem war ich verwundert darüber, was du mir gesagt hast, obwohl ich gerade von meinem Freund verlassen worden war. ›Ich habe überhaupt kein Mitleid mit dir! Du hast dir nicht genug Mühe gegeben! Ich habe es viel schlechter als du! Du bist doch im Paradies! Und das nur, weil du eine Frau bist. Nur Menschen, die sich angestrengt haben, dürfen so jammern. Deswegen hast du überhaupt kein Recht, dich so zu beklagen!‹ Du hast mich damals so energisch beschuldigt. Das war es, was mich überrascht hat.«

Es war genau, wie Asami sagte. Da Asami zumindest für eine kurze Zeit einen Freund gehabt hatte, hatte sie es aus meiner Sicht damals unglaublich gut gehabt. Ich hatte mich bei ihr geoutet und ihr dann in meinem Elan vorgeworfen, dass sie sich nicht genug angestrengt hatte, um jetzt darüber jammern zu dürfen. Und das, obwohl ich sie selbst zum Trinken eingeladen hatte, um sie wieder aufzumuntern! Heute komme ich mir unmenschlich vor.

Das Outing bei meiner Mutter hatte mir eine große Portion Mut abverlangt. Für eine Weile dachte ich, ich wäre damit bei ihr gescheitert. Mittlerweile denke ich aber, dass es genau der richtige Zeitpunkt war. In den sieben Jahren seit meinem Coming-out hat meine Mutter darüber gegrübelt. Das erzählte sie mir erst später, aber bei einer Party von ihrer Arbeit erzählte wohl ein Angestellter, dass ein Promi schwul wäre, und die Reaktion des Umfelds war wohl »Was? Wie ekelhaft ...« Meiner Mutter lag das schwer auf dem Herzen. Als sie mir davon erzählte, sagte ich zu ihr:

»Das ist, weil du mit niemandem über mich geredet hast. Die sagen das nicht, weil sie böse Absichten haben. Aber wenn du so was hörst, solltest du was dazu sagen. Dass dein Sohn schwul ist. Dann würden sie alle ganz still werden.«

Ich hatte das Gefühl, meine Mutter belastet zu haben. Dabei wollte ich nur, dass sie nicht verletzt wird und das nicht alleine mit sich rumtragen muss. Als ich ihr von dem notariell beglaubigten Partnerschaftsvertrag zwischen Ryosuke und mir erzählte, gab sie endlich nach. Dadurch, dass sie Ryosuke kennenlernte, konnte sie akzeptieren, dass ich schwul war, und war gleichzeitig beruhigt.

Mittlerweile betrachtet sie Ryosuke als ein Familienmitglied und wir verstehen uns gut. Im Juni 2016, als in Sapporo das Partnerschaftsystem eingeführt wurde, rief mich meine Mutter freudig an.

»Die Gesellschaft akzeptiert euch immer mehr! Also leg dich weiter dafür ins Zeug. Und kümmer dich auch gut um Ryosuke!«

Ich war überrascht, dass sie mich deswegen anrief. Im Laufe der Zeit war meine Mutter von »Ich will es nicht akzeptieren und Ich will davon nichts mehr hören« zur Freude darüber übergegangen, dass in Sapporo nun ein Partnerschaftssystem existierte. Egal, wie alt sie sind, Menschen können sich ändern. Das Partnerschaftssystem machte nicht nur Betroffene aus dem LGBT-Spektrum, sondern auch die Leute in ihrem Umfeld glücklich. Und dieses Erlebnis bestätigte mir, dass es gut war, als Sohn dieser Mutter zur Welt gekommen zu sein.

Der erste Partner, der in diesem Buch auftrat, Takuma, war tatsächlich nicht mein erster Partner. Aber er hatte in meiner verspäteten Pubertät an meiner Seite gekämpft und ist für mich so etwas wie ein Kriegskamerad. Takuma hatte mich mit den Worten verlassen, er wolle hetero werden, aber jetzt hat er anscheinend einen etwas jüngeren, niedlichen Partner. Nachdem wir uns getrennt hatten, sah ich ihn viele Jahre nicht wieder. Aber vorletztes Jahr ergab sich zufällig die Gelegenheit für ein Wiedersehen, und da brachte mir Takuma auch unser Pärchenbuch mit. Mit der Erlaubnis von Ryosuke bewahre ich es jetzt auf. Es hat sich zum Schreiben dieses Buches als sehr hilfreich erwiesen. Ich konnte mich auch dank des Buches daran erinnern, wie wir gegenseitig unsere Dinger genannt hatten. Es ist eine Menge vorgefallen, aber jetzt scheint Takuma glücklich zu sein, und das ist das Wichtigste.

Ich hing so sehr an ihm, aber dank der brennend heißen Küsse mit Yuta konnte ich wieder klar sehen. Zwischen uns war es aus, noch bevor wir zusammenkamen, aber wenn ich jetzt zurückblicke, hatte er wohl nur die Funktion, mir die Augen zu öffnen. Ich weiß nicht, ob es ein Akt Gottes oder Buddhas war, dass ich ihm in dieser Zeit begegnet bin, aber ich möchte mich erkenntlich zeigen.

Dann war da Ryota, mit dem ich nur zusammenkam, weil er genauso groß wie Yuta war. Es tut mir wirklich leid.

Koichi, der Mitbewohner von Ryota und Ex von Hiroki, legte bei Ryosukes und meiner Hochzeitsfeier eine Dance-Performance hin. Er ist auch heute noch ein wichtiger Freund. Ich bin einfach nur dankbar, dass wir trotz allem, was passiert ist, Freunde bleiben konnten.

Ab und an habe ich auch noch Kontakt zu Hiroki. Er hat anscheinend kaum noch Erinnerungen an das letzte halbe Jahr, in dem wir zusammenlebten. Er benutzt immer noch Schlafmittel, um einschlafen zu können, scheint aber quicklebendig zur Arbeit zu gehen. Zu damals sagt Hiroki immer wieder »Ich habe dir zu der Zeit so viel Stress gemacht«, aber ich fand, das Gleiche galt auch für mich. Anstatt mich zu entschuldigen, machte ich mir Hoffnungen, dass er schnell eine bessere Person als mich finden würde, aber Hiroki selbst hatte das anscheinend nicht vor.

Die Person, mit der ich in der Mittelschule zusammen gewesen war, die jetzt Kenji heißt, hat mir ein Video geschickt. Er hat die OP heil überstanden. Ich hakte nicht noch einmal nach, wie es mit der Arbeit stand oder ob ihn seine Firma akzeptiert hatte. Wichtig ist, dass Kenji, der endlich seinen wahren Körper bekommen hat, jetzt so richtig strahlt. Ich bin stolz auf ihn.

Das Treffen mit Ryosuke, der mein Ehemann wurde, war besonders. Aber sobald ich anfange, über ihn zu schreiben, kann ich nicht mehr aufhören. Ich könnte gleich ein ganzes Buch über ihn verfassen. Aber wer weiß, was noch kommt. Wenn dieses Buch eine große Leserschaft erreicht, würde ich gerne wieder schreiben.

Ich bin wirklich gesegnet mit den Leuten, denen ich bisher in meinem Leben begegnen durfte. Meine Familie, meine Freunde, meine früheren Flammen und Ryosuke – ich muss mich bei allen bedanken. Also vielen Dank. Und auch weiterhin auf eine gute Zeit!

Da dieses Buch an einigen Stellen sehr explizit ist, auch in sexueller Hinsicht, werde ich sicher vieles zu hören bekommen: »Schwule springen konstant von einem Freund zum Nächsten!« »Das ist krank.« »Für mich als Schwulen ist das peinlich.«

Das liegt sicher daran, dass ich meine Männervergangenheit beim Schreiben nicht groß verheimlicht habe. Die Namen sind zwar teilweise pseudonymisiert, aber es hat einen Grund, weshalb ich das nicht verstecken wollte.

Als ich merkte, dass ich schwul bin, hatte ich von meiner Zukunft überhaupt keine Vorstellung mehr. Denn es gab zu wenig Wegweiser, wie ich mein Leben fortführen konnte. Ich wusste nicht, wie ich leben oder was für ein Erwachsener ich werden sollte. *Wenn du das nicht änderst, wirst du später eine Menge Probleme bekommen.* Mit diesen Gedanken zu leben, war schlimm.

Andere Leute sind auch schwul, aber ihre Lebensstile sind völlig anders. Ihre Gesichter. Ihre Charaktereigenschaften. Wenn du hundert Leute befragst, wirst du hundert verschiedene Lebensweisen bekommen. Tatsächlich leben mehrere Millionen Schwule im selben Land und führen mehrere Millionen unterschiedliche Lebensweisen. Unter ihnen ist meine Erzählung auch nur eine einzige Lebensgeschichte, und ich wollte sie weder besonders geschmackvoll aussehen lassen noch sie beschönigen.

Selbst wenn ich zu der Zeit, als ich bemerkte, dass ich schwul bin, Bücher gelesen hätte, die geschönte Sätze wie »Du bist gut, so wie du bist!« propagieren, hätte sich mein Herz dadurch wahrscheinlich nicht öffnen lassen. Ich wollte lieber die brutale Wahrheit als schön zurechtgestutzte, tröstende Worte.

Demjenigen, dem ich dieses Buch wirklich zukommen lassen will, ist mein früheres Ich.

Wenn ich dieses Buch damals in die Hände bekommen hätte, hätte ich mein Leben – auch wenn verschiedene Zwischenstationen gleich gewesen wären – bestimmt anders gelebt.

Ein Teil des Inhalts ist vorher im Internet in Artikeln bei dem Online-Portal *Bunshun Online* erschienen, und durch die große Resonanz konnten sie als Buch veröffentlicht werden. Während der Herausgabe der Online-Version haben viele Leser ihre Eindrücke geteilt.

Die Mutter einer Transfrau hatte wohl einen Artikel von mir auf dem Smartphone gelesen. Ihre Tochter benutzte einen Frauennamen und ging mit Frauenkleidung in die dritte Klasse der Grundschule.

Sie hatte das Smartphone ihrer Mutter genommen, um ein

Spiel zu spielen, aber als sie es öffnete, war da mein Artikel. Das Kind hatte seiner Mutter das Smartphone gereicht und gemurmelt »Ich werde auch Schwuchtel genannt ...«

Die Mutter ging sofort zum Klassenlehrer. Aber der sagte wohl nur: »Kinder verstehen so was wie ›der Körper ist der eines Mannes und das Herz das einer Frau‹ halt nicht.«

Ich bin dankbar, dass die Mutter wegen meiner Artikelreihe das Mobbing aufgedeckt hat, aber war auch etwas niedergeschlagen. Dass ich »Schwuchtel« genannt und deshalb gemobbt wurde, war schon über zwanzig Jahre her. Es ist traurig, dass Kinder immer noch so verletzt werden. Und ich war von dem Lehrer enttäuscht, der sagte, dass Kinder das eh nicht verstehen würden. Ich sage ja nicht, dass wir Kindern in der dritten Klasse Biologie oder Medizin beibringen müssen. Aber dass es viele verschiedene Menschen gibt und dass das wunderbar so ist, verstehen auch Drittklässler.

Das Kind hatte seiner Mutter wohl gesagt: »Wenn ich sterbe, stirbst du dann auch?« und »Wenn ich sterbe, mach bitte pinke Blumen auf mein Grab.« Natürlich ist das für die Tochter selbst schrecklich, aber wenn ich mir vorstelle, dass das eigene Kind so etwas zu mir sagt, zerreißt es mir das Herz.

Aber diese Mutter blieb stark. Sie sagte mir: »Jemanden Schwuchtel zu nennen und so was ... diese Art von Mobbing muss mit unserer Generation zu Ende gehen. Tun wir, was wir können.« Sie dachte nicht nur an ihr Kind, sondern auch daran, wie es mit der Gesellschaft weitergeht. Eine ausgesprochen tapfere Mutter.

Die Welt der Kinder ist der Spiegel der Welt der Erwachsenen. Das heißt auch, dass es extrem wichtig ist, dass wir Erwachsenen die Vielfalt der Geschlechter richtig verstehen.

Zum Schluss möchte ich noch einmal meinem Ehemann Ryosuke danken. Danke, dass du mich immer unterstützt. Auf eine weitere schöne gemeinsame Zukunft!

Und natürlich Danke an das Team von *Bungei Shunju*, angefangen bei Yasunobo Seo, die dieses Buch in die Welt geholt haben – ich habe ungeheuer viel Unterstützung von euch erfahren. Ihr habt nicht nur meine Gefühle verstanden, sondern musstet euch auch die Haare über meine gewagten, brutal ehrlichen Formulierungen raufen. Ich bin glücklich, dass ich so wertvolle Verbündete finden konnte. Es war großartig! Vielen Dank!

April 2019   Ryousuke Nanasaki

Bis
WIR
UNS
fanden

Japans erstes schwules Ehepaar

Bis
WIR
UNS
fanden

Japans erstes schwules Ehepaar

Bis
WIR
UNS
fanden

Japans erstes schwules Ehepaar

Mein erster Geburtstag bei meiner Oma.

Ich wurde 1987 in Hokkaido geboren. Ich war ein umgängliches Kind, war selten eigensinnig, quengelte kaum, und ging oft schöne Steine sammeln.

Ich war in der Eichhörnchen-Gruppe. Wir haben uns in der Kindertagesstätte alle gu vertragen! Damals war ich etwas mollig.

In unserer Wohnsiedlung haben viele Kinder gelebt.

Damals wie heute habe ich mir nichts aus Kleidung gemacht und einfach das getragen, was mir meine Eltern kauften. Ich habe immer nur draußen gespielt und mochte es, im Park vor unserem Haus von der Spitze des Klettergerüsts die Umgebung zu überblicken.

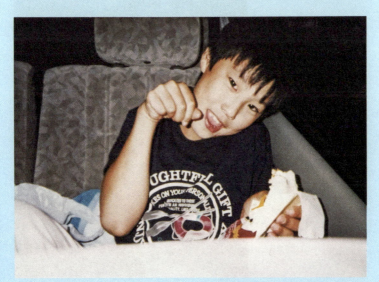

Wir haben mit dem Auto oft Ausflüge unternommen.

Als ich in die Grundschule kam, fiel auf, dass meine Gestik weiblich war. Ich wusste, dass das allgemein als seltsam galt, und habe versucht, die Art und Weise meines Ganges und anderer Dinge anzupassen. Aber seine unbewussten Handlungen zu verändern, ist wirklich schwierig.

Weiße Strümpfe zur Einschulung in die Grundschule...

Am Ende der Grundschule. Was ich da beim Einradfahren in der Hand halte, ist eine Schaufel, die wir benutzten, um den Schnee vorm Eingang zum Wohnungsblock wegzuschippen. Ich half dabei und bekam Taschengeld von den Opis und Omis, die im Wohnblock lebten.

Im Park vor unserem Wohnblock. Im Einradfahren bin ich geschickt!

Mit der
Schönheit ->
Tsudachi

Ich habe keine Fotos aus der Mittelschulzeit. Da keine guten Erinnerungen daran hingen, habe ich alle weggeschmissen. In der Oberschule hatte ich viel Spaß, aber ich war Erwachsenen gegenüber misstrauisch.

Mit Sho, einem
<- guten Freund aus
meiner Klasse!

Das Foto unten ist aus meiner Zeit an der Fachschule. Noch heute sind Asami (links) und Eri (rechts) wichtige Freundinnen, mit denen ich über alles reden kann.

Ryousuke und Ryosuke.

Am 10. Oktober 2016 wurde Ryosukes und meine Hochzeitsfeier im Tsukiji Hongan-Ji in Tokyo durchgeführt. Wir trugen traditionelle Kimono-Jacken im Partnerlook und haben vor dem Altar in der Haupthalle des Tempels die Ringe getauscht. Ich war glücklich, dass Freunde und Verwandte den Beginn unseres neuen Kapitels gefeiert haben.

Zweieinhalb Jahre nach unserer Hochzeit. Der penible Ryosuke und ich, der Unordentliche. Unsere Charakterzüge sind das komplette Gegenteil voneinander, und auch wenn wir uns ab und an streiten, verstehen wir uns gut und leben glücklich zusammen. Fotografie ist Ryosukes Hobby. Er hat auch das Covermotiv für dieses Buch fotografiert.

»Hast du ein gutes Bild geschossen?«

HAYABUSA
© Carlsen Verlag GmbH · Hamburg 2022
Aus dem Japanischen von Doreaux Zwetkow
BOKU GA OTTO NI DEAU MADE
by Ryousuke Nanasaki
© 2019 Ryousuke Nanasaki
All rights reserved.
Original Japanese edition published by Bungeishunju Ltd., in 2019.
German translation rights reserved by CARLSEN VERLAG GMBH,
under the license granted by
Ryousuke Nanasaki, Japan arranged with Bungeishunju Ltd., Japan
through TUTTLE-MORI AGENCY, Inc., Japan.
Redaktion: Germann Bergmann
Lektorat: Katharina Altreuther
Herstellung: Maria Niemann
Alle deutschen Rechte vorbehalten
ISBN: 978-3-551-62237-2

FOLLOW THE FALCON
www.hayabusa-manga.de
www.carlsen.de
  hayabusa_manga
HayabusaTweets